母校へ贈る論文集

龍門の志

二見 剛史
下笠 德次 共著

恩師　池田 努先生

母校表敬訪問（校長室にて）

海音寺潮五郎の文学碑

恩師の米寿祝（12期生）

母校現職の後輩と

蔵王岳山麓に三三三会記念樹（蒲生大楠の子樹）

母校のシンボル「大楠」

序

　鹿児島県立加治木高等学校創立120周年の記念すべき年に、二見剛史・下笠徳次両氏による、在校生に贈る冊子『龍門の志』は時宣を得た有意義な刊行であると思います。二人は共に誠実で向上心が強く、努力を惜しまない優秀なあなた方の先輩です。

　かつて薩英戦争で、英国海軍の威力を知り、鎖国の時代に薩摩藩英国留学生（15名）を英国に派遣して知識・技術などを習得させた事実もあります。私は県教育委員会に勤務中、文部省の海外教育事情視察団（全国から27名）の一員として、約1か月間、タイ、インド、ギリシャ、イタリア、スイス、西ドイツ、イギリスの学校・生徒などの状況や文化遺産などを見学し、大いに触発され、以後の教育活動に活かしたものです。

　島津日新公の『いろは歌』に「善きあしき　人の上にて　身を磨け　友はかがみと　なるものぞかし」とあります。つまり、善きにつけ悪しきにつけ、人の身の上（姿）を見ることにより自分を磨くのがよい。特に友達は我が身を修め正すかがみとなるものであると。心すべき言葉です。

　両先輩の『龍門の志』は極めて豊富な内容です。熟読し、今後の人生に活かされるよう希望します。

　　　　　　　　　　　　　池田　努（昭和29年5月〜昭和36年3月まで在職）

池田努先生の「序」 英文版

On the occasion of the 120th anniversary of the establishment of Kajiki High School, a booklet named "Ryumon no Kokorozashi" (or "The Aspiration of Ryumon") written and edited by Futami Takeshi and Shimogasa Tokuji has come into being. I think it a very timely publication. The two authors are your seniors who are sincere, ambitious and excellent, and lavish labour on studies.

Through that war between England and Satsuma, the parties concerned in politics in Satsuma did recognize the formidable power of the Royal Navy, and so dispatched fifteen ambitious students of Satsuma Clan to England in the era of a closed-door policy in order to get them to learn knowledge and technique or skills.

During my years of service at the Board of Education of Kagoshima, I was dispatched to Thailand, India, Greece, Italy, Switzerland, West Germany and England for about one month as a member of a group (27 in all) of inspectors for the realization of the overseas educational situations (sponsored by the Ministry of Education), and made a field trip to the schools, students, and cultural inheritances thereof. This experience greatly prompted me to keep on subsequent educational activities.

Among Prince Shimazu Nisshin's Iroha-uta (the Japanese syllabary), one can see the following sentence :「善きあしき　人の上にて　身を磨け　友はかがみとなるものぞかし」。In other words, one should cultivate oneself through other's words and deeds, right or wrong. Especially, a good friend is a paragon of virtue through whom one should train and straighten oneself. These are words we should attend to.

The two authors' "Ryumon no Kokorozashi" includes an abundant supply of contents, a booklet worthy of careful reading. So, pore over it, and make the most of your abilities in your future.

まえがき

　私たちにとって母校は人生の始発駅であり終着駅でもある。かつて先達の一人は「大志と愛と情熱を持て」という表現で後輩を励まされた。青春第一期に学び取った「大志」は百人百様異なるであろうが、帰するところ、母校への感謝と社会貢献への努力に求められる。

　このたび、加治木高校第10期生と12期生が同窓生交流のなかで確かめあったことなどを母校創立120周年記念として集約、小冊子にまとめた。

　今や人類は大自然に生かされている命を大切に、地球を愛し、世界中が幸せな毎日を送れるよう自立自興、相互敬愛の努力を求められている。広大なる世界のすべてに精通することはおよそ不可能だが、絆を大切に自らを律しつつ、愛を深め、情熱を持って志を磨き、各自の人生を高め合うことを忘れてはならない。そのためには同窓生同志が語り合い、共通点を認めながら、卒業後学び取った知見を生かして、お互い天命を自覚し、かつ見直すことが大切だ。青春惜しむべし「生涯学徒」という心構えに落ち着くのだろう。

二見剛史の場合：

　高校時代、教育学への道を示唆された久保平一郎校長先生らの励ましが大きかった。さらに、大学時代に入ると「地球市民として生きよ」という助言に導かれた。恩師・平塚益徳教授は広島で終戦を迎えられていたが、福岡——東京を結び、さらに欧米やアジアを結びながら世界平和への道を自ら体得され、実践されていた。私は比較教育史を専攻したご縁で魯迅や周恩来などに日本語を懇切に伝授された教育者・松本亀次郎の研究に興味をそそられ、現在、静岡県の松本顕彰会に協力を求められている。中国人留学生教育に誠心誠意尽力された教育家の心が日中友好の哲学となりつつある。

下笠徳次の場合：

　高校時代、数学担当の池田努先生との出会いが学問の世界へ入る契機となる。そして国語乙担当の野中しず先生から「あなたは古典の世界で道が開けるかも」と煽てられ、その気になり鹿児島大学で古典英語の俊英講師に個人指導をしてもらい、ならば広島大学にその道の世界的大家がおられるので、大学院に進学しなさいと薦められ、生涯の師となる桝井廸夫博士の門下生となり、丸10年間、学問一筋の生活を送ることになる。同時にオックスフォード大学出の若いエリート講師を独占し英語学の奥深さを教えて頂く。どちらも個人教授そのもので、こうして早くから世界に目を向ける環境に置かれることになった。

「まえがき」の英文版

Alma Mater is the station of origin and of terminus for us all. Once one of our seniors encouraged his juniors by the expression 'Keep ambition, love and passion in mind.' The 'ambition' studied and secured in the first state of youth may change from person to person, and in the final analysis, its ambition leads to a gratitude to one's *Alma Mater* and an effort made to social contributions.

Our *Alma Mater* has a long history of more than a century since its founding. We celebrate the 120th anniversary of the founding in the year 2017. On this memorable occasion, the two alumni, one is graduated in the year 1957 and the other 1959, collected and arranged various kinds of thoughts and others as a form of a booklet as its 120th anniversary publication. These are thoughts told and ascertained for long throughout the exchange between the alumni, who are currently taking an active part in various kinds of fields.

Currently, our human race is asked for the effort to save life in the natural world, love the earth, and to respect each other in order that the whole world can lead happy days. It is impossible to be deeply versed in all in this immense world, but we must remember that we should hold bondage in high esteem, judge ourselves severely, deepen love, cultivate our aim in life with passion, and heighten the quality of each one's own life. In order to attain this purpose, most importantly, alumni themselves talk freely, acknowledging each other's common points, making the most of their stock of information and knowledge acquired since graduation. This kind of effort ultimately leads to the frame of mind, popularly expressed 'an eternal student'.

Concerning the two authors: Futami Takeshi was highly encouraged to pursue the path to pedagogy by the principal Kubo Heiichiro in his high school days. In addition, when entering Kyushu University, he was led by the advice 'Live as a global citizen.' Professor Hiratsuka Masunori, his former teacher or supervisor, saw the end of the World War II in Hiroshima, and himself learned and experienced the path toward the world peace, combining Fukuoka with Tokyo, and furthermore, Europe and the United States with Asia.

By specializing in the comparative history of pedagogy, he was greatly interested in the study of Mr. Matsumoto Kamejiro, a great educator, who gave a close and attentive instruction of Japanese to Lu Xun and Zhou Enlai.

He was earnestly or arduously asked for cooperation to throw a light on Mr. Matsumoto's hidden virtue. This cooperation work was to be carried out in Shizuoka Prefecture. The mind and heart of the person who wholeheartedly devoted himself to the education of foreign students from China is becoming the philosophy of friendly relations between China and Japan.

Shimogasa Tokuji was led to the path to academic world by his mathematics teacher Ikeda Tsutomu-*sensei* in *Alma Mater*. Ikeda-*sensei* was, still very young as he was in those days, a gigantic and legendary mathematics teacher. He was also encouraged by Nonaka Shizu-*sensei*, a Japanese classics teacher in the same *Alma Mater*, to specialize in classics at college.

He was, when entering Kagoshima University, encouraged by a young instructor, fresh from the University of Tokyo, to learn Middle English. After graduating from the university, he was supervised by Dr. Masui Michio, Order of the British Empire, a world-famous scholar of Geoffrey Chaucer, in Hiroshima University. In this professor's supervision, he studied Middle English and English philology through and through for ten years. Simultaneously, during the stay at the University, he was given an oppotrtunity to pursue an extensive study of British English by a young English teacher, an Oxonian.

He was also given a chance to study English both at the University of York and of Oxford as an exchange scholar. At the former university he studied Middle English literature, and at the latter the language of Lewis Carroll and the lexicography. All studies carried out there have finally led to what he is today.

目　次

序　　　　　　　　　　　　　　　　　　　　　　　　　　　　　　　1

まえがき　　　　　　　　　　　　　　　　　　　　　　　　　　　　3

第 I 部　志を高める時空

    1　周辺部（地方）から中央（世界）への文化の発信　　　　　　11
    2　文化日本への道（中学時代の作文）　　　　　　　　　　　　21
    3　世界人権デーに想う（高校時代の作文）　　　　　　　　　　23
    4　嗚呼、わが青春「六本松」　　　　　　　　　　　　　　　　27
    5　心を磨く（現代社会への提言）　　　　　　　　　　　　　　31
    6　人生の折り返し点　　　　　　　　　　　　　　　　　　　　37

第 II 部　英語学から見える世界（下笠徳次）

    1　1500年に及ぶ波乱万丈の英語の旅路　　　　　　　　　　　　43
    2　英語は果たして永遠不滅の言語であり得るか？　　　　　　　51
    3　地球規模の英語：Globish ('global'+'English') の登場　　　53
    4　世界諸英語（World English*es*）という概念　　　　　　　　57
    5　英語の三大円圏（Inner-, Outer-, Expanding Circle of English）　67
    6　イギリスの新標準英語：河口域英語（Estuary English）の誕生と発展　71
    7　オックスフォード系英々辞典を引く意味について　　　　　　75
    8　チョーサー『カンタベリー物語』：「総序の歌」は英語古典の最高峰！　80
    9　シェイクスピア：『ハムレット』は英語語彙の豊穣の海　　　85
  10　W.S. モーム：『サミング・アップ』は大学受験生必読の名著　94
  11　近代英語の精華：『不思議の国のアリス』は英国の国定教科書的存在　100
  12　二人の文豪（ゲーテとディケンズ）のイタリア旅行（視点の相違）　107
  13　辞書制作者は果たして人畜無害の徒労人か？　　　　　　　111
  14　翻訳裏話：『カンタベリー物語』（岩波文庫）翻訳の下訳に携わって　115

第 III 部　教育学から見えた世界（二見剛史）

    1　The World Education Fellowship と私　　　　　123
    2　WEFオーストラリア大会参加記　　　　　　　　130
    3　WEFオランダ大会に参加して　　　　　　　　　146
    4　大学と地域の連携に感動して　----　ベルギー訪問記　　150
    5　ボストン昭和女子大学訪問記　　　　　　　　　153
    6　大学を育てる風土：エルマイラ　　　　　　　　157
    7　アフリカ　10日間の旅　　　　　　　　　　　　158
    8　ボルネオ島でWEFを考える　　　　　　　　　　163
    9　ユーラシア大陸で学んだ知恵　　　　　　　　　167
   10　世界をつなぐもの　　　　　　　　　　　　　　170
   11　日中交流余話　　　　　　　　　　　　　　　　171
   12　恒久平和へのわが思い　　　　　　　　　　　　175
   13　生涯学習社会における国際教育　　　　　　　　177

第 IV 部　母校への感謝

    1　母校開学の祖：谷山初七郎先生に光を　　　　　199
    2　圧倒的な存在感：恩師・池田努先生の思い出　　201
    3　新納教義・龍門会会長との思い出　　　　　　　203
    4　古酒を美酒に変えるところ–龍門会と同期会　　205

あとがき

グラヴィア —— 母校の風景

       二見剛史　　志學館大学名誉教授　（昭和33年卒業生）

       下笠徳次　　山口県立大学名誉教授（昭和35年卒業生）

第1部　志を高める時空

Part I

Space and Time Enhancing Aspiration :

Dispatching of Cultures from the Peripheries to the Center	11
The Path Leading to Cultural Japan	21
Placing My Trust in the Day of the Universal Declaration of Human Rights	23
Fair Pledges of a Fruitful Tree!	27
Mind Polishing	31
A Turning Point in My Life	37

周辺部（地方）から中央（世界）への文化の発信

下笠徳次

「文化」という言葉は昔からあらゆる分野に組み込まれ、使われてきています。言語と文化、芸術と文化、食文化、スポーツ文化、国際文化、異文化、等挙げれば枚挙に暇がありません。英語ではcultureと言いますが、ラテン語に源があり、「（土地を）耕す」の意で、英語には15世紀半ばに入り、当時の意味は「耕作」でした。そして時代とともに意味が変化していき、「耕作地」→「（心身の）訓練」→「栽培」→「養殖」→「文化（1867年初出）」の順に発達します。原義は「耕運機、耕作人」の意のcultivatorに残っています。「養殖真珠」はcultured pearlと言いますね。それぞれの英単語の原義を知っているととてもためになるのです。例えばvirtueは今は「美徳」ですが、昔は「力」の意でした。それは今日の成句'by virtue of'（「（～の力）によって」）に隠れて残っています。助動詞'may (might)'も本来は「力」を表していました。前置詞句'with (one's) might and main'（「全力を尽くして」）にも残っています。'main'の原義は「力強い」の意です。また、助動詞のwillとshallの原義はそれぞれ「義務」と「意思」を表す動詞だったのです。従って、shouldには「～すべき」という意味があり、be willing to には「喜んで～したい」という意味があるのです。基本（の意）をしっかり押えておくといいですね。

　その文化の発信の震源は殆どの場合、中央部あるいは都市部から、というのが相場のようです。発信する側の人の大部分が中央に住んでいるので致し方無いかも知れません。しかしながらこれを「了」とするわけにはいきません。

　今日、地方創生という言葉が声高に叫ばれています、少なくとも日本では。田舎から、地方から、周辺部から中央への発信も怠ってはなりません。素晴らしい文化が埋もれているのです。眠っているのです。もったいないではありませんか。

　いまから10有余年昔、山口県立大学で「ノーベル賞フォーラム」が開催され、アイルランドの詩人、Seamus Heaney、日本の大江健三郎、そしてアメリカ・コロンビア大学日本研究所所長、Donald Keene先生の3人による討論があり、その中心テーマが「周辺部から中央へ」（'From the Peripheries to the Center'）で、大変な反響を呼びました。裏方としてこの討論の下準備をさせて頂き、晩餐会の席ではこの偉大な文人たちからすべてを盗もうと一期一会の語らいを経験しました。討論の結論から申しますと、「文化の発信は地方から積極的に」声を上げるべき、ということだったのです。都市部あるいは中央にだけその主導役を任せるわけにはいきません。もの言わぬ地方であってはならないのです。誰かが声を上げないと中央は拾ってはくれません。

　ご存知のようにアイルランドは苦難の歴史の連続です。イギリスに痛めつけられて

きています。それでも「文化」の面では宿敵イギリスにそんなに遜色はありません。

　実は「文学と文化」大国なのです。土地の広さと人口比から言いますと、素晴らしい実績を上げているのです。George Bernard Shaw、William Butler Yeats、そしてSeamus Heaneyと言ったノーベル賞作家・詩人を輩出しています。その文学的・文化的な影響力は絶大で、世界がプラスの影響を受けているのです。詩人ヒーニーは先年、他界しましたが世界が悲しみに暮れました、とくに陽の当たらない国や地域の人々や、さらに大国においても打ちひしがれている人々が衷心より哀悼の気持ちを表しました。それもそのはずです。この詩人はアイルランドの片田舎の農家の出で、貧しい境遇の中から立ち上がったのです。19世紀半ばのあの有名な「ジャガイモ飢饉」を題材にして、短い英詩〈僅か30行ほど〉"The Digging"を謡い、ノーベル賞の栄誉に浴することになります。ほかにも数多くの詩を書き残しておりますが、すべて「地方からの文化の発信」がその哲学になっているのです。政治力、武力、経済力ではイギリスやその他の大国に劣っても「文化」の面では何も臆することはないという絶対的な自信がそれぞれの詩のなかに横溢しています。討論の席で大江健三郎もDonald Keeneも深く頷き、同様の論を熱く展開されました。大江健三郎の地方への熱の入れ方は半端ではありません。故郷、愛媛県松山の文化を力説しています。Donald Keeneは日本の田舎が大好きで、東日本大震災のあと東北の地に住み、日本に帰化し、どんどん田舎から文化の発信をしています。我が国でも偉大な文人たちが数多く地方から輩出しています。枚挙に暇がありません。こうして日本の文化を、目には見えない「素晴らしい何か」を発信し続けてきているのです。このことを決して忘れてはいけません。若い世代の人々はそのあとを追っていかなければならないのです。

　ともすれば地方、田舎ということが引け目に感じられることがあるかも知れません。言葉の訛りもその一因となっているようです。なにも東京を初めとする南関東の言葉が決して日本を代表する「標準語」ではありません。何となく標準語、とみんなが誤解しているだけのことです。東北弁、名古屋弁、博多弁も立派な日本語なのです。名古屋の人々は自分たちの訛りをとても誇りにしています。鹿児島弁も立派な日本語なのです。言葉に優劣は付けられません。文化にも優劣・上下の区別はないのです。評価を下してはならないのです。（広い意味での）イギリスはこのことがますます声高に言われるようになってきています。あのBBC放送でさえ、各地の出身者を積極的に雇用し、それぞれの出身地の言葉の訛りで堂々とニュースの原稿を読んでいます。「女王陛下の英語」がすべてという時代はもう過去のものなのです。時代は着実に前に進んでいるのです。言語文化には地方と中央の区別はないのです。すべてが「正しい」のです。西洋諸国ではそれぞれの国の地方にどんどん熱い視線が向けられています。そしてその地から埋もれた文化が顕在化しています。このことはNHKテレビのBS番組での紹介からその事実を知ることができます。「文化は地方から」の時代です！

そこで忘れてならないのは我らが故郷からの文化の発信です。かつての薩摩・長州の血気盛んな若者たちは勇を鼓舞して近代日本の樹立を夢見て欧米へ旅立ち、かの地の文化を吸収して我が国の近代化に大いに役立てました。それまでに250年に及ぶ鎖国状態にありましたが、長崎の出島を通じて外国の文物が絶えず日本に紹介されたのです。いきなり言葉に関して申しますと、オランダ語を介して英語が入ってきます。「諳厄利亜興學小筌」という名の、ほとんど最初の本格的な英和辞典が持ち込まれ、紹介され、恩師と長崎に出向いて図書館でひと夏を費やして精査し、陽の当たる場所に出すことになりました。恩師の名前でその成果が公刊され、所属学会の年間大賞受賞に浴しました。この原著には類書（「諳厄利亜語林大成」）もあり、こちらも同時刊行に辿り着きました。

　長崎経由の外国文化の恩恵をいち早く受けたのは私たち九州の遥かなる先輩たちだったのです。九州は外国文化流入の先駆地なのです。九州各地には言葉の上でもこの影響を見ることができます。長崎の「ばってん」は英語のbut then に由来します。鹿児島で昔、祖父母たちが新しいものを「にかと」と言っていましたが、これはnewかと、いうことです。「とても」の意の「ぼりも」はveryが訛ったものです。「キリシタン」はChristianですね。バテレンはスペイン語のpadreが訛った形です。他にも古老たちを訪ね歩くと、少なからぬ外国語起源の日本語が存在することがお分かりでしょう。

　さて、ここ姶良の地（現霧島市を含めて）でも文化の相互乗り入れが急務と思われます。受け入れのほうは急進展の様相を呈しています。発信のほうはイマイチと危惧します。この自文化の発信のほうを積極的に進めて欲しいものです。必要最低限の外国語の運用能力が備わっておれば、あとは真心を持って接すると何とか相手に通ずるものです。姶良の地にも誇るに足る、郷土色豊かな素晴らしい文化がたくさんあります。あるいは埋もれているはずです。草の根を掘り起こし、それに陽の目を当てるのが私たちの役目ではないでしょうか。「地方発の国際化」と呼んでいいでしょう。これを先送りするのではなく、やるのは「今でしょ！」。この役割を特にこれからの日本を牽引することになる若い世代の皆さんにやって欲しいのです。ずばり申して、姶良地区の若い頭脳の集団とも言える加治木高校生たちに担って欲しいものです。底知れぬ潜在能力を宿しているのです。英語の基礎学力を養成して日本語を英語に変える練習を積み重ねますと知らぬ間に外国へ発信していることになります。今や情報工学（Information Technology）の飛躍的な進歩で瞬時にして情報は世界を駆け巡ります。情報をインプットして最終決定ボタンを押しますとわずか1秒で地球の裏側まで情報が届きます。これが「地球村」(global village)の意味です。

幸いにも各自治体に国際交流協会や文化団体が設立されています。そこを発信基地にするのです。この地味な草の根的な発掘努力こそまことに重要なことではないでしょうか。自己発信をためらっていてはだめです。積極的に打って出なければいけません。自らをどんどん宣伝するアメリカ文化をここでは真似る必要があります。

　私の第2の故郷とも言える広島の家のある地域ではこのような活動が実を結ぶことになりました。広島で開催されたアジア大会(1994年)の折、旧ソ連邦の選手たちをそれぞれの家庭に泊め、広島の食事を、言葉を、文化を2週間の間に最大限に堪能してもらいました。爾来、ずっと友好の輪が広がっています。善意と友情、それにほんの少しの語学力だけでいいのです。この広島の各地でのこのような努力が当時、全国区の話題となりました。姶良の地でアジア規模の、また世界規模のスポーツ大会開催は無理としてもかなり大規模な文化の祭典の催しは可能なはずです。山口県東北部の小さな村で「世界もち拾い選手権大会」が始まり、かれこれ10年近くになり、毎年秋になりますと世界各地から多くの人々が集まり、村が活気づき、村おこしに直結しつつあります。もち米を使った餅、雑煮、ぜんざい、ケーキ、それにしめ縄飾りや門松作りなどに欧米人は興味津々です。こうして世界中の人々がどんどん繋がっていくのです。私は山口市の名勝、瑠璃光寺の目の前に住んでおります。暇なとき外国人の案内をするのが日課です。仏教文化の説明です。そして明治維新の説明をしています。こうして鹿児島の自慢をいつでもしています。知的な英国人なら「薩英戦争」のことを知っています。イギリスでsatsumaと言いますと、(温州)ミカンのことを言います。そして「薩摩焼」をも意味します。あの有名な『オックスフォード英語大辞典』にもちゃんと採録されています。'glocally'という鞄語があります。'globally'と'locally'の合成語です。考えるのは地球規模でいいのですが、行動は地域規模でいいということです。

上記エッセーの英文版

Dispatching of Cultures from the Peripneries to the Center

The term 'culture' has been often integrated into and used in all kinds of spheres for a long time: 'language and culture', 'art and culture', 'food and culture', 'sports and culture', 'international culture', 'different culture(s)', etc. Examples of such collocations are too common to enumerate. This term originates in Latin, its meaning being 'to cultivate (earth)', and joined English in the middle of the 15th century. And with the passage of time, its meaning changed as follows: 'cultivated land' (15–18c)　→'discipline (mind and body)'(16c)　→'cultivation, growing' (17c) →'raising, farming' (18c) →'refinement, education' (early 19c) →' (so-called) culture' (late 19c).

The original meaning remains in the term 'cultivator'. The meaning 'raising' remains in the phrase 'a cultured pearl'. The knowledge of the original meaning of each word seems to be very useful. The term 'virtue' used to mean 'power', and this original meaning remains in the modern phrase 'by virtue of ⋯.'. The auxiliary verb 'may' used to mean 'power' and this original meaning remains in the adverbial phrase 'with (one's) might and main'. The original meaning of 'main' is 'mighty, powerful'. Furthermore, the original meanings of 'shall' and 'will' were 'obligation' and 'volition' respectively. Thus, the past form 'should' bears the meaning 'obligation' and 'will' is used in the phrase 'be willing to ⋯' We are required to know the perfect knowledge of the long history of English.

People have always held that the dispatching source of culture is in the metropolis or in major cities and towns. This seems natural because a larger part of the message-senders dwell there. We should not, however, accept this situation, in Japan at least. We should not neglect our duties to send cultural messages from the rural, provincial and peripheral districts to the major or central cities. Nowadays, the catchphrase 'recreation of districts' is loudly cried for. A wonderful, impressionable culture is kept buried and sleeps hidden from the public eyes. It seems a sheer waste to keep it hidden and secret.

Some twenty years ago, "Nobel Prize Forum" was held at Yamaguchi Prefectural University as a major event on the 50th anniversary of the opening of the University. Three major panelists were Seamus Heaney, an Irish Poet Laureate, Oe Kenzaburo, and Donald Keene, Professor of Japanese Literature at Columbia University, U.S.A. The central theme was: 'From the Peripheries to the Center'. It attracted interests of the big audience. The coverage of this international discussion made the headlines throughout Japan. The author worked behind the scenes to prepare for the discussion beforehand. At the banquet in the welcome session I managed to have a talk with these three literary giants I have met as if it were a unique occasion. The conclusion of the discussion was to 'cry actively for sending out of the message of culture from the Peripheries to the Center.' The leading role of the sending out of the message of culture should start from the peripheries more than from the center. Keeping silent is not good. The center does not pick up a cry from the peripheries unless anyone actively cries.

As one knows well, Ireland (termed properly 'Eire' in Irish language), has a history of a succession of ordeals. She has been for long treated harshly by England. Nevertheless, her culture compares favorably with any culture of English one. To tell the truth, she is a major power in the sphere of literature and culture. In spite of the smaller space of land and population, she has achieved satisfactory results. She has produced such great literary men as George Bernard Shaw, William Butler Yeats, and Seamus Heaney. All of them are Nobel Prize Winners. They have exerted an awfully great influence on the literary and cultural spheres all over the world. A great many people of the world expressed their sincere regret over the death of this poet when he passed away the other year. Especially, the poor, the unnamed, the lower-class people were grief-stricken over his death. It is unquestionably natural, because this poet was born in an impoverished village as a peasant's son. He rose up from poor circumstances and took action. He composed a poem titled "The Digging", some 30 lines long, its subject matter taken from that famous 'Potato Famine' of Ireland in the mid-19th century. He was awarded a Nobel Prize in Literature for this poem. He composed far more poems, most of which concern the philosophy of 'from the peripheries to the center'. His absolute confidence that Ireland is not culturally inferior at all to England and other major countries in the sphere of politics, economy and military power brims with each piece of poem. During the discussion Both Oe Kenzaburo and Donald Keene were keenly listening to him with a great deal of nodding. Thus the other two literary men of genius developed a similar heated talk. Oe's mental attitude toward the peripheries is not incomplete. You cannot expect to succeed at anything unless you put your heart into it. He single-mindedly emphasizes the culture of Matsuyama, his hometown. Donald Keene loves the rural areas very much, and so he lives in Tohoku after the breakout of Eastern Japan Disaster. He was, as lots of Japanese know well, naturalized as a Japanese citizen, energetically keeping on sending out lots of messages of culture from the peripheries. In our country, lots of literary men have appeared in succession from the peripheries. Again, such great men of literature are too many to enumerate. Thus, they continue to send out 'something wonderful invisible'. We must not forget this fact. The younger generation must follow the models of these great men of letters.

People living in the provincial areas are prone to feel inferior to the townspeople. One reason of the inferiority complex may lie in their own accent. The language of southern Kanto district, from the Tokyo accent down, is not a representative Japanese standard accent at all. Tohoku accent, Nagoya accent, Hakata accent, etc., are all proper Japanese. Nagoya people are, say, very proud of their own accent. Kagoshima accent is one of the proper varieties of Japanese. As far as an accent is concerned, one accent is on a par with another. Similarly, there is neither superiority nor inferiority in culture. We should not assess the value of an individual accent. Every accent is permissible even in the BBC broadcasting in the UK. Each announcer or newscaster reads a manuscript in a dignified manner in her or his native accent. The time in which the Queen's English is the best has already gone away. The time goes forward steadily. There is no difference between the peripheries and the center in language and culture. Every accent is right and proper. People have begun to turn their passionate eyes on their own individual district in western countries. Thus a hidden and buried culture has come to see the light of day by degrees. We can know this fact from the introduction of the NHK BS television programs.

Now is the time when culture should be sent out more actively from the peripheries.

What should be remembered is, accordingly, to dispatch messages of culture from our Heimat, or hometown. The former hot-blooded youths in the former clans of Satsuma and Choshu raised morale and went over to Europe, dreaming of establishing a modern Japan, and absorbed the cultures of western countries, and contributed greatly to the founding of the modernization of Japan. Till then Japan had closed the door to foreigners for some two and a half centuries. During that period, however, things of western culture had been incessantly introduced to Japan through Dejima in Nagasaki Prefecture.

Concerning languages, well, English words flowed in Japanese through Dutch. The almost first full-scale English-Japanese dictionary named 「諳厄利亜興學小筌」 was brought in, introduced among the literate people. Another dictionary of a similar character (named 「諳厄利亜語林大成」) was also brought in. Both Professor Ida Yoshiharu, my supervisor, and the author scrutinized these two dictionaries in the City Museum of Nagasaki during one whole summer, and our efforts have borne fruit into the form of seven books consisting fifteen volumes.

They were published from The Taishukan Publishing Company, Ltd., Tokyo, Japan in 1982.

  Those who enjoyed the benefits at the very beginning from foreign cultures through Nagasaki were our fellow forerunners in Kyushu. Kyushu is a pioneering area of the influx of foreign cultures. This influence is to be seen in terms of words in every nook and cranny of Kyushu districts: 'ばってん', a Nagasaki dialect meaning 'but', is a twisted form of the English phrase 'but then'. 'にか', a Kagoshima dialect meaning 'new', is a completely English word ('new'か). 'ぼり', meaning 'very', is, again a twisted form of the English word 'very'. 'キリシタン' is a twisted form of 'Christian', needless to say. And 'ばてれん' is a twisted form of a Spanish word 'padre', meaning 'father'. The author still remembers that old villagers were using these words of foreign origin quite often in everyday conversation. Thus, a large number of foreign words were introduced into Kyushu in those days.

  Now then, the cross-cultural sharing seems urgent here in Aira District (including the now Kirishima City). Reception seems to take on a speedy progress. I'm afraid somehow the dispatching of messages doesn't quite succeed. The author would like the persons in charge to send out actively messages of their own local culture. With the improvement of the working knowledge of a foreign language and with genuine sincerity, our intention to communicate something in a foreign language is sure to transmit to the persons living overseas. There are lots of wonderful cultural properties full of local color worthy of evaluation in Aira District. Or they may be buried unseen. Isn't it our role or obligation to dig up the roots of grasses and put the light of day to them? We should develop a grass-roots movement. This may be rightly called 'Internationalization from the Peripheries'. This movement should not be put off, but *now* is the time for us to take a quick action. We do hope the younger generation who are to pull future Japan will play this role. Frankly speaking, this role should be played, first of all, by the students of Kajiki High School, a young think tank in Aira District. The author believes in their own inexhaustible potentialities. With further improvement of English and Japanese, our junior students are sure to dispatch new messages of culture in succession. Thanks to the amazing development of Information Technology, information can move around in no time. Information reaches the other side of the globe in less than a second. This is called 'Global Village'. In a village, information is carried in a twinkling.

Fortunately, international exchange societies or cultural bodies are founded in most local governments. Those institutions should be the base of dispatching of messages. Isn't this humble effort to develop a grass-roots movement very important? It is of no use to hesitate to dispatch messages of culture. A positive attitude is essential. We must now imitate that attitude of Americans to announce their careers or merits positively.

Such movement or activity mentioned just now bore fruit in the district in which the author's private house is located. On the occasion of The Asian Games in Hiroshima (1994), we lodged the athletes from the former Soviet Union in each family's house, entertained them with Japanese food and culture with a poor command of English. Since then the circle of friendship has extended far and wide. In order to promote such circle of friendship, all we need is goodwill, warm heart and a little working knowledge of a foreign language. Such efforts of ours attracted the attention of the whole nation of Japan.

It seems impossible to hold a big international sports game or event in Aira District, but the holding of a cultural festival of a similar size would be possible.

In a far-off village called Tokusa, in north-eastern district of Yamaguchi Prefecture, the World Championship Meeting of 'Rice-cake-catching' has been held for more than ten years. In autumn every year lots of foreigners from overseas join this attractive meeting. Thanks to this event, this small village gets lively, and is directly connected to the village revitalization. People of western countries are very interested in various kinds of rice cakes, rice cakes boiled with vegetables, *zenzai*, a stylized straw rope, New Year's decorative pine trees, and so on. Thus, people all over the world have become connected in succession. Even a small effort will bear a fruit ultimately.

The author lives in front of the Rurikoji Temple, or five-storeyed Buddhist Tower, a national treasure, in Yamaguchi City. I make it a rule to show them around the Temple in my free time. The author's duty is to make an account of a Buddhist culture. In addition, he makes it a rule to refer to the Meiji Restoration, because Choshu, or Yamaguchi, is also a source of the Restoration along with

Satsuma, or Kagoshima. Thus, the author is invariably proud of Kagoshima. An intelligent British knows well 'the War between Satsuma and England'. In England, a common orange is called 'satsuma', though it sounds curiously. This appellation originates in this historic war. The word 'satsuma' has another meaning, that is, satsuma pottery. This word 'satsuma' is appropriately recorded in that voluminous *Oxford English Dictionary*.

As most people know well nowadays, we can see the portmanteau word 'glocally' ('globally' + 'locally') everywhere. Yes, let's think globally, and act locally!

(学生登壇)

文化日本への道

溝辺中1年　二見剛史

　いろいろな今日の社会の情勢を考えて見ますとき、私達の前途には、何か暗い悪魔の手がしのびより不幸の方へ導いて行くような気がします。米国とソ連との対立、朝鮮動乱、英仏の不景気、ドイツ問題など民主、共産両陣営の対立はいよいよ濃くなって行きます。かつては世界の一等国に数えられ、米英と肩を並べていた日本があの太平洋戦争をひきおこし、あわれな敗戦となってしまいました。と同時に文化経済、思想、学力ともにおちぶれ物価の値上り、引揚者などあのみじめな終戦当時を思う時、目がしらのあつくなるのを覚えます。それ以来七年間復興ははかどり、だんだんと手のとどくような世の中になりつつあります。

　しかし、まだまだこがらし吹きすさぶ寒夜にふとんもなく、それこそ粗衣粗食の生活を営む方々も数多くあるようです。また教育の面についても交通の面についても衛生上から見ても本当に完全なものはあり得ません。

　日本の再建のために八千万日本国民の一人一人が心から生れ変わり、一新した再建日本、文化日本に立てなおそうではありませんか。戦争は何をつくるか心にしっかと味わわせて心からの真人、本当の文化人に成らなければ絶対にはめつするのです。早く一人一人が目標を見つめて永遠の平和世界をきずきあげましょう。そして日本が文化の最も高い、栄えた国になるのです。日本の少年少女の皆さん大いに勤勉し、実のついた人間になりましょうね。

〔出典〕『南日本新聞』昭和28年（1953）3月6日

(上記の英文版)

The path leading to cultural Japan

Futami Takeshi
1st form, Mizobe Junior High School
Kagoshima Prefecture

　In our thinking of these ever-changing social situations and circumstances, it seems that what is dark and devilish steals up to us, taking us to misfortunes. Confrontation between the United States and the Soviet Union, Korean Upheaval, Depression in Germany and France, so-called German Problems ---

these oppositions between democratic and communist countries are likely to get more and more acute.

Japan, once counted among the first-ranked countries, and compared with the United States and the United Kingdom, unfortunately caused the Pacific War and, eventually leading to a defeated nation. Simultaneously, we are moved to tears at the thought of the fall of the level of culture, economy, ideas, academic ability, and along with them the rise of commodity price, and furthermore, those miserable sights of the repatriates at the end of that war.

During those seven years thereafter, Japan's postwar rehabilitation has been rapidly progressing, and the world around us has changed towards the better for us subjects.

Quite a few people, however, are leading a poor life with little food and few clothes on the nights of a nipping wintry wind. Moreover, there is nothing whatever perfect concerning education, transport, and sanitation.

Let's be determined to be newly and sincerely reborn, and rebuild a renovated Japan, namely, a cultural Japan; Yes, each of us 80 million population must be all in one.

Humans are inevitably destined to go to ruin without the realization of what wars bring about. We should be reformed and truly cultural characters. Each of us must make efforts to find her or his own objectives and build up an eternal peace.

Thus, Japan will be among the most culturally elevated and prosperous countries. Be diligent and truly fruitful subjects, girls and boys of Japan!

(06 March, 1953)

世界人権デーに想う

加治木高1年　二見剛史

　一九四八年、国際連合の総会は、五六ヵ国の代表者の一票の反対もなしに、全ての国民が達成すべき共同目標として「世界人権宣言」を採択し、全世界に向かって宣言した。そして十二月十日こそ、平和への原動力とでもいうべき、この偉大な宣言が行われた日、すなわち人権デーである。我々は世界中の人々と共にこの日を心から祝福しなければならない。現在平和な世界が維持されているのも、民主主義によって我々の人権が尊重されているのも世界中の人々がお互いに助け合ってゆけるのも、実にこの世界人権宣言のおかげなのである。

　この宣言は、数世紀にわたって何千万の人々が求めてきたものを簡潔な言葉で言い表したものであって、前文に強調されている「人身の尊厳と価値」、本文に強調されている色々な生活上の自由と権利、社会秩序、その他細々と明記されているこの宣言こそ、人類史上初めて、全ての人が世界のどこにいようとも与えられなければならない基本的人権と自由を、真に世界的立場から定義したのであり、新しい社会秩序の設計図である。

　特に、アメリカの故ルーズヴェルト大統領が、今日の全人類の希望を表して宣言した「四つの自由」、すなはち世界のどこにおいても、言論の自由、宗教の自由、欠乏からの自由、恐怖からの自由が到来されなければならないという事は、此等の自由を求めて戦ってきた各国民の長い歴史が、実を結んだものであり、これが世界人権宣言の中心をなしているのである

　世界人権宣言は、第二次世界大戦後の世界の各方面に実に偉大な影響を及ぼした。しかし、我々は人権デーを祝福すると共に、我々のまわりを見まわして反省する必要があるのではなかろうか。日本も国民主権主義となり、憲法によって人権と自由とが、全面的に認められているが、果して実質的に人権は護られているかという事を！！

　まだあとを絶たぬ人身売買、目立つ警官や教師の暴力、村八分事件等と、封建主義的行為や思想が、そこここに転がっている。

　又、世界情勢も決して安心する事は出来ない。資本主義国家と共産主義国家の対立、軍備強化、平和的共存が叫ばれても、戦争への危機は去らない。戦争、人類はこれを望むのだろうか。人類の良心をふみにじった蛮行は、人権に対する無視、及び侮べつから起るのであると人権宣言は前文に掲げている。即ち戦争の根本的原因は、人権の否定なのである。人権を認めないからこそ、あの残酷な戦争が生ずるのである。

　こう考えてくると、平和への道には、幾多の障害が、難問が、まだまだ行手を妨げているようである。だが、人権デーに考えることは我々はこの様に色々な難問を、どのようにして解決したらよいか、と言うことである。

人権の一大金字塔である世界人権宣言が、大衆の心にどれ位知られているのだろうか。我々学生ですらまだまだ知らない人が多いのである。しかし見給え、ＵＮＥＳＣＯ、ＭＲＡを中心として、世界の人々が、特に学生達がこの精神の普及徹底運動にその誠意と情熱をさゝげ尽している事を。この宣言の精神が浸透し、世界中の人々が胸の中に平和の砦を築く事によってのみ、平和社会、平和世界が実現するのである。我々は近き将来に、必ずこの様な社会を、平和世界を建設しなければならない

　それには、まず我々の学校生活からであると思う。我々の家庭、社会の生活からであると思う。友達同志は互いに尊敬しあい、理解しあい、協力しあつて学問に精出さねばならぬ。先生方に対する態度は、友人間の交わりは正しく楽しくなされているだろうか。各人反省してみてもらいたいものだ。

　人権デーは、世界中の人々の祝日であるとともに、自分達の生活を反省し、少しでもこの宣言の精神を実現するよう誓願する日であると信ずる。ＵＮＥＳＣＯは青年に与えるメッセージの中で「全世界を通じて、我々の仕事の大部分は青年組織の協力によって果される、未来は諸君のものだからである。精神の世界協同体を実現するのは諸君であるからだ。」と我々に大きな期待を寄せている。若人の熱と希望と純情とから、明るい社会、明るい学校生活が築かれ、世界中に明るい喜びの歓声がおこるのである。人権デーを迎えた我々はここにもう一度、過去を反省し将来への歩みを新たにすべきである。

〔出典〕『加治木高校新聞』第28号（Ｓ31・1・25）

（上記の英文版）

Placing my Trust in the Day of the Universal Declaration of Human Rights

Futami Takeshi
1st Form, Kajiki High School
Kagoshima Prefecture

　The General Assembly of the United Nations carried "the Universal Declaration of Human Rights" as a joint aim every nation should attain without any vote of opposition on 10 December, 1948 and declared it openly and universally for the whole world. This particular day should be a prime mover leading to peace. We should sincerely celebrate this day with all the people the world over. It owes solely to this Universal Declaration of Human Rights that world peace is now kept and sustained, our human rights are respected by democracy, and all the people world over help each other.

What tens of millions of people have been searching for so many centuries is expressed in clear and concise words in this Declaration.

The very Declaration in which the dignity and value of human beings are emphasized in the preamble, various kinds of freedom and rights in life, social orders and other minutely-mentioned items emphasized in the main body is the truly worldwide viewpoint definition of the basic human rights and freedom all the people in the world, wherever they may be, must be given for the first time in their long history. This Declaration is also a blueprint of a new social order.

In special, the four freedoms the late President F.D. Roosevelt declared for the hope of whole human races: freedom of speech, of religion, freedom from wants and terror must be attained, wherever they may be, and a long history every nation has been fighting for these various kinds of freedoms has become fruitful. The very truth comprises the centre of this Universal Declaration.

This Declaration has greatly influenced various circles and aspects in the world since World War II. We may be forced to look around us and think over, however, the Declaration, in addition to celebrating this memorable Day.

Our country has also become democratic, and the human rights and freedom are wholly and widely received and recognized by the National Constitution. I do wonder these rights and freedoms are virtually observed.

It seems that such feudalistic doings and thoughts as ever-lasting traffic in human beings, outstanding violence caused by police officers and teachers, social ostracism and so forth are lying around here and there globally.

Furthermore, we cannot always feel free from unstable world situations. There are an opposition between capitalistic and communist nations, and rearmament. Crises leading to war never die away, no matter however loudly peaceful coexistence is cried out.

Does the humankind like a war? The Declaration adopts a slogan that barbarous deeds which trampled on humans' conscience result from the disregard and contempt towards human rights. Namely, the primary cause of wars is negation of human rights. This repudiation of human rights gives necessarily rise to atrocious wars.

In so thinking, the passage to peace seems to face various kinds of obstacles and difficult problems ahead. But what we should think of on this memorable Day is how we should resolve these various kinds of difficulties.

It is doubtful that how many of the world population really know this Declaration, a monumental achievement concerning human rights. There are not a few students who do not know the existence of this Declaration. But look at the fact that people world over, especially, students, wholeheartedly devote their sincerity and passion to the active proliferation of this spirit, the pioneers of this movement being UNESCO and MRI.

It is solely by the spirit of this Declaration infiltrate into people's hearts, and the world population build the fort of peace in their own hearts that a peaceful society or world is realized. We must construct such a peaceful society or world in the years to come.

In order to realize this objective, we should rebuild, first of all, our school, domestic, and social life, respectively. Friends should respect, understand and collaborate each other and study hard.

Are the attitudes of students towards teachers or the friendship between students rightly and pleasantly conducted? The author likes every one of us to think it over.

I do believe that this memorable Day is the anniversary day, and with it, is the day when the world population inwardly rethink of their own ordinary life and petition in order to realize, slightly as it is, the spirit of this Declaration.

UNESCO lays its hopes on us that 'the majority of our work is carried out by the cooperation of youth organization throughout all the world over. Future is yours. The realization of the world community of spirit is made by the youth' in the message given to youths.

Out of the passion and hope and pure heart of the young comes into being a bright, and clean society and school life, and cheerful shout of joy.

We who welcomed the Declaration Day should look into our past once again, and start afresh for a hopeful future.

(25 January, 1956)

嗚呼、わが青春「六本松」

二見剛史

　九州大学教育学部の平塚益徳教授が私の母校加治木高校で講演されたのは昭和三十四年、その内容に感銘された久保平一郎校長が溝辺のわが家に来られて、「小原国芳・鰺坂二夫先生らのよき理解者でしたよ。ぜひ息子さんには九大受験を」と言われたらしいのです。

　鹿児島師範で小原先生と机を並べた間柄の父、末っ子を教育界に進ませたいのが本心の様子でした。当時一浪中の私は姉宅に居候しながら英数学館で受験勉強の仕上げに励んでいました。幸い成績も九大ラインに達してきたので、父の勧めに従い九州大学一本に絞りました。五倍の難関を越えて「オヤジ　ヨロコベ　タケシ」の電報に家族は小躍りしたそうです。

　六本松でのクラスは「文一の三」、文学部の一部と教育学部をまとめた約五〇名、その八割は福岡県出身、鹿児島県からは私一人でしたが、五月には早くも親睦会を結成し仲間づくりに精出しました。大学生になった実感は時間割の自主編成、教養科目全般に加えて語学では英語、ドイツ語、フランス語、ラテン語までびっしり、ノートの何冊かは日記と共に保存しています。

　サークルは弓道部・茶道部・ＥＳＳそして結局落ち着いたのが教育研究会でした。河合栄治郎著『学生に与ふる書』をテキストに読書会、学園祭では旧制福岡高校の寮を改造した部室に泊まり込みました。ファイヤーストームの思い出も過ぎります。箱崎キャンパスから見学に来られた先輩に「大学生活の道のりは長いんだヨ。ゆっくり遊んでから学部に来なさい」と言われたのを覚えています。

　世相は安保反対の頃、学生運動でボイコットを受け教室に入れなかったり、天神周辺の電車道でジグザグ（Zigzag）デモをやったのも遠い思い出です。明善の二人と加治木の二人合計四人で六畳二間を借りカーテン間仕切りの生活も貴重な体験です。部屋代は一人千五百円、学食だと朝二十円、昼三十五円、みんな質素倹約の生活でした。でも、博多名物「山笠」を見学したり、小旅行やキャンプ、映画にはちょくちょく出かけました。「勝利なき戦い」もその一つです。

　ソ連のロケット月面到着やローマ五輪等で世界への夢を描いた日々でもありました。イラクから医学部に来た留学生に乞われ、図書館で英字紙の社説を解説したのは満二十歳の頃、私は英文日記を楽しんでいました。語学力を伸ばしたいという気持と、青春の悩みや自分の理想を外国語の世界で表現したかったのかも知れません。

　春夏秋冬それぞれの長い休暇には必ず帰省し農業の手伝いをしています。あれから半世紀、父母の齢に達した今、「親もきつかったろうナ、でも息子が手伝ってくれた時は嬉しかったかもナァー」と思うことです。大学進学記念の池に寄せて父は詠んでくれました。「みよの夏、皆で作りしこの紫泉、永久に清水を湛えてしがな」「努力して

事の成る日の嬉しさは、われ一人知る神の面影」。

　わずか一年半の時空なのに、たくさんの出会いがありました。初恋は実りませんでしたが、のちに良き伴侶を私に紹介し月下氷人の大役を引き受けて下さったのはラテン語の先生でした。六本松は「人生劇場」の濫觴でもあったのでしょうか。懐かしい故郷・ハイマート（Heimat）です。Fair pledges of a fruitful tree.(R.Herrick)

　このたび、わが青春「六本松」を振り返る機会を与えられ、私は何だか今、夢の世界にいるような気がしてなりません。　　　　Merci beaucoup.

〔出典〕九州大学編『青春群像・さようなら六本松』（H21・2・10　花書院発行）
　　　　　　　　　　　　　　　　　　　　　　　　　　　　　２４８ページ

（上記の英文版）

Fair Pledges of a Fruitful Tree!

It was in 1959 that Professor Hiratsuka Masanori, Faculty of Pedagogy, gave a lecture at Kajiki High School, my *Alma Mater* Principal Kubo Heiichiro, deeply impressed by the contents of his lecture, took the trouble to visit my house in Mizobe, expressing to my father: 'Professor Hiratsuka has a proper understanding of the two great legendary educators: Mr. Obara Kuniyoshi and Mr. Ajisaka Tsugio.' Thus Principal Kubo strongly encouraged my father to think of his son's taking an entrance examination to Kyushu University.

Well, my father studied together with Mr. Obara in Kagoshima Normal School, so my father's real motive seemed to send me, the youngest child, to the world of education. In those days I was deeply involved in preparing myself for an examination in Eisugakkan, a preparatory school. I failed to succeed in the first trial because I was too busy taking an active part in the management of the students' union. Finally, I narrowed down my hope to Kyushu University, and fortunately succeeded in the second trial. I got over the hurdle of the high competition rate. I sent a telegraph to Father, saying 'Rejoice, dad, Takeshi'. Naturally the family members were said to have jumped wildly for joy.

My class consisted of about 50 students, most of them being students of the department of pedagogy, and a part of that of literature. 80 percent of the students were from Fukuoka Prefecture, and I was only one student from Kagoshima Prefecture. As early as in May I formed a convivial meeting and worked diligently in making friends. I was really made to feel that I became a college student when we had to make a student-initiated time table. The time table (curriculum) was densely filled with such foreign languages as English, German, French, Latin in addition to the whole area of the liberal arts. I still now keep some of the notebooks along with the then diaries.

I belonged to the circle activities of archery, tea ceremony, and English Speaking Society. Finally, I got settled in the society for the study of education. In the reading circle we selected the text "The Book Given to Students" written by Kawai Eijiro, On the occasion of campus festival we lodged at an old room remodeled from the dormitory of the former Fukuoka High School. The recollection of the firestorm crosses my mind even now. I still now remember the words uttered by a senior from Hakozaki Campus, saying 'The journey of a student life is long, so come to the specialty department after you enjoyed yourself at leisure at Ropponmatsu.

The then social conditions were turbulent with the outcries of the campaign against the Japan-U.S. Security Treaty. We could not enter the campus because of an extremist student group's boycott. They wildly did snake dancing on the streetcar roads around Tenjin vicinity. These things are now a faraway recollection. It is an invaluable experience that the four students (two Meizen-graduates and two Kajiki-graduates) rented and lived in a lodging house consisting of two rooms (one room is a six-mat room) partitioned by a curtain. The room rented for 1,500 yen per capita. Breakfast was 20 yen, lunch 35 yen in the college restaurant. Every student was simple and frugal in her or his daily life. There were enjoyable events as well: we made a field trip to Hakata-Yamagasa festival, often made little trips here and there, went camping and went to the movies. One of the unforgettable movies is 'War without Victory'.

The landing of a Soviet's rocket on the moon and the Olympic Games in Rome opened the door to the dreaming of stepping into the wide world. It was when I was 20 years old that I commented on the editorial article of a Japanese newspaper in the Library to an Iranian student majoring in medical sciences. I was enjoying in keeping a diary in English in those days. It was probably because I was active in developing the linguistic ability and willing to express the worries peculiar to youths or my own ideas in a foreign language.

I helped the family with agricultural or farming work when I was home on relatively long vacation in every season of the year. About half a century has elapsed since then. Now that I reached the age of the parents, I sometimes think in fancy that they worked hard, but might be pleased because their son helped them. My father built a pond as a reminder of his son's going on to university, and wrote an ode running as 'In the summer of 1959, all of us family built this pond, we do hope it'll brim with fresh water forever.' 'Only God knows the happy feeling of the accomplishment of a thing by every effort.'

There were lots of encounters in spite of one and a half year's stay in Ropponmatsu. My first love did not bear fruit, but the person who introduced a better half to me and acted as a go-between was a teacher of Latin. Was Ropponmatsu 'the beginning of a theatre of life?' It was a fondly-remembered Heimat to me. "Fair pledges of a fruitful tree. (R. Herrick)

This time I was given the opportunity to reflect on 'My youth in Ropponmatsu'. I am now feeling as if I was in a dream. merci beaucoup.

(10/02/2009)

心を磨く

（現代社会への提言）

二見剛史

　人間はみんな心を持っている。その心を磨くためには、家庭や学校や社会、それらをとりまく環境、いろいろな人間関係が大切な要素となる。

親子関係の大切さ

　家庭は、親と子の関係で成り立つ。親が子に注ぐ愛ほど純粋なものはないだろう。逆に、子が親を慕う心ほど高尚なものもないはずだ。教育を語る場合、親子関係の大切さはいくら強調しても、し過ぎることはない。

　だいいち、親は子に恵まれて初めて親になれたのであり、子は両親の愛によってこの世に生まれたのである。結婚が奇跡なら、誕生も奇跡だ。科学がどんなに進歩したとしても、生命を造り出すことはできない。親と子の出会いは神秘なる宇宙に輝く星座である。とくに、人間としてこの世に生を享けたお互いは、その生存にまず感謝しあう心が大事なのではないだろうか。どんな人間も、子として生まれ、親となってきたのだから。

国際社会に目を向ける

　これほど大切な心なのに、どうして人間はその心を磨き、正しく育てる仕事を怠りがちなのだろう。

　国際児童年（1979年）のキャッチ・フレーズに「わが子への愛を世界のどの子にも」が採択された。親子関係が正しく育ちうる環境をつくるため、親たちは国際社会にもっと目を向けて努力しなければならない、という認識が高まったとみえる。

　われわれは、世界の現状を知れば知るほど、自分本位、自国本位のものの考え方が、いかに浅薄なものであるかを反省させられる。この場合、世界とは、かけがえのないこの地球に生を享けた全人類によって成立している国際社会である。人々は、世界に住むどの子に対しても、わが子に注ぐ愛と同じ純粋で濃密な正しい愛情を注げるものだろうか、それとも注ぎ得ないものだろうか。国際児童年に期待されていた心の高さ、深さ、大きさに、私は身ぶるいする思いであった。

愛は原爆よりも深し

　これより先、1973年夏、世界新教育会議東京大会が開かれたときの印象も鮮明によみがえってくる。これは、地球村（Global Village）をめざす団体・世界教育連盟（WEF）の国際会議であり、「新時代をひらく教育・教師は何をなし得るか」が大会のテーマであった。同連盟総裁のシャー女史（インド）は、あいさつの中でつぎのように述べている。

「伝統的な学問の厳格な分野にしたがって組織づけられている教育は、‥‥この世界に貢献するような学際的、国際的アプローチに道を譲らねばなりません。‥‥教育は創造されなければならないものです。学校と生活の差が少なくなればなるほど、学校はより良くなり、もちろん、生活も良くなります。‥‥何事にもまして、われわれは、人間を尊重しなければなりません。物質的なものよりも、政治的信念や制度よりも、軍事力に追従的になるよりも、また、狭い愛国心よりも大事にしなければなりません。人の心が、愛と同情の鼓動に敏感であるかぎり、人類は救われます。‥‥信じられないように聞こえるかも知れませんが、愛は原爆よりも深いのです」

当時、私は、国立教育研究所に勤務しながら、大会運営委員の末席を汚していたが、東西文化の架け橋たる存在にあるインドの女流教育家が、世界の檜舞台で「愛は原爆よりも深し（Love is more powerful than the atomic bomb）」という教育論を高唱され、新しい時代の文化創出の指南役を務めておられる姿に圧倒されてしまった。物質的には貧しさの目立ちすぎるインドだが、人々の持つ人生観や文化の優秀性に心ひかれるものを覚えたのは私一人ではなかろう。

感謝の心を持つ

日本は、今や、経済大国といわれる。たしかに、物資は豊かである。みんなが勤勉に努力した結果であろう。しかし、人々の心は喜びと希望に満ちているだろうか。愛と友情にあふれる平和な文化国家の建設を追求してきた日本だが、果たして理想の社会が実現しているだろうか。変化しつつある社会の要求に応えるための世界的な広がりを持っているだろうか。現実は、まだまだ道遠しの感じさえする。

たしかに、物質的に恵まれてきたことは、心を磨く上で好都合である。毎年、世界のどこかで飢餓が起こっている。飢えは、人間を身も心も野獣化するといわれる。物を粗末にする態度は非難したいが、物を創り出す産業が興らなくては人々は生きてゆけない。国連の食糧農業機関（FAO）は、飢えからの解放を目的にしているし、国連大学では飢餓の克服を研究課題としている。発展途上の国々にとって、人口抑制政策は生きぬくための知恵である。一方、自然環境を守るために森林の伐採や公害問題が議論され、物を粗末にしがちな生活に反省が求められている。

物に恵まれてきた日本人が、今眼を注ぐべきは、物や人に対する感謝である。「もったいない」「ありがたい」という心を取り戻すことであろう。

高く深く大きな心

日本の子どもたちは、今も受験体制の中で多かれ少なかれ苦い経験をさせられている。「早期博識教授」の弊害とも言えよう。人間を愛する感受性に富んだ存在こそ、われわれの望む環境であるが、まわりには、他人への思いやりや他者への感謝を著しく欠いた大人が多すぎる。

元来、子どもは、大人とは違った独自な存在である。子どもが持っている伸びようとする力、活動しようとする力を、どうしたら発揮させ得るか、が問われなくてはならない。子ども時代を満足に過ごさせることが、良心に従って自己の行動を制御し得る人間を育てるための必要条件だともいわれている。

　心を育てるための基本は親子の絆である。永年、幾世代をつないできた家族の足どりがタテ糸となっていくことだろう。さらに、心を磨くためにはヨコ糸をこれにクロスさせなくてはならない。学校や地域社会、そして広く世界の人々と交流しながら、明日を築くための大きな心を磨きたいものである。タテ・ヨコの糸が織りなす人間模様は、世界の各地に美しい花を咲かせてゆく。清澄な水や空気がその香りを運んでくれるにちがいない。

　花には太陽を、子どもには平和を、人間の自然に生きる力を信じて、明日の世界、21世紀を築くための、高く、深く、大きな心を磨きたいものである。人間が人間を尊重しあえる社会は幸福である。みんな、精いっぱい助け合って生きてゆこうではないか。

広池学園出版部『れいろう』
1989.10月号　P.P.20〜23

（上記の英文版）

Mind Polishing

　Every person has her or his own mind. In order to polish the mind, such various kinds of elements as families, schools, communities, the circumstances surrounding them and varied human relations are very important.

　A family consists of parents and children. Nothing would be purer than parents' love of their children. Conversely, nothing would be nobler than children's adoration of their parents. When we talk about children, we cannot be too careful to emphasize the importance of the relations between parents and children. This is solely because parents come to be parents only when they are blessed with children, and because children are born in the world by parents' love. If marriage is a miracle, so is birth. Even though science is highly developed, life cannot be created. The encounter of parents and children is a shining constellation in the universe. Especially, isn't it important that we who are sent out in this world as a human being should be thankful for the existence? It is solely because any human being was born as a child, and became a parent.

Mind is so important. Nevertheless, why doesn't a human being polish her or his mind, and neglect the work to nurture it properly?

Ten years ago, the catchphrase 'Give love of one's children to every child all over the world' was carried on the occasion of the International Child Year (1979). The recognition seems to be heightened that parents should direct their eyes further to international society and make more efforts in order to form the circumstances in which the relations between parents and their children can be established.

The more we know the state of affairs, the more deeply we are forced to reflect upon how shallow a self-centered way of thinking or her or his own country-centered way of thinking is. In this case, the world means an international society consisting of the whole mankind born in this precious irreplaceable globe. Is it possible to give the same kind of pure, deep and proper love or affection just as one gives to one's own children?

Or is it impossible? I trembled with the magnitude, depth and nobility of mind expected in The International Child Year.

In the summer of 1973, in the preceding year, Tokyo Convention of The World New Education Conference was held. I still have a vivid recollection of the then impression. This is an international conference of the body, i.e. WEF (The World Education Fellowship) aiming at a global village, where the main theme was 'What can education and teachers exploiting a new era contribute?'. Ms. Madhuri R. Shar from India, President of WEF, made a memorable speech in the opening address:'Education structured along rigid lines of the traditional discipline will have to give way to an interdisciplinary, international approach which would orient man to discover and contribute to this fascinating, bewildering, and sometimes frightening world⋯Education cannot be a system; it must be created. The less difference between school and life, the better schools will be, and certainly, life⋯We will have to value human beings above all else. Above material things, above political beliefs and systems, above subservience to military might, and narrow patriotism. So long as the heart of man is sensitive to the throb of love and compassion, mankind can be saved. For Mahatma Ghandi pointed out and as incredible as it may sound, love is more powerful than atomic bomb.'

On that occasion I was one of the working committee of the Convention, while

I worked for the National Institute of Education. The President, a female Indian educator, a bridge between the two cultures, eastern and western, spoke loud at a first-class stage: 'Love is more powerful than the atomic bomb', just as mentioned in the preceding quotation. I was overwhelmed by the magnetic attraction of the President, an instructor or coach who produces culture of a new era. Everybody may agree that India is materially awfully poor, but all the attendants may have been deeply moved by Indians' rich idea of life and her country's cultural excellence.

They say Japan is an economically gigantic country. To be sure, materials are rich. It is solely because everybody has been working diligently and incessantly for more than forty years since the end of the war. But, can we declare that our mind or heart is filled with joy and hope? It is true that our country has been in pursuit of the construction of a cultural nation filled with love and friendship, but would it be possible for us to say that an idealistic nation is realized? Would it be possible for us to have a worldwide extent to respond to changing social needs? Actually, it seems to be far from the realization of the ideal.

To be sure, to have been materially rich is favorable concerning the polish of our mind(s). Famine occurs somewhere in the globe every year. Famine is said to brutalize our mind and body. To waste things should be to blame, but we could not keep living without the industry producing things. FAO (Food and Agriculture Organization) in UN holds up the emancipation or release from famine as one of its purposes, and the United Nations University places the conquest of famine as a theme of researches. The policy of the control of the burst of population is a wisdom for our human beings' survival. On the other hand, deforestation or environmental pollution have been main objects of discussion in recent years, and to send a life of wasting things should need a self-examination. We Japanese, rich in things, should direct our feeling of thankfulness to things and human beings themselves. The feelings of 'being too good' or 'thankful' should be recovered once again.

Japanese children are even now more or less forced to have a bitter experience in the structure of severe examinations for higher-level schools. Too much emphasis on premature acquisition of knowledge has harmful effects on the healthy development of children. We adults' hope is to nurture children with a very receptive mind who love all people around. Unfortunately, there are too many people who excessively lack considerations or gratitude toward others.

Originally, children are distinctive beings different from grown-ups. We must ask how we adults can develop children's possible ability to grow, and to go in action. It is said that to live in a feeling of satisfaction in the childhood is a requirement to nurture human beings who can control their own behaviour in the light of conscience.

The basis of nurturing mind is to build the bond of parents and children. The tracks of families which have connected generations for long years would be a warp thread. Furthermore, in order to polish mind, we must cross the weft across this warp. We'd like to polish a generous mind to construct tomorrow, exchanging various ideas of the people in the schools, local communities, or the world over. The fabric of human relationships warp threads and wefts weave will give rise to beautiful flowers far and wide in every corner of the world. Clean and fresh water and air must carry their flavor.

We'd like to polish a noble, deep and generous mind to build the world of the 21st century, tomorrow's world, believing the human beings' natural power of surviving. Let's give the sun to flowers, and peace to children! Happy is the society where human beings can respect each other. Let's help each other and survive as possible as actively, shall we?

(『れいろう』第32巻第5号通巻393号、1989年10月1日発行)

人生の折り返し点

二見剛史

「少年老易く学成難し」と言われるが、シニアに達し、私も敬老会に招待される身となった。会場には九十三歳の翁をはじめ五十数名、公民館長さん自身が我々より年長者である。係の方からハーモニカを持って来るよう依頼された。演奏しているうちに、祝ってもらうのか、共に楽しむのか、自分でも分からなくなってしまった。

私共の年代は、新学制が発足して最初の一年生。鹿児島市薬師町に生まれ、幼稚園二年目の夏、父祖の地、溝辺村に疎開し終戦を迎えた。十番目の末っ子で、中学卒業時、父は六十五歳、わが家も人並みに金欠病、労働と倹約をモットーに進学した。

大学院博士課程二年のとき七十七歳の父が急逝、その後、助手一年を経て上京、国立教育研究所で『日本近代教育百年史』の編さんという素敵な舞台を与えられた。丁度、その頃、世界新教育会議東京大会が開催され参画した。全国的に大学紛争が蔓延していたが、その渦に巻き込まれることなく研究に専心できたので、大学人同士がせめぎあう嫌な体験は幸いしていない。

「君の郷里に四年制大学が設置されるそうだよ。お母様に孝養できるよ。」恩師先輩らの助言が私の人生を変えた。Uターンは昭和五十五年、下の子が小学校三年生だった。溝辺・大学間、車で約十分の距離を置いて、鹿児島女子大学の建設に邁進する日々を重ねたが、ああ、早くも定年を迎えようとしている。

懐古の情に耐えずといえば大袈裟だが、シニアの関門をくぐってみると、「人生とは何か」が見えてくるような気もする。未熟な自分を今日まで育てて下さった総ての人に心から感謝しつつ、快適な後半生を過ごせたらと思う昨今である。

椋鳩十先生の年譜を見ると、六十五歳頃までとそれ以降における作品数がほぼ同数である。「シニアの始まりは人生の折り返し点ではないか」と思った。そうしたら、急に勇気が湧いてきた。

私たちの壮年期は生涯学習社会が実現した時代である。志學館大学改称記念に設立された生涯学習センターを足場に頑張ってきた最後の五年間、地域と大学との接点を求めつつ静かに歩いてきた日々、その成果を『隼人学』にまとめられて嬉しい。

一方、郷里溝辺の文化協会長を二十数年間勤めたことも、新世紀の学問観や大学像を考える際に随分役立った。今、県の会長というお役目を与えられているので、文化協会と生涯学習活動を結合させ、県域全体に役立つ文教的風土づくりに協力したいと切に思う。

先年、世界新教育学会の国内版を本学（志學館大）コスモスホールで開催させていただいた。霧島連山や桜島が見える広大なキャンパスはもとより、きびきびと動いてくれた学生たちや同僚同士の働きぶりが高く評価された。

国際会議への出席回数も多いという理由で先般、私は図らずも「ＷＥＦ（World

Education Fellowship）賞」を拝領した。鹿児島師範で父と同級生だった小原国芳先生ゆかりの全国大賞を手にする時、思わず合掌し涙ぐんでしまった。（授賞式には平塚に居る加高6期生の坂井修代姉上も参列してくださった。）

　郷里の大学に在職して四半世紀。開学以来の鴻恩に報いるため、謙虚に生きてゆけたら本望だ。

（『志學館学園新聞』　第101号　2004.11.25）

（上記の英文版）

Promenade for Thought (/ Mental Promenade)

----- A Turning Point in My life -----

It is universally said: 'Boys are prone to get old, but learning is difficult to acquire'. I myself reached the stage of the elderly, and is respectfully invited to the meeting of Seniors' Day every year. There are some fifty people of the old in the place where the party is to be held, the oldest being ninety-three. The president of a community centre is himself is older than most of us older people. I was requested to bring a harmonica by a person in charge. I was at a loss whether I was celebrated or I enjoyed myself while playing the instrument.

Our generation is the first-grader after the new reform of an educational system. I was born in Yakushi-cho, Kagoshima City, and evacuated for peace to Mizobe, a land passed down from my ancestors in the summer of the 2nd-grader of a kindergarten, and then the end of the war came round. I am the youngest of all the ten children. My father was sixty-five when I graduated from a junior high school. Our house was short of money, just as lots of families were so. I went on to a university in the motto 'labour and frugality.' My father died suddenly when I was the 2nd grader in the Master Course of a Graduate School. After experiencing two years' post of an assistant in the University I went up to Tokyo, and got a position of a researcher in the National Institute of Education where I was fortunately given the lovely and invaluable work of editing "A Centennial History of Japan's Modern Education". Just at the same time, Tokyo Division or Convention of World New Education Conference was held, and I myself participated in it. In those days lots of universities were involved in disputes or troubles, while I was single-mindedly involved in researches. It is very fortunate that I did not go through a bitter experience of university wits engaging in infighting.

Just at the same time, advice from some former teachers and seniors changed my course of life completely. The advice given was: 'a new university is reportedly to be founded in your home town. You'll be able to show a filial piety to your parents!'. The so-called my U-turn was put into action in the year of 1980 when my junior child was in the 3rd grader in the primary school. The distance between the new university and my native home was about ten minutes' ride by car. I devoted myself actively to the construction of a new university day by day. Time flies like an arrow. I am about to reach a retiring age (as of 2004).

It may be exaggerated to say that I cannot stand the feeling of reminiscence or looking back on the past, but when clearing the hurdle of senior's generation, the question of 'what is life?' seems to rise to the surface. These days I do hope that I'd like to send a latter half of a comfortable life, thanking for the help from the surrounding people who kept on supporting such a green person as I till today.

Looking at the chronological table of Muku Hatoju-*sensei*, we can know the number of the writings till he turned sixty five years and that of those since then is approximately the same. I was made to realize then: 'Is the beginning of seniors the turning point in life?', when suddenly the confidence that I could do it if I tried welled up in me!

Our best days in life may be the time when a lifelong learning society was realized. The Centre for Lifelong Learning was founded to commemorate the start of Shigakkan University. I have made every effort to search a point of agreement between the district and the University for five years by securing this Centre as a firm foothold. I am now relieved and pleased that I have compiled the fruits of years of such area studies into one book: "Hayato-gaku".

On the other hand, I have presided over the Society of Culture in Mizobe, my Heimat for more than twenty years, which greatly helped me thinking of the idea of learning in the new century and the idea of a university. I do hope to make efforts to combine the Centre of Culture with the lifelong learning activity together, and moreover, to form a cultural and educational climate in order to be helpful in the whole area of Kagoshima Prefecture.

The other year, the domestic version of the Society of the World New Education was held in the Cosmos Hall in Shigakkan University. A chain of Kirishima Mountains and the spacious campus looking over Sakurajima have both attracted the attention of the whole attendants. How energetically the students and colleagues have worked was highly evaluated.

I was unexpectedly awarded a prize of WEF (World Education Fellowship) some time ago because of my frequent presence at international conventions. I put my hands flat together in prayer in spite of myself and was moved to tears, when I was given the national award which is remembered in connection with Obara-*sensei*.

A quarter century has elapsed since I was in office at the hometown university. I would give anything for living a humble life in order to requite lots of superiors to whom I am deeply indebted for long.

(25/11/2004)

第II部　英語学から見える世界

下笠徳次

Part II

The World Viewed from English Philology :

· A Long Journey of English Full of Ups and Downs	43
· Can English be an Immortal Language?	51
· Global English ('global' + 'English'): Its Appearance	53
· The Concept of World English*es*	57
· The Three Major Circles of English	67
· New Southern British English: Estuary English --- Its Birth and Growth	71
· The Meaning of Consulting Oxford English Dictionary Series	75
· The General Prologue to *The Canterbury Tales* (by Geoffrey Chaucer) : the Top Quality Product among all the English Classical Writings!	80
· *Hamlet* (by William Shakespeare) : a Rich Sea Full of Abundant English Words	85
· *The Summing Up* (by W.S. Maugham) : a Great Classic and a 'must' Book to Students Preparing for Entrance Examinations to Universities and Colleges	94
· *Alice's Adventures in Wonderland* --- the Quintessence of Modern English --- a 'so-called' State-authorized School-text Book in the U.K.	100
· The Travels of the Two Great Men of Letters: Goethe and Dickens --- The Differences of Viewpoints	107
· Can a Lexicographer be a Harmless Drudge?	111
· An Inside Story: Involved in the Translation of *The Canterbury Tales* (Iwanami Paperback)	115

1500年に及ぶ波乱万丈の英語の旅路

　英語 ----- 今や地球規模の言語となったこの言葉は最初から陽の当たる表街道をずっと歩いてきたのでしょうか。という疑問の裏には当然「否」という答えが隠されているのです。標記のタイトルにあるように幾多の浮き沈みの時期があったのです。波乱万丈の航路を辿って今日に至っているのです。万物には栄枯盛衰があります。紀元前に全盛を誇っていたギリシャ語もクレオパトラの死とともにその土台が弱体化します。続いてローマ帝国を築いたユリウス・カエサルの時代はラテン語が世界の言語でした。今では死語となってしまっています。といってもそれは口語としてのレベルであって、文語のレベルでは立派に「生きている」のです。学術用語はラテン語を抜きにしては考えられません。学術用語とまではいかなくとも英語のネイティブと知的な会話を理解し、楽しむためには最低でも8,000語から10,000語は必要なのです。知的な英語母語話者の語彙サイズは20,000語と言われています。翻って、我が国では高校までに修得する語彙数は3,000語レベルです。それでは大学生になって、あるいは社会人になってどんどんその数を増やしていけばいい、と思われるかも知れません。残念ながら英語力が最もピークに達するのは高校3年生、つまり大学受験時なのです。英語そのものを専門としたり、あるいは英語を使う高度の専門職を目指す人はいざ知らず、一般国民の知っている語彙数は減るばかりなのです。語彙数を増やすにはただひたすらに良書を読んで、読んで、読みまくるよりほかに道はありません。

　少し横道に逸れましたが、今日の英語を現代英語という専門語で記すとすれば、その大元は今から約1500年前に誕生したことになります。イングランドは紀元前はケルト民族が平和裡に暮らしていましたが、ローマ人が乗り込んできて各地に城砦を築きます。その名残りは'-chester', '-cester', '-caster'で終わる地名に残っています：Manchester, Rochester, Winchester, Leicester, Worcester, Lancaster, Doncasterなどがそれです。Chesterそのものもあり、いかにもローマ時代の雰囲気が漂っている古都です。イングランド各地に今もローマ時代に敷かれた石畳みの道路が見られます。古都ヨークなどは四方をローマ時代に建設された城壁が厳として残っています。ローマ軍団は紀元5世紀半ばにイングランドを見捨てます。そのあとに今日の北ドイツの辺りからゲルマン民族が侵入してきます。所謂、ゲルマン民族の大移動です。アングル族とサクソン族とジュート族の3民族でしたが、前2者の数が多く、俗にいうアングロサクソン族の到来となります。彼らがイングランドの地に持ち込んだドイツ語が少しずつ姿を変えていくことになります。即ち、古英語（Old English）の誕生です。紀元500年ごろより用いられることになりますが、文献に現れるのは紀元700年ごろからです。

今日、世界には一説には約3000の言語があると言われていますが、誰も正確な数は分かりません。約6000あるという説もあります。言語と方言の区別がつかないものも少なくありません。さらにまだ見つかっていない言語が未開地には数多く存在している可能性があるからです。極論しますと、インドだけで3000あるという見方もあります。パプア・ニューギニアだけで700以上あることも解明されています。世界に存在する言語は学問的には約20の語族に分類され、そのなかの1つが印欧語族（Indo-European languages）と呼ばれます。この中にさらにゲルマン語派というのがあり、更にこれは東ゲルマン、北ゲルマン、そして西ゲルマン諸語に分類されます。東ゲルマン語にはゴート語が、北ゲルマンには北欧の諸語：デンマーク語、ノルウエー語、スエーデン語、アイスランド語が、西ゲルマン語にはドイツ語、オランダ語、フリージャ語そして英語が含まれます。フリージャ語はオランダの一部で話されている、英語に最も近い言語です。そしてゴート語がもし生き延びていれば英語の謎がもっと明らかになるのですが、相次ぐ戦いで資料は残存していません。この西ゲルマン語の一つである古英語は約450年間、使われ、紀元1150年ごろまで命を保つことになります。

　この古英語後半に北から所謂バイキングが南下し、イングランドに侵入してきます。これは英語の進展に少なからぬ影響を及ぼすことになります。即ち、古ノルド語をイングランドに持ち込むことになります。冬のスポーツ、例えばski, skateを初め、'sk-'で始まる語（sky, skin, skirtもそうです）は古ノルド系の語です。egg, give, take, want, call, die, hit, smile, husband, knife, leg, window, ill, loose, odd, weak, wrong, till, Thursdayなどそのほんの一例です。地名ではDerby, Rugby, Whitbyなど'-by'が付く地名が実に600か所以上あります。またAlthorp, Bishopthorpeなど'-thorp(e)'が付く地名が300か所もあります。いずれも「町」や「村」の意です。バイキングがいかに多くの場所に住みついたかが分かります。Anderson, Johnson, Stevenson など姓名も北欧語起源です。Browning, Wakelingなど'-ing'で終わるのもそうです。'-ing'は「息子」の意です。イングランドにはDanelawと呼ばれる地域がありますが、ここではバイキングの法律が施行されるという意です、少なくとも当時は。今日までこの地域には北欧語起源の語彙がたくさん残っているのです。ヨークシャーでは「通り」は'street'ではなくて、'gate'なのです。狭いイングランドだけをとってもすべてが英語、というわけではないのです。複雑なのは多くの民族の出入りがあった証拠なのです。

　そして、1066年に英国史上、最大の「事件」あるいは「出来事」が起きます。あの「ノルマン征服」（The Norman Conquest）です。フランスがイギリスを征服したのです。イギリスはこの対仏戦争に負けて「良かった」のです。つまり、11世紀までのイギリスは北海の片隅に浮かぶ小さな島国に過ぎなかったのです。そこに大陸から、

当時世界最高の文明・文化を誇るフランス人が乗り込んできたのですから、文化の向上は陽の目を見るより明らかです。フランスより乗り込んで統一国家イギリスの初代の国王となったのがウイリアム一世です。もともとWilliamという姓はフランス語ではGuillaumeと綴っていました。語源は同じなのです。ゲリラ戦をguerilla と綴りますね。語尾の'-illa'は指小辞です。つまりguerとwarは同じ意です。'g'がイングランドに上陸すると'w'になります。イングランドに乗り込んだのは上層階級の人々であったということを見落としてはなりません。法律・経済・文化・科学芸術・文学その他あらゆる分野でフランス語でもってその文化を広めてゆくことになります。ということはフランス語を広めてゆくことになります。

　古英語は素朴で力強く、殆どの語が一音節から成ります。そこに優雅な、流麗な、長い音節の、文化の香り高いフランス語が流入するわけですから、英語の語彙が一気に豊かさを増していくのは自明の理です。1150年から1500年ごろまでの英語を中英語と言います。この350年間に約10,000のフランス語が英語に加わることになります。これはもうプラスの「大事件」なのです。この時期に入ったフランス語でよく話題になるのが、例のbeef, pork, mutton, vealという、食卓に上がった肉のことです。生きているうちはそれぞれcow, pig, sheep, calfですね。フランス貴族は生きているうちの、薄汚れた動物の名を食事のときに思い出したくなかったのです。この逸話を雄弁に物語っているのがSir Walter Scottの小説*Ivanhoe* (1819)の最初の章です。洗練されたフランス語が闊歩することになります。今日、「長い、上品そうに見える」語のルーツは殆どフランス語、と思ってください。もっとも更にそのルーツはラテン語、ギリシャ語となりますが。忘れてならないのは、下層階級の人々や農山漁村の人々は自分たちの故郷の言語＝英語を細々ながらも使い続けていたということです。つまり、英語の使用が途切れることはなかったのです。この中英語期の末期のころに彗星のように現れたのが「英詩の父」と言われるGeoffrey Chaucer (1342-3 ～1400)です。フランス語の優位は揺るがなかったのですが、「それでも」英語の持つ力強さをイギリス全土に知らしめたかったのです。こうして永遠不滅の物語詩の大作『カンタベリー物語』(1387-1400)を書き上げます。力強い音節を持つ英語と流麗な響きのフランス語を見事に組み合わせます。総行数約18,000行から成り、24の個別の物語の集合体です。イギリスの、またヨーロッパの当時の人々の生きざま、ものの考え方、文化、社会制度などが手にとるようによく分かります。文学作品は当代の姿を忠実に伝えてくれる「鏡」なのです。この大詩人は他にも素晴らしい作品を多く著しています。当時の文人たちはラテン語あるいはフランス語で作品を著すのが普通だったのです。英語の継続・発展にChaucerがいかに大いなる寄与をしたかが分かります。古英語の頭韻詩から中英語の脚韻詩への大転換を成し遂げたのです。更に大切なことは、複雑な語尾変化で意味がすべて決まっていた古英語から文型（例の5文型のことです）で意味が

決まる、その先駆けとなったのがこの大詩人なのです。これも一大事件なのです。もしそうでなかったら、英語はドイツ語と同じく、今でも4格からなる複雑な変化形を持つ言語に留まっているはずです。他の西洋言語と比べて英語はいち早くこのような簡略の文法への方向転換をしたのです。さらにもう少しあとになって「大母音推移」(Great Vowel Shift)という大きな音変換はありますが、文法構造はもうこれ以上、大きく変化することはないのです。西洋諸語の中で英語の文法は最も簡略化されています。これから変化するのは語彙、短縮化、音の変化ぐらいです。

　この中英語の末期になって英語の素晴らしさが再認識され、宮廷その他で英語が公然と使われるようになります。もっともフランス語側から攻撃を受けることはありませんでした。15世紀後半から16世紀半ばころまでは英語に関して言うと、これといった大きな変化はありません。それでもSir Thomas Maloryという文人が*Le Morte d'Arthur*（『アーサー王の死』）という散文を著し、更に英語の向上に繋がります。発音もこの時期は中英語のそれから近代英語のそれへの過渡期的現象が見られます。

　そして初期近代英語（1500‐1700）の時代を迎えます。あの不世出の大劇作家にして詩人、William Shakespeare (1564-1616)の誕生と欽定英訳聖書(The Authorized Version of the Bible)の上梓です。ChaucerやMaloryの英語にさらに磨きがかかることになります。Shakespeareは37の戯曲と*The Sonnets*をいう14行詩を残しています。いずれ劣らぬ最高傑作なのです。あの4大悲劇（*Hamlet, Macbeth, Othello, King Lear*）を初め、*Romeo and Juliet, The Merchant of Venice, Julius Caesar*など殆どすべてが我が国でも上演されて、少なくとも平均的な日本人なら誰でもその素晴らしさを知っているはずです。どの作品にも名句が頻出すます。なかでも'To be or not to be; that is the question', 'Frailty, thy name is woman.','Readiness is all'. 'Oh, Romeo, Romeo, wherefore art thou Romeo?'など人口に膾炙して有名ですね。最初の名句を知らない知的西洋人はいないとさえ言われています。西洋社会ではShakespeareの文言と聖書に由来する名句を知ることが知識人あるいは教養人の務めなのです。それはちょうと我が国における『源氏物語』や『枕草子』、『百人一首』の世界、また夏目漱石の世界を知るのが必須、と言えるのと同じなのです。古典に精通することが結果的に国力増進に直結します。ともあれShakespeareの作品には、とくに*Hamlet*には人生哲学のすべてが内包されているのです。洋の東西を問わず、古典の知識、教養は絶大なのです。

　超大物のあと、あるいは大事件のあとしばらくは小康状態を保つことがえてしてあります。英語の発展に関しても言えます。Shakespeare亡きあとしばらくは大物文人は現れません。John Miltonが活躍するのは17世紀後半です。

1700年から1900年までを後期近代英語期といい、ここでは綺羅星のごとく多くの作家・詩人が現れ、小説の英語は黄金期を迎えることになります。Jane Austen, Samuel Johnson, Brontë 3姉妹 (Charlotte, Emily, Anne), Fielding, Hardy, Thackeray, Sterne そしてCharles Dickens, Lewis Carrollなど。一方，詩の分野ではWordsworth, Keats, Byron, Shelleyといった湖畔詩人たちやSir Alfred Tennysonなどが大活躍します。散文、韻文を問わず、美しい言葉で世界の読者を魅了します。時代が新しくなればなるほど、英語の質が上がってくるとは限りません。少なくとも小説の言語ではDickensのそれは磨きに磨かれています。1冊が500頁ほどの大冊を20余冊も書き上げているのですから、超人的です。Lewis Carrollは本職はオックスフォード大学の数学の先生ですが、むしろ児童文学の世界で不滅の名声を維持しているのは多くの人が認めるところです。2つの『アリス』物語はこのイギリス英語が到達した言語芸術の華と言われるくらいに見事な、寸分の無駄も見られない作品なのです。今日ではイギリスの国語の国定教科書的存在です。英語の聖書に次いで世界でもっともよく売れるのは『アリス』物語なのです。その英語が美しく完璧だからです。これら英文学の華と言われる作品をイギリス人はこどものときより読んで親しみ、高度なジョークの術を身につけ、品格のあるユーモアを連発するのです。文学作品への敬愛の気持ちは他国のそれを圧倒するものがあると言われています。イギリス人はこうして自国の美しい言葉を維持・保持することに積極的なのです。国も惜しみなく財政的援助をします。後述しますがShakespeareの言葉は世界の宝です。Royal Shakespeare Companyは日本で言うと「国立の」機関です。こうして文学と言語をバックアップしているのです。

　1900年以降、今日までを現代英語期と言います。既に110余年が経過しておりますが、この間に見られる変化はこれまでの大きな区切りに見られる変化とは一線を画する必要があります。後期近代英語期に既に英語は「大人に」なっているからです。しかしながら、視点を変えると、大きな変化が生じています。

　周知の如く17世紀初頭にイギリスが圧倒的な海軍の力と財力を利用し、世界の7つの海を制覇します。ということは征服した国や地域にイギリス英語を持ち込むことになります。今日でも旧植民地の英連邦諸国や地域はイギリス英語が息づいています。今ではすべての植民地を失っていますが、言葉に関しては失ってはいないのです。その意味ではさすがに「大英帝国」なのです。その主たる要因は文化の力と英語という世界に冠たる地球規模の英語の原産国だからです。

'English Industry'という言葉があります。Shakespeare, Carroll, Austen, Brontë姉妹、Dickens, 湖水詩人たちの故郷には毎年、世界中から多くの観光客が訪れ、巨額のお金を落としていくのです。こうしてイギリスは英語と文学でも多大なる外貨を稼いでいるのです。21世紀になってJ.K.RowlingのHarry Potterシリーズの完成でまたイギ

リスは文学で世界をリードし始めているのです。

　翻って、第二次世界大戦後はアメリカ合衆国の台頭により、当然の如くアメリカ英語が世界の主導的役割を果たすことになりました。いつの時代も最強国家の政治力と経済力と軍事力でその時代の主要言語が決まります。確かに、現代英語という意味ではイギリス英語もアメリカ英語も大同小異です。文法は限りなく共通です。変わるのは語彙と発音の分野です。単語の綴りが異なるものがあります。それ以上に発音に見られる相違が顕著です。英語宗主国のイギリスの発音は問答無用で難しいものが少なくありません。その原因は15世紀に既に印刷術がドイツより導入され、綴りは固定化の方向に向かったのですが、「大母音推移」により発音だけが変わったために、綴りと発音の間に乖離が生じてしまったのです。アメリカは結論から言いますと、Spelling Pronunciationといって、原則的には綴り通りに発音します。Noah Websterというアメリカ英語の産みの親の提案になります。政治的にかつ経済的に独立したら、あとは言葉の上でも独立したいのは当然のことです。このことはソ連邦解体後のスラヴ系国家を見れば分かります。

　アメリカ東部13州はNew Englandというくらいですので、イギリスの地名と同じ地名がたくさんあります。しかしながら発音を異にします。たとえば、Greenwich, Tottenham, Norwichはイギリスではそれぞれ、グリニッジ、トテナム、ノリッジですが、アメリカではグリーンウイッチ、トッテンハム、ノーウイッチと発音します。名前のGrahamはイギリスではグレアムですが、アメリカではグラハムといった具合です。語彙面では個人の住居をイギリスではflatと言いますが、アメリカではapartmentと言いますね。イギリスのliftはアメリカではelevatorとなります。石油はイギリスではpetroleumですが、アメリカではgas(oline)ですね。車の部品も同じものを指しながらイギリス英語とアメリカ英語では異なります。綴りの長短で言いますと、programme, catalogueはアメリカではprogram, catalogと短くなります。無駄を省くのです。秋の意のautumnよりfallのほうを圧倒的に用いるのはアメリカのほうです。

　そしてアメリカ国内でも英語は多種多様なのです。なにしろ世界中からの移民の集まりですから万華鏡のようです。General Americanというのはアメリカ英語の標準語を指します。北アメリカ大陸の広い内陸部で話されています。逆に言うと、東部13州や西海岸やカリブ海沿岸部で話される英語は非標準語と位置づけられているのです。内陸部でも五大湖の周辺にある大都市、たとえばデトロイトではBlack Englishが主要な英語の1つです。自動車工場で働くのはアフリカ系アメリカ人が圧倒的だからです。南部ジョージア州もまた然りです。テキサス州、ニューメキシコ州、それにカリフォルニア州ではその立地条件からスペイン語訛りの英語が大いに幅を利かしているのです。その他、移民は原則として故郷の言葉の訛りを英語に加えているのです。理の当

然ですね。

　話をイギリスに戻しますと、この英語宗主国でも英語の姿は日々刻々とその姿を変えつつあります。ロンドンで産声を上げた「河口域英語」(Estuary English) は今や「時の」英語なのです。別の項目立てで言及していますので、詳しくは述べません。この新英語がイングランド全域に広がってきています。イギリスはご存知のように、「女王陛下の英語」(Queen's English) と「下層労働者階級の英語」(Cockney) の2つに大別されると教わりました。前者は「もったいぶった」('posh'な)英語ということで一般庶民から敬遠されつつあります。かと言って品格の落ちる後者を話すことはしない、新しい「人種」が物凄い勢いで増えつつあるのです。彼らの知的水準はとても高いのです。しかし彼らは貴族階級に属してはいません、原則的には。イギリスの階級制度を崩すことは容易にはできないので、ならばせめて言葉の上で階級差をなくしよう、という発想からこの新種の英語が誕生したのです。若者たちの間においてだけでなく、大人たちもこれに乗り代えてきています。国会議員たちも。更に驚くべきことに王室のメンバーも。河口域英語の最大の特徴は斬新で革命的な発音の進化（？）にあります！

　最後に世界に広がる「世界諸英語」(「新英語」)（別記）についてかいつまんで言及します。イギリスの旧植民地、とくにインドとシンガポールとマレーシアの英語に世界が注目しています。私たち日本人こそ最も注目しなければならないかも知れません。なぜならば、これからはこの東南・南西アジアに目を向けなければ生き延びていけないからです。貿易との関係があります。日本企業の工場はこの方面に造られていき、そこで働き、その地の従業員を指導しなければならなくなるからです。

　この3国とも最早かつての宗主国イギリスの英語を忠実に守ることはしていません。つまり、独自の英語を生み出しつつあります。それはとりも直さず、identityとの関係です。このことは私たち日本人も見習う必要があります。つまり、「日本（人）英語」を堂々と使っていいということです。インド英語の発音は（特に'r'音は）強烈です。この種の英語で最も脚光を浴びるのはシンガポール英語です。シンガポール人としてのidentityが表にはっきり出てくる英語なのです。一方では外交・貿易面ではStandard Englishの使用が求められています。

　マレーシアはシンガポール以上に多民族・多文化国家です。そこで多くの異民族の意思を疎通させるためには中間言語が必要となります。つまり英語なのです。この国ではシンガポールほど英語の使用は表立ってはいませんが、それでもこの言語を使わないと生きてゆけないのです。その英語の規範を英語宗主国に仰ぐことを良しとし

ないのです。こうしてインド・シンガポール・マレーシアは独自の英語を開発していて、それが「市民権」を得ているのです。

英語は果たして永遠不滅の言葉であり得るか？

　21世紀に入り既に10有余年が経過しました。明けても暮れても英語が話題にならない日はないくらいです。英語で English *is* the news. と'be'動詞が強調されますがこれは英語が話題にならない日はないという意味です。

　今や地球規模の勢いで（アメリカ）英語の使用が拡大しつつあります。遠くギリシャ・ローマの時代からいつの世もその時代の主たる言語は他を圧倒する政治力、経済力、そして軍事力を有する国家が主導していきます（既述）。英語は紀元5世紀、ゲルマン諸語を話す部族（アングル族、サクソン族、ジュート族）がイングランド南部の諸州に移住した時に始まります。これに先んじてローマ軍団が攻め入り、数世紀に亘りラテン語が幅を利かせた時もありましたが、多くの庶民はケルト語を使っていました。ケルト民族はゲルマン民族に西へ追いやられ、ウエールズさらには海を隔てたアイルランドへと逃れます。こうしてアイルランドは今日ケルトの文化が色濃く残っており、言葉もケルト語が健在なのです。スコットランドも同じような憂き目に遭い、言葉はゲール語が健在です。各地の地名や飲食物にその名残を留めています。'whisky' は「命の水」というゲール語です。

　さて、このゲルマン民族の話していた言葉がイングランドの地に根を下ろしますと次第にイギリス的な様相を帯びてきます。これが古英語です。文献に表れ始める700年ごろから1150年までを指します。この古英語の時代に北からバイキングが攻め入り、古ノルド語を持ち込みます。今日でもこの北欧起源の語は数多く（約1000語）、しかもそれらなしには言語活動ができないような重要語彙が多々あります。'give'、'take'、'get'、'call'、'hit'、'want'、'egg'、'law'、'window'、'weak'、'wrong'、'ill'、'ski'、'skate'、'sky'、'both'、'same'、'till'、そして三人称複数代名詞の'they'、'their'、'them' などが該当します。これらの三人称複数代名詞に相当する古英語は言葉の生き残りの競争に負けてしまったのです。今日、イングランド北部には北欧起源の地名やものの名が数多くあります。例えばヨークでは'street'の代わりに'gate'が使われています。Petergate, Stonegate, Smithgate, Swinegate等目白押しです。

　11世紀に入り、「ノルマン征服」というイギリス史上、最大と言っても過言ではないくらいの大きな出来事が起こります。これはフランスがイギリスに勝利した事件です。文化大国フランスの言葉が洪水のように大量に流入し、英語の語彙は俄然、豊かさを増してゆきます。素朴で男性的で力強い、一音節主体のゲルマン語の語彙に流麗で美しく、女性的で繊細な、多音節のロマンス系の語彙が混ざることによって、美しい弱強のリズムに富む脚韻詩が登場します。古英語詩は頭韻詩です。このフランス語の英語への流入は以後約350年に亘り、間断なく続くことになります。

そして17世紀に入ると、イギリスがその強力な海軍力を背景に世界へ乗り出していき、世界各地に植民地を築くことになります。ということは同時にそれぞれの地にイギリスの言葉を持ち込むことになります。こうしてカナダに、オーストラリアに、ニュージーランドに、インドに、ケニアに、ナイジェリアに、南ア連邦に、香港に、というふうにイギリス英語が根付くことになります。そうです、英連邦諸国・地域は今日でも基本的にはイギリス英語が話されているのです。と言ってもその性格は徐々に異質なものへと変化しつつあります。それぞれの国・地域が目覚め、独自の言語を持ちたいという動機から発音を主として、従来の英語宗主国の文法規範から敢えて逸れた英語が芽生えつつあります。これすべて'identitiy'との関わりでそうなるのです。その最たるものがシンガポール英語なのです。

　このイギリス英語の広がりは19世紀まで続くことになります。あの女帝ビクトリアの時代に大英帝国はその絶頂期を迎えることになり、地球の四分の一でイギリス英語が幅を利かすことになります。

　20世紀に入りますとアメリカ合衆国の国力が俄然、強大化し、いろいろな面で世界展開しているのは周知の通りです。こうしてアメリカ英語がイギリス英語にとって代わることになります。英語話者について言いますと、第一言語としては4億人弱で、第二言語としては最大6億人で、外国語としての話者は実に10億人超と言われています。ここまでにすでに20億人を数えます。これは'spoken'の世界であって、'written'の世界、つまりInternetを初め、文信で意思疎通をはかる人々まで含めますと地球上の半分以上は英語に依拠して生きているのです。英語話者の最大数はインドと中国で合計6億人が何ら不自由なく意思疎通をはかれるそうです。英語圏＝イギリスおよびその関係諸国ではないということに驚きを覚えます。ともあれ、地球上のほぼ三分の一の国の必須の言語なのです。自然科学の分野は言うに及ばず社会・人文科学論文までもほとんどが英語で書かれ、通商と学問の言語としての英語の重要性は増すばかりです。Internet上での意思疎通は英語で、が相場となっています。世界中至るところで小学校から教室では英語教育が普及しています。

　こうして今のところ英語は「成功」していますが、永遠に安泰と言えるでしょうか。先のことは誰にも分かりませんが、少なくともあと数世代はこの惑星にでんと君臨することは間違いありません。

　ここで忘れてはならないことがあります。他言語との共存です。どの国や地域にも固有の素晴らしい言葉があります。それが滅びますとその背景にある文化も滅びます。言葉に優劣をつけることはできません。私たち非英語圏の人間はある意味では英語に抵抗すべきです。それぞれの「故郷の」言葉と文化の存続に最大限の努力を払うべきです。

地球規模の英語：Globish（'global' + 'English'）の登場

　聞き慣れない言葉かも知れません。「地球規模の英語」の意です。2つの単語のそれぞれ一部を切り取って繋ぎ合わせて新たな語を作る語法を鞄語（Portmanteau Word）と言います。昔のオックスフォード大学の学生たちは学期が終了し故郷へ帰るとき大きな革製の鞄を使いましたが、それに荷物を一杯入れて両側からぎゅっと締め付けて鍵をしたことに由来します。この語の作り方を最初にやったのが、あの『不思議の国のアリス』の作者、ルイス・キャロルです。病的なまでの言葉遊びで子どもだけでなく大人をも楽しませたのです。それは2つの『アリス』物語の中で具現化されています。『オックスフォード英語大辞典』に2つの有名な鞄語：'galumph'（= 'gallop' + 'triumph'（「はしゃいで駈ける」）、'chortle'（= 'chuckle' + 'snort'（「得意げに高らかに笑う」）が採録されています。この2語は有名な「ジャバウォックの歌」に現れます。

本来、言葉は切ってはならないものです。これを19世紀後半にルイス・キャロルが敢えて実験した形になり、以降、洪水のように生まれて今日に至っています（ラジカセ、モーテル、ブランチ、パソコン、スマホ、パラリンピック等）。科学技術の進歩に伴い、情報をいち早く世界に発信しなくてはなりませんので、短い言葉が好まれるのです。鞄語ではありませんが、test, photo, ad, burger, 'kyu, ta, cu, howzit, etc. はそれぞれexam(ination)（意味的には）, photograph, advertisement, hamburger, thank you (taも), see you, how is it の短縮形なのです。Textingという語法との関わりです。単語の短縮化の勢いを止めることはできません。

　ところで、この'Globish'という語は（最初は'Interlish'という案（筆者の造語）も話題になりましたが）最早、英語は「国際的」というよりも「地球規模の」という、より広がりを持ちますので、採用されつつあります。しかしまだ正式に英語の辞典には採録されていません。言葉はまず口語で使われることからスタートします。そしてそれが市民権を得て初めて辞書に採録されることになります。
　'Globish'に入る前に類似の英語に言及します。

　今日、「国際言語としての英語」（English as an International language）という考え方があります。英語は現在、文化を超えた伝え合いを可能にする国際共通言語の性格を持ち、大きな役割を果たしています。英語は最早、母語話者だけのものではなく、非母語話者の言葉にもなっています。同時に現代英語は多種多様な変種を生み出しており、異なる変種の英語を話す者同士で相互理解が困難になる可能性をも孕んでいるのです。世界各地での変種が日一日と姿を変えています。そしてそれらはそれぞれの地の多様な文化を反映しています。英語の文化はイギリスの文化やアメリカの文

化ではないのです。英語は世界中の文化を反映する多文化共生社会の言語になってしまっています。

　こうして各地独特の性格を持つ英語が生まれて当然です。そして堂々と自立しつつあります。そうです、英語の所有者はイギリス人やアメリカ人だけではありません。英語を話す人は皆が英語の'owner'なのです。

　このような英語だけでは必ずしも世界共通の理解にすぐには到達できません。そこで生み出されつつあるのがこの'Globish'なのです。かつてはEsperantoという国際語が生まれました。ポーランドの眼科医 L. Zamenhofが1887年に創案・発表した人工国際語です。今も細々と実行している人々がいますが、一向に「国際化」してはいません。理由は唯一つ、背景に「文化」がないからです。然るに'Globish'は背後に英語圏の文化が多種多様に控えていますので、おそらくこちらのほうは陽の目を見るようになりましょう。事実、日一日と関係本が著され、世界中の耳目を集めています。「完璧な英語」から「伝われば十分」への道具としての、極めて実用的な英語の登場です。単語は基本的な1500語とその派生語だけです。一つひとつの文章は15語以内です。発音よりもアクセントが重視されます。英語の母語話者でなくても1年で修得可能となります。

　ここで一言お断りしておかなければならないことがあります。この'Globish'という概念、あるいは英語はあくまでも平均的な地球市民同士の間で一通り意思の疎通が可能になる、という水準の言語です。高度な学問の言語、外交の言語、通商の言語などとは一線を画す必要があります。このような世界ではとても1500語という少ない語彙では乗り切ることはできません。教養ある人々が自由に使いこなせる教養レベルでの英単語は少なくとも5000語以上、と言われています。これにそれぞれの世界の語彙が加わりますと、優に一万語を越します。医学英単語を初め、情報工学の言葉など毎日のように新語が生まれています。1日に生まれる英単語は約30語です。驚きですね。

　'Globish'に関して最も大切なことは、非英語話者たちが使い始めたということです。この言語の概念は英語宗主国の英国と合衆国、非英語圏の欧州各国、それに韓国と日本から参集した人々の間の国際会議の席で生まれたのが真相です。

　後者の非英語圏の人々の間ではこのGlobishで驚くほどうまく意思の疎通がいったのです。理由は簡単です。非ネイティブたちは誰もが英語に似て非なるものを使いながらもお互いに心地よさと安心感を抱いていたからです。相手が英語の母語話者なら恥をかくかも知れないと思うと、使えなくなります。

　母語話者からみると間違いがあったり、発音がおかしかったり、単語の誤用もありましょう。しかし、非母語話者たちは臆せずこれを使って、今この言語を使っているのです。無理が通れば道理が引っ込む、でいいのかも知れません。

1500語では確かに限界があるかも知れませんが、それは必ずしも問題ではありません。人間の活動の大半には何らかの制約があります。その制約の範囲内で最大限の努力を発揮すれば道は自ずと開けます。極端に言えば、英語話者の存在がコミュニケーションの妨げとなることもあるのです。むしろ、英語の母語話者がGlobishを学ぶべきなのです。Globishは決してbroken Englishではないのです。英語の一種で、誰一人として生まれつきその言葉のネイティブという人は存在しないのです。すべての人はこのGlobishへは等距離にあるのです。完璧な発音など必要としません。世界は急速に変化しています。もう21世紀です。Globishこそが街の新しい言葉なのです。発音は理解されれば許容範囲なのです。外国語の訛りの発音は間違いではなく、その話者の人格の大切な一部なのです。個性そのものなのです。英語の母語話者のそれに近づこうとするのは止めることです。

　Globishは寛大な言語なのです。簡潔さも大きな特徴です。世界中の圧倒的多数の人々にとって選ばれた道具（ツール）に必ずやなることでしょう。Globishには文化的な目的は皆無なので、どのような言語・文化にも脅威を与えることはありません。英語の争いに取って代わることでしょう。Globishを使うことによって素晴らしい文化を英語文化による浸食から守ることができるのです。非英語母語話者の数は英語母語話者のそれを遥かに上回っています。こうして非英語話者のほうが英語という言語の未来を決定し、方向づけてしまうことでしょう。合衆国のオバマ大統領（2017年1月19日まで在任）が非英語圏の聴衆を前にして話すときは限りなくこのGlobishなのです。世界の多くの人々が翻訳なしでそのまま理解できるそうです。

　Globishとは換言しますと「制約を設けた英語の一種」なのです。殆どの英語母語話者は3500語しか使っていません。教養人でも7500語程度なのです。高等教育を受けたネイティブでさえも伝えたいことの80%は豊富な語彙のわずか20%で話していることが証明されています。つまり、1500語になります！ということは1500語もあれば伝えたいことの80%を表現でき、平均的なネイティブよりも上手に、そしておそらくは教養あるネイティブと同程度のやり取りが可能となります。

　Globishの使用に関して大切なことは：1) 文を短くする、2) 単語をシンプルな方法で使う（広告や政治家が心得ているように）、3) 超簡単な単語を使う、4) 手振り身振りやビジュアルを加えて、コミュニケーションを補う。そして能動態を多用することです。フランスでは英語の先生がこのGlobishのコースを設けて既にどんどん授業を進めています。

　Globishで用いられる1500語とはすなわち、アングロサクソン系の単語なのです。分かり易く言いますと、ゲルマン民族の大移動で今日の北ドイツから海を渡ってやって来た人々がイングランドの地に定住し、そこで話された言葉が少しずつ姿を変えて

古英語になってゆきます。この古英語の中に1500語の殆どが含まれます。殆どが一音節で、力強く、活きのいい語ばかりです。流麗で美しい、長音節のフランス系の語彙は殆ど含まれていません。なくても日常会話ではそんなに不自由はしないのです。それはちょうど、私たち日本人が大和言葉だけでも十分に教養ある会話が成り立つのと同じことです。四文字熟語に代表される漢語は知らなくても別に恥をかくことはありませんね。

　要はこの1500語を縦横無尽に使いこなすことです。難解なフランス語系のことばを徒に多く記憶しておくよりも基本的な語を使いこなすことのほうがよっぽど得策なのです。事実、英語圏の子どもたちはこのことを日々、実践しています。研究によると、英語母語話者の子どもたちは主に「句動詞」(phrasal verbs)を使い、それに相当する単一語は殆ど使わないそうです。数例を上げますと、'search'の代わりに'look for'を、'endure'の代わり'put up with'を、'continue'の代わり'go on (with)'を、'inquire'の代わりに'ask for'を、'enter'の代わりに'go in'を、という具合です。長い単語より表現力が豊かになります。活き活きとしています。会話が小気味よく進みます。Globishでもこれを見逃す方法はありません。なぜかと言いますと、これらの句動詞の中で使われる動詞は英語の中で最もしばしば使われる超基本語だからです。Globishの話者にとって最も理想的なのは、とにかく可能な限り多くの句動詞を集めて、復習に次ぐ復習をして咀嚼に使いこなせるようになることです。このことは英語の母語話者にとっても当てはまることなのです。難解な語彙は敬遠したほうがよいのです。慣用句や比喩表現はなるべく避けたほうがいいのです。特に後者は相手に通じない場合があります。Globishは相手を選ぶ必要もあります。隠喩もできたら避けたほうがよいのです。Globishでは文章はなるべく短く、というのが鉄則です。ということは長い内容の会話をするとなれば、どうしてもand, but , so などの等位接続詞を頻用することになります。教室英語ではこのような接続詞はなるべく「使わないように」と教えられますが、これとは逆がGlobishなのです。これでいいのです。実に単純明快に進むではありませんか！短い文に分割されて、分かり易いです。英語で書かれた新聞や雑誌の英語は実はこのスタイルで貫かれています。読者を瞬時に納得させる必要があるからです。会話とは、理解でき、相手にも理解してもらえればそれで十分です。これこそがGlobishの存在理由（raison d'être）なのです。これからは多国籍企業でも大変有益な言葉となりましょう。もし正式に体系化されればGlobishはその地位を確固不動のものにするでしょう。英語にまつわる過去を必要としない、地球市民の新たな見地を築くことになりましょう。地球市民が求めるのは信頼できて、しかも実用に付する未来の言葉なのです。

世界諸英語 (World Englishes)という概念

　今や世界は言葉の分野では「英語、エイゴ、えいご」で話題が沸騰しています。「地球村」(global village) という言葉は情報産業が生み出したものです。このITの急速な進歩で情報は瞬時に世界の、地球の最果てまで届きます。村というのはあっという間にニュースが隅々にまで届きます。こうして情報を瞬時に正確に入手するには誰もが苦労することなく理解できる言葉が必要となります。ところが世界中には無数と言っても過言ではない言語の数が存在します。太平洋上の島国、パプア・ニューギニア一国でも700以上の言語（方言ではなく）があると言われています。言葉で為政者が苦労する大国はインドです。この国だけで3,000以上の言語があるという研究結果もあります。ヒンディー語はその1つに過ぎません。と言っても最大話者数を誇る、インドを代表する言語ではありますが。こうしてみると地球上に存在する言語の数は膨大、と言わざるを得ません。さらに申しますと、話題を徐々に英語に絞らなければなりませんので、英語宗主国のイギリスを例にとってもとても複雑な状況に置かれています。私たち通常、「イギリス」を連合王国全体の意で呼んでいますが、「イギリス」はあくまでもEnglandのことなのです。その形容詞形がEnglishです。つまり、スコットランドにはスコットランドの言葉（ゲール語）、ウエールズにはれっきとしたウエールズ語が、また、北アイルランドにはアイルランド語があり、「現役で」使われています。イングランドの西へ伸びているコーンウオール地方にはこの地独特の言語が息づいているのです。マン島の人々は独自の言葉を持ち、使っています。

　さらに、階級社会なので階級による言語差、地域差、男女差、年齢による使い方の差、状況による使い分け、など複雑極まりない様相を呈しています。これをアメリカ合衆国に状況を移しますと、世界中からの移民で成り立っていますので、言語は万華鏡のように色とりどりで、豊かで、かつ複雑に絡みあっています。まだ、ここまででも英語宗主国2つの国だけのことです。
　この2つの国に加えてカナダ、オーストラリア、ニュージーランドでも「新しい」英語が使われてはいますが、基本的には「故郷の」言葉で十分、日用の用事を遂行しています。

　ここで話題にする「世界諸英語」（＝「新英語」と置き換えも可能）とは英語を基礎とするピジン諸語やクレオール諸語が話されている地域、またはその土地の諸言語や、おそらくは英語ではない共通言語が多数派の人々によって用いられていた地域で、英語を媒体とする教育を通じて発展してきた言語をも含めて、世界の広範囲に広がっている「新英語」とも言える英語のことです。これらの「世界諸英語」の型と機能の範囲はその国あるいは地域によって広範囲に異なってきます。

これら「世界諸英語」が話される国に含まれるのはインド英語、フィリピン英語、シンガポール英語、マレーシア英語、ジャマイカ英語、トリニダード英語、ナイジェリア英語、ガーナ英語、シェラ・レオーネ英語、ガンビア英語、カメルーン英語などです。ところで「ピジン語」とは2つ（以上）の言語を混合した言語のことで、あくまでも口語のレベルで用い、これといった体系的な文法は存在しません。簡単な日常会話で意思が相手に伝わればそれで事足りる言語です。「クレオール語」とは主に欧州の言語と現地語との混成語で、既に母語として話されているものを言います。後者はすでに体系化されていて、文法書も作成されています。主にカリブ海諸国で縦横無尽に使われ、活躍しています。欧州諸国の言葉、即ち、英語との、またスペイン語との混成語が圧倒的なのです。

　「新英語」つまり、「世界諸英語」とは「英語の新しい諸変種」と考えてください。厳密かつ明確な定義はありませんが、次のような基準を満たす必要はあります：1) 教育組織を通じて発達し、1つの学科として教えられ、多くの場合、英語以外の諸言語が主要言語だった地域の授業用の媒体として用いられてきたもの。2) その人口の大部分が英語の本来種を話していない地域で発達し、ピジン語やクレオール諸語でもなく、かつ英語の本来種（native varieties of English）とは考え難いもの。3) それが用いられる地域でそれを話したり書いたりする人々の間で一定範囲の機能を果たすために用いられるもの。換言すると、共通語（lingua franca）、つまりコミュニケーション用の一般語として人々の間で用いられるもの。4) それ自体に独特の言語的特徴、たとえば音声、イントネーションの型、文構造、表現などを取り入れることによって「地方化」あるいは「本来化」してきたもの。（この4つの定義はJohn Platt, Heidi Weber and Ho Mian Lian: (1984)に拠る）。

　上述の定義あるいは条件にピタリと当てはまるのがインド英語、フィリピン英語、シンガポール英語、マレーシア英語そしてナイジェリアやガーナのようなアフリカの諸英語なのです。これらすべてにおいて英語は植民地時代に導入されましたが、最初は主にイギリスやアメリカ出身の英語の本来話者によって話されていましたが、政府機関やそれぞれの職場で現地採用の事務員その他の雇用人に対する必要が生じたため、学校が設立され、そこでまず英語が教えられ、やがて他の科目を教えるための言葉として用いられるようになったのです。キリスト教の宣教師団も英語の普及・拡大に一役買いました。このことは今日でも継続中です。わが国でも各地を2人一組の合衆国・ユタ大学の学生がモルモン教の普及に従事しながら、英語会話の指導をしてきているのはご存知の通りです。

こうしてこのような発展途上国ではこの新英語は初等教育は言うに及ばず、中等教育においても、さらに高等教育においてもその重要性はますます増してきていて、その範囲と機能を増大させています。この種の英語はもはや友人間のコミュニケーションに用いられる日常会話だけのものではなくなり、公的な場で高等教育を受けた話し手たちによって日常活動のすべてにおいても用いられるようになってきています。且つ、外部の人たちがその存在を認めざるを得ない、陽の目の当たる、独特の風味を既に持ってきているのです。

　このような新英語がすでに幅を利かせているすべての国・地域について言及しますと途轍もない紙面になりますので、インド英語とシンガポール英語とマレーシア英語とフィリピン英語に特化してその概要を搔い摘んで説明することにします。これら東南・南西アジアへこれから多くの若者たちが「仕事で」赴任する機会が年ごとに多くなることが予想されるからです。世界の工場が中国からこれらの国々へ移転されつつあります。その意味ではミャンマーの英語にも言及すべきではありますが、この国の新英語はインド英語とほぼ近似値ですので、応用が可能ですので取り上げることはしません。日本人の大半はこれからは英語圏の人々とよりもこれら東南・南西アジアの人々とのコミュニケーションをすることになりますので、ここで言及する意味があるのです。

　ますインド英語についてです。この国にはヒンディー語という一大公用語があり、英語は第2言語の扱いです。イギリスとの歴史的な深い関わり合いはここでは割愛します。1947年にイギリスから独立しますが、こと言語に関しては完全にはイギリスから独立することはありませんでした。むしろ英語に頼らなければ生きられなかったのです。それほど英語が深く根を下ろしていたのです。各界の有能な指導者たちはみんな英語が堪能なのです。そうでなければ社会階層の上に立てない国です。あまりにも言語が多くて、12億超の全国民に分かるようにメッセージを発するには結局のところ、英語しかないのです。一般のインド人にとっても英語は成功への鍵を握る権威ある言語となってきているのです。連邦公用語であるヒンディー語よりも英語のほうが権威ある言語として重要視されています。こうしてインド社会は多くの母語にさよならを言っているのです。それは世界市民として、地球市民として生きていくのに背に腹は変えられないということなのです。国際社会で生き延びていく知恵かも知れません。2億人が日常的に苦もなく英語を使用しているそうです。ご存知のように数学にとても強い国です。情報産業の分野では世界トップクラスです。この世界では英語使用は必須です。この世界を支える理工系のエリートたちを輩出しているインド工科大学は全員が英語が堪能なのです。インドの大学では専門分野の教科書や文献は英語のまま使います。地域語で書かれたものが乏しいからです。教育機関を初め、最新の科

学技術・知識・技術を獲得するためには英語が必須なのです。大国ゆえ複数の州にまたがる仕事に携わる人々は英語を使わざるを得ません。南北インド間の意思疎通には中立的言語である英語が必須なのです。インド国内の連結語、共通語の役目を果たしています。ここで重要なことは「英米人の英語」ではなく「教育のあるインド人の英語」が使われているということです。国際用言語として求められているからです。インドの教育ある人々の英語はインドに浸透し、土着化する過程でインド人らしい特徴が生まれてきているのです。

　それが最も色濃く反映されているのは発音の領域です。実例を分かり易く示しますと：boyは「ブオアーイ」、divorceは「ダイヴォース」、considerは「コンサイダル」、vegetableは「ヴェジタイブル」と発音します。標準英語に起こる母音の弱化がなく、強勢の位置が移動したためです。子音に関しては：舌の裏側を口蓋につけ発音する反転音/そり舌音(retroflex)になり、独特の、こもった音になります。serviceは「サルヴィス」、motorは「モータル」となります。綴りに'r'があれば必ず発音され、これはインド英語の際立つ特徴なのです。speakは「イスピーク」、schoolは「イスクール」となります。インド諸語には子音群で始まる語がないため、語頭に子音群がくるとき、子音結合を避けるため、その前に「イ」が付加されるのです。インドの英語教育では母語話者やテープを介さず、教科書を教材に用いて教え学ぶため、「文字通りに」発音します。従って、Wednesdayは「ウエドネスデー」、laughing は「ラウジング」と発音します。アクセントについてですが：標準英語の強弱によるそれではなく、日本語のように音声拍リズムで発音されます。従って、母音の弱化が起らず、接尾辞に強勢が置かれることもあります。actually は「アクチュアリ」、readinessは「レディネス」と発音されます。文法でさえ英語宗主国のそれとは若干異なります：インド諸語には冠詞がないので、英語でも用いません。逆に本来ならば不要な個所に冠詞を補います。He is best player.やI have an urgent business.は堂々としたインド英語なのです。複数形に関しては、不可算名詞にさえ'-s'を付けます。そして複数性を強調するときは'each and every'を多用します。付加疑問形についてですが、主語と動詞に関係なくisn't it? やcorrect?を使います。日本人も見習いたいものですね。語順に関してですが、疑問文や複文に埋め込まれた英文において主語と動詞の倒置は起きません。また、状態動詞が進行形で使われます。このことは今や英語宗主国でも加速しています。'I'm loving it.', 'I'm feeling lucky'という英語が世界的ですね。進行形のほうが臨場感があるからです。「うちには3人の子がいます」はインドでは'We are having three children.'が普通です。しばしば耳にします。

　語彙に関してですが、発音と並んでその特徴となっているのは語彙の多様性です。インド特有の伝統や生活習慣が色濃く反映されています。chai, kurta, subji, lakh, crore, wala, -jiなどしばしば目にします。wala は「〜する人」の意で、たとえば警察官は'policewala'となります。'-ji'は「〜さん」の意で、「ガンジーさん」は'Gandhi-ji'となります。英語の単語を用いてはいますが、意味が拡大あるいは変化したものもあります：colonyは住宅地域、balanceは（お金の）釣銭、hotelは（特に南インドでは）「レストラン」、consumeは「食べる」、out of stationは「出張中」、uncle, auntieは血縁の叔父・叔母の他に、よその大人の男性・女性の呼称にもなります。また、英語の単語を結合させて独自の合成語を作ったり、類推による造語も見られます：England-returned（イギリス帰りの）, eve-teasing（痴漢）, biodata（履歴書）, schoolgoer（児童・生徒）, prepone（予定を早める）などがあります。「延期する」からの逆推で'prepone'を生み出すインド人に最敬礼です。biodataは正式の英語ではcurriculum vitaeです。インド英語のほうがはるかに分かり易いですね。また、植民地時代の古い語、または英語学習時の古典教材の影響から文語調を保持しているものもあります：frock (= dress), expire (=die), furlong (= 八分の一マイル)、comely (= pretty), He is no more (= He is dead).など。さらに、ヒンディー語の表現を英語に直訳したものもあります：'What is your good name, please?'はインド人が正式な名前を尋ねるときの敬意表現の文です。また、意味的に近い語を重ねることによる強調、また標準英語では不適当な形容詞をも強調する例が見られます：extremely excellent, small small pieces, She is very much pregnant. などその一例です。

　以上、僅かの例ですが、明らかに英語宗主国の英語からすでの距離を置いている感がします。彼らは自分たちがこうして築いてきている英語を「正しい」英語と受け止めているのです。言語的な独立感を味わっているのです。それはちょうど、アメリカ国民が自分たちの英語はイギリス英語とは異なるのだ、と主張したのと少しは似通った部分があります。このインド英語の独立の度合いは世界中の耳目を惹きつけています。まずは'r'音を強烈に響かせる音に慣れることからインド英語に接することにして欲しいです。新英語（世界諸英語）の「代表選手」ですから。

　次にシンガポール英語を取り上げます。この国の英語については我が国は是非、その全容を知る必要があるのです。それは貿易との関係です。マレーシア半島の付け根にある小さな国で、マレーシアから独立し、経済的に驚異的な発展を遂げてきています。世界各国がこの国には熱い視線を注いできております。歴史的経緯から当然、イギリス英語の影響を受けてはいますが、なにしろ多言語・多文化の国です。イギリス英語の影響を温存するだけでは生きてゆけません。結論から先に言いますと、多くの現地語と接触し、「新英語」が誕生したのです。「新英語」はあの3つの圏：「内円圏」（Inner Circle）、「外円圏」（Outer Circle）そして「拡大円圏」（Expanding Circle）英語（別記）の中の真ん中の「外円圏」の英語に属します。ここに属する国々は独立

後それぞれの国情で異なる言語政策をとってきました。独立後も英語を使用しているものの、国策として英語勢力の拡大を図る国と、土着の言語を推奨する国とに分かれています。

　シンガポールは東南アジアの中心地にあり、海外貿易のハブ的役割を果たしています。シンガポール港の荷物取扱い量は世界第2位なのです。独立から短期間で目覚しい発達を遂げ、英語教育を重視した点が特徴的です。人口約500万人で、中国系、マレー系、インド系その他ユーラシア系の人々から成ります。経済・学問の上でも世界のトップクラスです。シンガポール国立大学の優秀さはつとに有名です。日本からも俊秀がどんどん入学しています。この国の公用語はマレー語・英語・中国語・タミル語です。マレー語が国語であるにもかかわらず、国民の80%が中国系シンガポール人であり、また、33もの言語が話される多民族国家であるために、マレー語をコミュニケーションの手段として使う人は少ないのです。結果的に民族間では共通語として英語がその役目を担うことになります。1980年代に教育制度を見直し、英語を重視する政策を推し進めてきています。シンガポールの英語はRP（容認発音）のような標準的なイギリス英語ではなくて、Singlishと呼ばれる、特徴あるシンガポール英語となっています。主に話し言葉で使われます。地理的に近接していることもあり、Manglish(マレーシア英語)と似通っています。一方、書き言葉はイギリス英語の影響を受けています。このようにシンガポールは使用する環境・状況によって複数の英語の変種を使い分けています。政府は公共放送機関ではSinglishの使用を禁止し、国際的に通じる、いわゆる「正しい」英語を話そうという運動を始めています。先年、亡くなったシンガポール産みの親とも言われるリー・クアン・ユー首相の発案です。大事なことはこのシンガポール英語はシンガポール国民のidentityと関わるのです。英語宗主国の英語に100%追随しますとシンガポールらしさが消え失せてしまいます。このことはのちに述べる、マレーシア英語、フィリピン英語にも言えます。勿論、最初に言及したインド英語にも当てはまります。

　そのシンガポール英語の特徴ですが：発音に関しては、アクセントでは文強勢が等間隔の強勢拍リズムではなく、日本語と似た音節強勢が等間隔に現れる音節拍リズムです。また、1つの単語に2つのアクセントがあったり（celebration）、アクセントの位置が標準英語と異なるものもあります（associated, character, specific）。母音では、長母音が短くなり（seeは「シ」）、二重母音が長母音となります（faceは「フェース」、goatは「ゴート」）、曖昧母音は殆ど使用せず、available, familiarなどは日本語の「ア」と同じです。子音では、語末の閉鎖音はすべて声門閉鎖音となります。従って、car parkは「河童」（カッパ）のように聞こえます。3つの子音が重なるときは、最後の2つは発音されません。campsは「キャン」となります。2つの子音が重なると

きは、最後の音が省略されます。ask は「アス」に、toldは［トル］に聞こえます。さらにthink, three, then, thisなどは「ティンク」「トゥリー」「デン」「ディスになります。その理由は'th'音は非英語圏の人にとってはとても発音し辛いからです。同じことはbreath, breatheにも当てはまり、「ブレフ」「ブリーフ」となります。文法面で有名なのは、助詞'la(h)'を語末や文末に強調・確認の意味で頻用します。OK, la!のように。付加疑問文にはis it?やright?を使います。これはインド英語と同じです。また、can / cannotの多様が目立ちます。You speak English, can or cannot?、でこの質問に対して肯定の場合は Can / Can-can,で否定の場合はCannot / No canとなります。強調のために単語を反復します。Hello, hello. Yes, I can.はCan, can, la.となります。疑問文に対して述語だけで答えます。Is he angry with me? に対して、Angry.だけで。主語や動詞をしばしば省略します。Don't (be) shy. Your teacher (is) not so good. 語彙に関してですが、特別な意味で使ったり（coffee shopが「街角の軽食屋」に、bungalowが二階建ての住居に）、marketが「買い物をする」という動詞に変換することが顕著です。ほかに中国語からの借用と思われる語を使うのも日常茶飯事です。多民族、多言語が入り混じっているから仕方ありません。

次にマレーシア英語です。マレーシアは南シナ海で大きく２つの地域に分かれていて、北はタイに、南はシンガポールに接しています。1970年以降は教育機関においてはマレー語を必修科目にすることで国民を統一しようとします。現在、人口は約2800万人で、マレー系が65% 強、中国系が26% 弱、インド系が8% 弱です。この三大民族で構成されています。こうして首都クアラルンプールは多国語で満ち溢れています。公用語はマレー語ですが、多民族国家・多言語社会のため、中国系住民は中国語、インド系住民はタミル語を使っています。1957年の独立後、新政府は暫定的にマレー語を国語に制定し、英語とともに公用語としますが、マレー人が過半数を占めるためにマレー語重視の政策をとります。2004年以降は再び、小学校で数学や理科などの教科を英語で教え始め、英語を重視する傾向にありますが、英語は決してこの国の国語ではありません。この点が英語教育に比重を置くシンガポールとは異なります。各民族間では特色ある英語を使用しています。

その特徴についてですが、ManglishはMalaysia Englishからの鞄語です。この国独自の英語です。100年以上もの間イギリスの植民地であったがゆえにイギリス英語の影響を強く受けています。それに代表的な３民族の英語が混合されているために、マレーシア英語はそれぞれの独特な訛りが中和され、他の地方に比べて訛りは弱いです。以下にマングリッシュの主要な特徴を例示しますが、シンガポール英語と共通する点が多いということにお気づきでしょう。

発音について：同音異義語が目立ちます。feel と fill, bead と bid, pool と pull, Luke と look, などは同じに聞こえます。set と sat, man と men の区別がつきません。文法面では：時制を区別せず、現在・過去・未来を表すためにすべて現在形を使います。また、過去完了と過去形の区別がなく、過去形を使います。その他、lah / la の頻用、付加疑問文の is it?、right? の頻用、can / cannot の頻用や主語や be 動詞の省略などシンガポール英語と共通です。語彙の特徴としてはマレー語からの借用が目立ちます。alamak（「あらまー、チェッ」）、angkat（「お世辞を言う」）など。最大民族の言葉からの借用は仕方ないことです。いずれにしても「新」英語の様相を呈していることが分かります。これからはますますこの新英語が固定してきて、大きな市民権を得ることになりそうです。

最後はフィリピン英語についてです。この国だけは前三者と異なり、アメリカに占領されていた経緯からアメリカ英語の影響が大です。日本とのつながりは決して無視できません。農産物の輸入だけでなく、人的交流に思いを向けるべきです。この国からやってくる多くの看護師（見習い）や介護士たちの手助けがなければ日本の医療現場は立ち行かなくなってきています。筆者はこれらの国から日本へやってくる彼らの英語に少なからず接してきていますので、その英語の特徴は手に取るようによく分かります。彼らは「生きるために」必死にフィリピン英語を使っています。

7000以上の島々から成るマレー諸島の一部で、言語の数は100を超えます。方言の殆どはオーストロネシア系で、お互いにコミュニケーションができないほど異なっています。人口は約9000万人で、マレー系が90％以上で、他に中国系、スペイン系が僅かに含まれます。1565年から1897年まではスペインの統治下にありましたが（国名はスペインのフィリペ国王に因む）、1898年のパリ条約が批准されるとアメリカが2000万ドルでスペインから買い取り、アメリカの植民地時代へ突入します。1946年の独立まで40有余年、植民地時代が続きました。独立後もさまざまな分野でアメリカの影響を受けてきています。つまり、アメリカの支えがないとこの国は生きてゆけないのです。言葉も当然のことながらアメリカ英語の影響をもろに受けていることになります。公用語は英語とピリピノ語（Filipino）です。後者は実質的にはタガログ語（Tagalog）で、1987年に正式に国語となり、使用人口も最も多いのです。ピリピノ語はマスメディアにおいて英語と同等に使われ、将来はこの言語だけを公用語とする動きが全土に広がりつつありますが、実際は話しことばだけに限定され、政治・経済・学問の分野では英語が主に使われています。アメリカの統治下では英語教育が徹底してなされたのです。こうして英語はこの国の公用語として機能しています。英語ができれば社会的に高い地位に就くことができるということで、社会階層を隔てる要因にもなっています。このことはどこの国についても言えることです。

その特徴は：スペインの植民地でもあったので、語彙にその影響が見られます。日常生活で使用する語彙においてはスペイン語の影響力が強いのです。つまり、上層階級は英語をさらに磨き上げ、生活を豊かにし、下層階級はスペイン語の使用に甘んじているのです。

　発音に関しては、アクセントの位置が標準発音と異なります。automatically, circumstances, となります。閉鎖音は有気化します。f音がp音に変化します。従って、Filipinoは「ピリピノ」となり、familyは「パミリ」となります。そのほか、シンガポール英語と共通で、曖昧母音のアッシュは使われません。think, threeは「ティンク」「トゥリー」となります。this, thenは「ディス」「デン」となります。文法面では、日本人が使う英語表現に共通している部分がよく見られます：語順の違い：I have seen you already. 否定疑問文に対するYes / Noの返答が異なります。Don't you ~? に対して、否定の場合にYesを、肯定の場合にNoで応じます。日本語と同じですね。時制の不一致が見られます。I have seen him yesterday. 代名詞の不一致も見られます。A lady is standing at the platform. He is tall. 3人称単数現在の'-s'の欠如も見られます。She speak only Tagalog. 主語と動詞の数の不一致も見られます。One of the boys are suffering from hunger. 冠詞の欠如も見られます。(The) United States, (The) United Kingdom, など。しかしながら、標準英語とは異なるこのような現象を「間違い」と受け取ってしまってはいけません。高い教育歴のある多くの人々も使っているのです。語彙面ではタガログ語および諸言語からの借用が目立ちます。barangayは「市民が構成する最小限の政治集団」の意で、タガログ語からの借用です。barrioは「スラム街」の意で、スペイン語からの借用です。フィリピンのスラム街の多さはつとに有名で、英字新聞にはこの語が日常茶飯事的に登場します。さらに動詞のbringとtake, comeとgoの区別がなされません。また、Open the radio.は「ラジオをつけなさい」、Close the light.は「電気を消しなさい」の意となります。ちゃんと意味は通じるではありませんか。

　さて、これからの「新英語」（＝「世界諸英語」）はどのように姿を変えていくのでしょうか。言葉は常に変化しています。これらの国は植民地時代には宗主国の英語を模範としていましたが、今やそれに距離を置き、土着の言語の影響を受けて姿を変えた「新英語」になったのです。また、英語の使用状況については、シンガポールのように英語使用が広まった国、フィリピンのように公式の場ではある程度は重要視されている国、マレーシアのように、公用語ではあるが若者の間では衰退しつつあり、日常では殆ど使われなくなった国もあります。今後、どのようになっていくかは、主としてその国の政策、とくに教育政策によるところが大きいでしょう。これら「新英語」のなかでもっとも注意が払われるべきはシンガポール英語です。「新英語」の代

表格で、もっとも発展してきています。Englishとの合成語（鞄語）の中ではいち早くOEDに採録され、Singlishとなりました。今後もし、教育機関で土地の言語を奨励する動きがあったとしても、シンガポールでは英語は社会的変種して生き延びていくことは間違いないでしょう。このことは（新英語とは異なりますが）ウエールズではウエールズ語の学修が義務づけられるようになっていますが、英語が下火になることは絶対にない、のと共通項があるようです。ともあれ、今や'World English*es*' という言葉は定着し、書物名にもなっています。

英語の三大円圏
(Inner-, Outer-, and Expanding Circle of English)

　英語の種類分けにはいろいろな基準がありますが、新世紀（21世紀）に入り、新しい分け方が考えられるようになりました。近代に入ってからの発展は目を見張るばかりです。第一言語としての話者は3億8千万人くらいですが、第二言語話者の数になりますと5億人に迫る勢いです。ここまでは公用語としての話者の数です。さらにその先があります。つまり、外国語としての話者の数です。驚くべきことにその話者は10億人を超すまでに拡大しているのです。しかもこの数は1日に50万人増えている勘定になるようです。

　こうしてこの言語はそれぞれの国・地域で新しい姿・形になり、結果的に新しい状況での土着化（母語化、nativisation）の過程を辿ることになっています。「世界の英語」と呼ばれる状況は数の概念がない日本語の制約からは伝わり難いのですが、英語のWorld Englishes というEnglishの複数形が新時代の状況を如実に表していることになります。言語で複数形になっているのは英語のみです。

　多様な英語が生まれてくる過程を考慮するに当たり、言語学・英語学において深く関連する事象にはピジン(pidgin)とクリオール (creole)と呼ぶ現象があります。ピジンとは異なる言語集団が意思の疎通のために生み出した混成語です。その語彙は少なく、文法は極めて簡略化されているのが特徴です。そして時の経過とともにこのピジン語話者の第2世代がピジンを母語として生まれ育つことがあり、その第2世代で母語化したものがクリオールとなります。この現象はスペイン語、フランス語等の英語以外の大言語と現地語との接触間にも見られます。あらゆる多種多様な英語がこのような成立をしているわけではありませんが、言語の変遷を考慮する上で重要な概念となります。英語史において名高いあの「ノルマン征服」(1066年)によるフランス語の流入等、様々な言語接触や人々の間の交流によって新たなる言語が生まれてくることがしばしばあるのです。

　英語の世界の拡張は多種多様な英語を生んできているのです。インド英語、シンガポール英語（Singlish)、マレーシア英語（Manglish）等が身近な南西アジア圏ではよく知られていますが、これらの新英語(New Englishes)を生み出している要因は英語の拡張（当該の国・地域にとっては流入）が西洋世界の大国による植民地支配によってなされていて、20世紀半ばの独立後も国内（地域内）の共通語として用いられているという現実があります。国（地域）内で使用されることにより土着化し、新種の英語

が生まれるのが一般的です。我が国のように英語が外国語あるいは学習言語である国とはかなり異質の発展あるいは進歩・変化を示しているのです。

このような世界の英語の状況をBraj Kachruという言語学者は「三大英語円圏」(Three Circles of English)という造語で描写しています（1992）。カチュルは世界の英語状況を同心円である「内円圏」(Inner Circle)、「外円圏」(Outer Circle)、「拡大円圏」(Expanding Circle)の3つの円で表しています。「内円圏」とは従来の所謂、英語圏のことでイギリス、アメリカ、オーストラリア、ニュージーランド等がこの円に含まれます。「外円圏」は英語が多数派の人々の言語ではなく、第2言語として公用語になっている国々で、これらの国々では英語は国内の共通語となっているのです。ここに含まれるのはインド、シンガポール、マレーシア、ナイジェリア等の、かつてのイギリスの植民地の国々です。そして「拡大円圏」には日本、中国、ロシア、ベトナム等のように、英語は外国語で学習の対象となっている国々です。

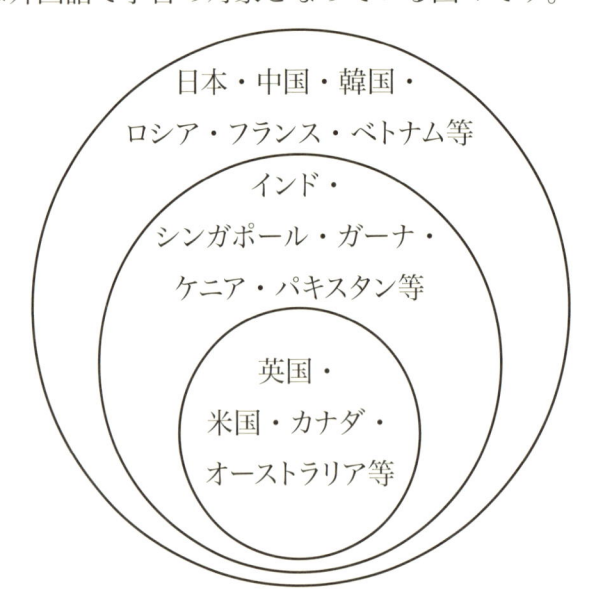

（同心円図：最外円「日本・中国・韓国・ロシア・フランス・ベトナム等」、中円「インド・シンガポール・ガーナ・ケニア・パキスタン等」、内円「英国・米国・カナダ・オーストラリア等」）

但し、英語が多様化することは上図のような国ごとの現象だけではありません。例えば、アメリカ合衆国におけるアフリカ系アメリカ人の英語はAfro-American Vernacular EnglishあるいはEbobicsと呼ばれ、単なる一言語の方言とは片付けられない様相を呈してきています。オバマ大統領（2017年1月19日まで在任）は非公式の場ではこれを使うと言われています。内円圏英語からしますと、文法面でかなりの不整合な点が少なくないのですが、これを「間違い」と断ずることはできないのです。合衆国でもアフリカ系アメリカ人の多くが政財界を始め、多くの分野で活躍していて、この英語を使っていることからも、やはり「正式の」英語の1つと見做さなければならないのです。内円圏の英語が必ずしもすべてではない時代に突入しているのです。時代の変化にいち早く順応する柔軟さが求められます。

話を元に戻します。最初の内円圏の英語に多くのスペースを割く必要はありませんが、それでも新世紀に入り、それぞれの国で大小の差はありますが、刻一刻と変化の兆しは見られます。イギリスでは河口域英語 (Estuary English)（別記）が急速に広がりを見せています。2012年のロンドンオリンピック以来、世界の言語の激しい流入で、とくに首都ロンドンの英語の変質ぶりは特筆に値します。この首都では英語以外に実に350以上の言語が飛び交っていると言われています。公立小学校では言葉の混乱が学校教育をより複雑にしています。
アメリカは全世界からの移民の国なので英語も万華鏡のように彩りが豊かです。豪州ではアボリジニとマオリの言葉が混在し、英語が変質しているのです。

　拡大円圏でもそれぞれの国の諸々の事情で従来の英語宗主国の英語に変化を及ぼしているのです。広い中国で使われる英語も沿岸部の大都市で使われる英語と内陸部で使われるそれとは異質、と言われています。香港は通常、中国語と英語が2大言語です。中南大学では中国語が、香港大学では英語が教育・研究の言語です。後者には当然のことながら中国語の要素が混入していて、発音も中国語的な訛りがあります。ロシアは東西1万キロの広がりを持ち、スラヴ系言語の諸要素が混入して純粋な英語とは様相を異にしているようです。

　さて、一番問題とすべきは外円圏の国々の英語です。旧宗主国イギリスの英語を独立後間もない頃は遵守していましたが、民族意識が高まり、少しずつイギリス英語から距離を置くようになります。最近はこの動きに拍車がかかってきているのです。インド英語とシンガポール英語とマレーシア英語について簡潔にまとめましょう（詳述は別記）。

インド英語の最大の特徴は発音の変質にあります。'r' を強烈なまでに表面化しています。これに慣れることが必須となります。文法面ではシンガポール英語やマレーシア英語と共通項が多いです。つまり、主語と動詞の不整合、冠詞の緩やかな使い方、単数と複数形のいい加減さ、時制の不一致、文末にその国特有の慣用語句を付加する、など。初めて目に、また耳に接すると「可笑しい、間違っている」という思いに駆られますが、慣れてくるとこれが正しいという感覚になってくるようです。それぞれの国で市民権を得ているのです。

　外円圏ではシンガポール英語が最も話題になります。面積・人口比ではマレーシアにとても及びませんが、東西を結ぶ要の地ということもあり、ここの英語が分からないと貿易・観光・商活動に不具合を来すのです。この国の建国の父と言われるリー・クアン・ユー首相の提言で生まれた英語ですが、何と言ってもこの英語にはシンガ

ポール人のidentityが備わっているのです。500万国民はこれを誇りにしているのです。しかし、一方では外交や貿易を初め、世界的な意思の疎通のために内円圏の英語の修得を国民の中・上流層には求めています。こうしてこの国はこの2つの異質の英語を使い分けて成功しているのです。

　マレーシアはシンガポールとそんなに事情は変わりませんが、この国はさらに多民族・多文化国家なので、シンガポールほど英語を重要視しません。マレー語、タミル語、中国語もとても大切な言葉なのです。このような民族の多言語をつなぐいわば、中間言語としての役割を持つのが英語、という訳です。多民族・多言語国家となればどうしてもどれか1つの言葉が共通語として選ばれなければ生活が成り立ちません。このことはアメリカ合衆国を見れば分かります。どうしても地球規模の言語＝英語がその役目を引き受けることになります。首都クアラルンプールでは英語の使用で仕事が、商活動が、教育が、外交が動き、大盛況を呈しているのです。言うまでもなく各民族の言語の要素が混入している「新種の」英語なのです。外円圏の英語＝新種の英語、これが結論です。

イギリスの新標準英語

河口域英語（Estuary English）の誕生と発展

一般読者には耳慣れない言葉かも知れません。しかし、この言葉をこれからは避けて通れません、少なくとも仕事上でも観光するにしてもイギリスに足を運ぶ人にとっては。新世紀（21世紀）のイギリス英語の主流になる可能性もあるのです。今やアメリカ英語が世界を席巻していますが、一方では英語宗主国イギリスの英語が徐々に、且つ着実にその底力を盛り返しつつあります。1500年に及ぶ激動の荒波を乗り超えてきたこの英語がそう易々と消え失せてしまうとは思われません。大英帝国の威光はその文化力とこの英語という地球規模の言語となった英語の存在のおかげで衰えることはないと言われています。

　この保守的な国においてさえいろいろな面で変化が起きつつあります。とくに2012年のロンドンオリンピック以降、その傾向は目立ちつつあります。ファッションや食事はパリやミラノのそれを上回るほど近代化されてきております。こと英語に関して言いますと、かつては上流階級の言語と言われるQueen's Englishと下層階級の言語と言われるCockneyの２つに大別されていましたが、今日では様相が激変してきています。前者は王室のメンバーが喋る、伝統的な品格のある英語で、Received Pronunciation (RP)という専門用語で世界に知られてきました。容認発音というのは世間が「これでよい、正しい」と認めた発音の意ですが、発音だけではなく、語彙や文法の領域まで含めます。このRPがだいぶ様変わりしてきているのです。現女王陛下はこの英語を話されますが、孫息子たち（ウイリアムとヘンリー両王子）やアン王女の長女、Sarah Philipsなどはこの英語に決別しているのです。元首相のTony Blairもそうです。その他、各界の著名人たちももはや女王陛下に言葉の上では忠誠を尽くしているとは言い難いのです。

　片や、Cockneyは下層・労働者階級の崩れた英語と言われてきています。たしかにその性格は今も堅持していますが、中流階級の間にもじわじわ浸透してきているのです。Cockneyはあくまでもロンドンの下町言葉ですが、首都ロンドンだけに止まらず、周辺の「母なる6つの州」（テムズ川沿いにある）にも広がりを見せています。

　また地方に目を移しますと、マンチェスター方言、リバプール方言、ヨークシャー方言、アングリア方言、ケント方言、スコットランド方言など色とりどりなのです。かつてはBBC放送のアナウンサーはQueen's Englishで放送するのが鉄則でしたが、今日ではこれらの方言での放送が堂々と許されているのです。それぞれの出身地の方言（英語）の維持もとても大切なことなのです。我が国では東京を中心とする南関東の言葉が唯一、日本の標準語のように扱われていますがこれはいいことではないので

す。大阪訛り、名古屋訛り、東北訛り、福岡訛りの日本語で全国放送される日が来るかも知れません。そうでないといけないのです。言葉に上下はありません。既にイギリスがこのことを証明しています。

　さて、ここで「河口域英語」に入っていきます。河口域というのはロンドンを貫通するテムズ河の河口域のことです。ロンドン大学（とてつもない大きな教育・研究機関でロンドン市内の広い地域に校舎が点在しています）のあるコレッジの学生たちがこの川べりで一風変わった発音で話していたのに気づいた、ロンドン大学の若い研究者、David Rosewarneが咄嗟に名付けた英語のことを言います。1984年の出来事です。話しているのは下層・労働者階級の人々ではないということに注目してください。かなり高度の学歴と教養の持ち主たちです。

　イギリスは階級社会です。上は王侯貴族から下は単純作業に携わる労働者に至るまで複雑な社会の仕組みがあります。インドとは異なる目に見えぬ、崩せない階級組織があるのです。一般庶民がどんなに経済的に富めるようになっても貴族にはなれません。11年に亘り首相を務めたMargaret Thatcherさんでも貴族に登り詰めることはできません。サッカー界の帝王、David Beckamも、Harry Potterシリーズで一躍世界の名士となったJ.K. Rowlingでも然りです。階級制度は厚い壁として庶民の前に立ちはだかっています。イギリスの貴族の子弟は有名なパブリックスクールから田舎にあるオックスフォード大学かケンブリッジ大学に多くが進みます。庶民の子弟で優秀な高校生たちは公立高校からロンドンに学問を修めに上京して来ます。中にはオックスブリッジに進学する者も現れ始めています。彼らの願いは「言葉の上で」上流社会の壁を崩したい、というものなのです。従って、敢えて'posh'な（「上品ぶった」）女王陛下の英語を使わず、どんどん自分たちのほうから崩していくのです。かと言って労働者階級の使うCockneyとは明らかに一線を画しているのです。つまり、河口域英語は形の上では女王陛下の英語（RP）と労働者階級の英語（Cockney）の中間にあるように思われますが、実際には限りなく前者に似通っているのです。英語の構造にまで影響を及ぼすことはありません。あくまでも発音のレベルで言及されます。若干の語彙の選択にもその特徴は見られますが。河口域英語そのものの本格的な研究書や関連本は出版されてはいません。徐々にこれから出回ることになりそうです。この辺でずばり、彼らが喋る発音のなかで典型的なものを例示したほうがよさそうです：発音を分かり易くカタカナで示しますと、third, thirsty, therapy, think, thought, thorough, nothing, both, author, Cathyはそれぞれファード、ファースティ、フェラピー、フィンク、フォート、ファラ、ナッフィング、ボウフ、オーファー、キャフィとなります。Thatcherさんもファッチャとなります。そしてmother, brother, either, neitherはマヴァ、ブラヴァ、アイヴァ、ナイヴァとなります。'th'音が'f'音になるのです。理

屈では考えられないことです。hello, handbag, hairpiece, handsome, heart, heavy, high-heelはアロー、アンバッグ、エアピース、アンサム、アート、エヴィ、アイ・イールとなります。つまり語頭の'h'音をずばり発音しないのです。そして声門閉鎖音といって語末の't', 'k', 'l', 'p'を殆ど発音しません。Gatwick（空港）は、ギャウイッ、all rightはアライ、フレイズのtake a walkはテイ・ア・ウオと聞こえるのです。milkはミウとなります。stopはストッと聞こえます。文章レベルではhow is it?はアジッとなります。Is it not'はイニットになります。shall we?はシャウイになります。長い綴りの語は意図的に短く発音します。libraryはライブリに、necessaryはネスリーに、Downing (Street, 首相官邸)ダニンに聞こえます。河口域そのものをエスドリーと発音しますが、問答無用ですね。そしてもはや「エイ」という音が消えてなくなりつつあります。paperはパイパ、stationはスタイションです。従って、「友よ、こんにちは！（Hello, my mate!）」はアロー、マイ・マイと聞こえます。綴りの合理化も進んでいるのです。WednesdayはWensdayに、caughtはcortに、thoughtはthortに、daughterはdauterに、autumnはautumに、catalogueはcatalogになど。これらの「革命的な」変化はまだ正式の教材には登場しませんが、陽の目を見るのは時間の問題と言われています。西洋先進国の言語で英語ほど綴りと発音が乖離している言語はないのです。その理由は15世紀にドイツより印刷術がイギリスに導入され、綴りはいち早く固定されたにも拘わらず、発音はどんどん変化してきているからです。とくにShakespeareが活躍して前後に「大母音推移」（Great Vowel Shift）という一大変化が生じました。このことがこの乖離に更なる拍車をかけることになったのです。古英語から中英語期においては大体において綴り字通りに読んでいたのです。現代ドイツ語がそうです。英語がいかに複雑な言語であるかが分かります。にも拘わらず、どうして今日ここまで地球規模の言語になったかはここでは触れないことにします。皆さんに考えて欲しいです。

　このような斬新な発音や思い切った単語の短縮化・合理化はなにもロンドンの知的な若者たちの間だけでの流行ではなくて、今や王家のメンバー、国会議員もどんどん右へ倣いで、あらゆる階級の人々の間に浸透しています。地域的にも母なる6つの州と言われる、ロンドンを囲む南東部諸州からさらに西へ、北へと広がりをみせて今やイングランド全域に及んでいるのです。この動きはもはや止めることはできないと言われています。女王陛下でさえもお忍びでロンドン市内の庶民が利用する普通のレストランに入り、若い男女が話すこの英語に耳を傾けて勉強されている、というニュースがよく飛び込みます。王室でこの新種の英語を最初に話し始めたのはあの故ダイアナ妃です。2人の息子たちはお母さんに倣っているのです。こうしてイギリスでは王室と庶民の距離がどんどん縮まってきていると言われています。「上」の人々が「下」の人々に合わせるのです、言葉の上では。

この新種の英語をNew Southern British Englishと言って、これからのイギリスの正式の標準英語あるいは公用語になるだろうと、多くの言語学者たちが言明しています。因みにロンドンでは今日、350以上の言語が話されています。英語に限定しますと、アメリカ英語よりもイギリス英語のほうが革新的にその姿を変えつつあります。いつまでも伝統に拘泥している国では最早ありません。

オックスフォード系英々辞典を引く意味について

　英語で書かれた文献には当然のことながら未知の語句が少なくありません。英語を数十年使いこなしてきている大人でも専門分野が異なると最初から語彙の確認に手間取ることになります。特に私たち日本人の言葉は独立言語で、関連する言語がありませんので、欧州系（アルファベット系）の言語との相違は際立っています。一方、ドイツ、オランダ、デンマーク、さらには北欧の人々が英語を学ぶのはさほど難しくはありません。同じように、フランス、スペイン、イタリア、ポルトガル、ルーマニアの人々はお互いの言語を比較的容易に理解できます。前者は同じゲルマン系の言語で、後者はロマンス系の言語で共通項がたくさんあるからです。

　そこで遥かなる後輩のみなさんにいきなり英々辞典にあたりなさい、というアドバイスは酷かも知れません。どうしても英和辞典を参照したくなるのも致し方ありません。
　しかしながら、英語と日本語では100％一対一の対応を成すことはまずありません。近似値的な意味の理解で済ませていることになります。その証拠に別項（シェイクスピア：『ハムレット』について）で論ずることになりますが、'To be or not to be; that is the question'の前半、'To be or not to be'はもはや英和辞書の力を借りてもほとんど役に立ちません。英々辞典の'to'や'be'を引いても絶望的です。これは英文学史上、最も難解な詩行であって、辞書云々という問題ではないのです。

　普通の英文を読み解く場合でも残念ながら英和辞典で済ませますと、とても完全な理解には到達できないのです。これが言語の壁というものです。結論から言いますと、英語学習のスタートの時点から英語を勉強するときは英語の辞典で、というのが理想なのです。ただし、いきなり文法の専門用語など知る由もありませんので、パイロット（案内役）が必要となります。英語の先生から英々辞典の正しい引き方、利用の仕方を教わることです。慣れるまではとても苦労の連続です。試しに100語から300語くらいの身近な名詞や形容詞、さらには副詞、基本的な動詞などにあたってみることです。一気に視界が開けてきます。そうですね、約半年くらいの辛い時間に耐えねばなりません。一旦、英々辞書に慣れてしまいますと、今度は英和辞書で引くともどかしくなってきます。どうしてこんなに回り道をしてきたのか、と考えたくなってきます。つまり、最初から英々辞書にあたると言葉の壁がなくなるのです。研究の世界で申しますと第二次資料にあたるよりも第一次資料にあたるほうがはるかに説得力があるのと同じなのです。最初から「本物」に触れる意味がそこにあります。

　それならどのような英々辞書がいいかと言いますと、一概にこれがいい、とは言え

ません。推薦図書はそれを薦める個人によっても異なります。また、「イギリス派」の人と「アメリカ派」の人ではまるっきり（？）異なるかも知れません。さらに文系と理系では辞書の使い方も異なる場合が往々にしてあります。結論から申しますと、イギリスは「言葉」の国です。英語辞典の編集・作成に関してはアメリカよりはるかに歴史が古く、その分だけ辞書制作のノウハウにかけては凌駕しています。イギリスは辞典の出版点数においては断然世界一なのです。中世後期には最初の辞典が刊行されています。その辞典制作のメッカがオックスフォード大学なのです。今日、この知の殿堂の一角（といっても堂々たる敷地と建物が独立しています）に辞書出版局があります。すべての分野を含めますと実に数百種類の辞書を刊行しています。気が遠くなりそうです。

　イギリスが世界に誇る文化遺産の一つがOxford English Dictionary (通称OED)です。現在、市中に出回っているのは第2版で1989年に刊行されています。初版は19世紀半ばより準備されました。途轍もない大辞典で、この量と、そして質を上回る言葉の辞典は世界にはほかにありません。現在、第3版が準備されつつあります（筆者は1990年以来、オックスフォード大学上席研究員としてこの辞典制作に携ってきており、主に語源記述・古典からの引用例の点検、そして日本語から英語への'格上げ'を担当）。英語の単語は毎年、ネズミ算式に増えているのです。ITを初めとする理工系の語は毎日のように新語を必要とするからです。心の内面を表す語は増えることはまずありません。

　この親辞典の下にShorter Oxford English Dictionary (通称SOED) があります。大きな2冊本に意味が集約されています。その下にConcise Oxford Dictionary (通称COD) があります。そしてその下にPocket Oxford Dictionary (通称POD) があります（さらにはLittle Oxford English Dictionaryというミニサイズのものもありますが、言うなればマニアの方々が所持され、折に触れ参照される程度のものです）。

　辞書は新しい版ほどよい、というものではありません。現在CODは第11版まで、PODは第10版まで刊行されています。新しい辞典には当然、時代を映す新語が搭載されていますので、それなりに有効ではあります。これはCOD, PODの両方について言えます。新語追加の分だけ、古語が消えていく運命にあるのです。文学作品、なかでも古典と言われる有名な作品には（今から見ますと）当然、古語がとても多いのです。
　そこで英文学の古典を読み進むには「古い」版の辞書がお薦めなのです。ずばり言いますと、CODは1964年版が、PODは1969年版の使用がお薦めです。特にCODならば近代英語で書かれた名作をどんどん読み進むことができます。あの大文豪、Charles Dickensの作品はこの辞書で堪能可能です。なぜならば、近代の英文学作品の中に現

れる語句の多くがこの辞書に引用されているからです。

　それならばPODはどうなんですか、と問われるでしょう。実はこの小型の辞書の利点について言及するのがこのコラムの主目的なのです。Amazon上に見られる書評欄を見ますと、このPOD (1969) は史上最高の小型英々辞典、云々の言葉が躍っています。CODよりも「引き辛い」のです。紙幅に制限がありますので語義の説明が最小限度に抑え込まれているのです。辞書編集上の細則（どの辞典でも最初に書いてあるのですが、読む人はほとんどいません！）を読み、略語に慣れることがまず大事なことです。慣れるまでは少し時間がかかるかも知れません。一旦慣れるとしめたものです。一切の無駄が除去され、語義が簡潔に淡々と記されてゆきます。やはり、CODの場合と同じく英文学作品から具体例が引用されています。ただし、いちいちどの作品のどこから引用、とは書いてありません。いちいち言明しますと紙幅が増大し、小型の意味がなくなってしまいます。とにかく「すごい！」とうなりたくなる辞書なのです。かなりの英語の学力を必要とします。この辞書の各語の定義を虱つぶしに読み込むことそのものが英語力の増大につながるのです。辞書は「引く」のではなく「読む」ものなのです。

　もしこのPODにあたるのが億劫ならば、その前段階としてLongman Dictionary of Contemporary English (通称LDOCE)の利用をお薦めします。タイトルからも分かるように、あくまでも「現代」英語の辞典なのです。英国小説の全盛期、18世紀から19世紀にかけての文学作品からの引用例はそんなに多くはありません。その代わり、いまの高校生（大学生、あるいは若い読者）には自分たちと同時代（'contemporary'）の英語の辞典なので、とても分かり易く感じられると思います。因みに、オックスフォードの辞典はアカデミックな性質を帯びて、格調が高く、引き辛い感がします。翻って、Longman社の辞典は一般読者を対象に編集されていますので、とても分かり易い定義になっています。このLOOCEは世界中であまねく使用されていて、人気定着です。

　試みにspring, summer, autumn, winterをPOD, (LDOCE)で引いてみますと次のように説明がなされています：**spring:** the SEASON of early vegetation (the season between winter and summer when leaves and flowers appear) / **summer:** second or hot SEASON (the time of the year when the sun is hottest and days are longest, between spring and autumn) / **autumn:** A SEASON; season of insipient decay (the season between summer and winter, when leaves change colour and the weather becomes cooler) / **winter:** the last of the SEASONs (the season after autumn and before spring, when the weather is coldest) とあります。PODのレベ

ルの高さが見てとれます。中学生ではまず'vegetation'の意が不明です。秋の項では'insipient decay'は高校生でも難しいですね。読者のみなさん、意外と気づいていないかもしれませんが、「夏」は最も暑い季節とありますが、南半球では逆です！つまり、PODはあくまでもイギリスの自然が背景にあるのです。初版が刊行された20世紀初頭はまだ「大英帝国」そのもののイギリスであって、新世界のことなど眼中になかったのです。SEASONがすべて大文字になっているのは、読者のみなさんにさらにその'season'の項をしっかり見てください、との意味なのです。なお、アメリカ英語としての'fall'はPODには見当たりません！LDOCEではPODに見られるautumnの記述の最後が'the weather becomes slightly colder'と微調整されています。

翻って（　）内に見られるLDOCEの説明は実に明快で、中学生でもすぐに理解できます。逆に言いますと、'vegetation', 'incipient', 'decay'というラテン語系の難解な語をさらに調べなければならなくなるPODのほうが英語のさらなる力がつく、ということになります。なお、ここに見られるPODの定義はCODにほぼ沿っています。

　ついでに3月、4月、5月、そして6月の定義も見てみることにしましょう：
　March: A MONTH associated with cold winds.　hare in breeding season (the month of the year, between February and April) / April: A MONTH noted for alternations of sunshine & showers;　person hoaxed on Apr.1. (the fourth month of the year, between march and may) / May: A MONTH associated with greenery (the fifth month of the year, between April and June) / June: A MONTH associated with roses & midsummer (the month between May and July) とあります。ここでも両者の辞典の定義には大きな差が見られます。（　）内のLDOCEは当たり前過ぎて何の面白みもありません。翻って、PODは「夢」を提供してくれます！背景には（今度も）イギリスの自然が彷彿とします。なお、PODのMarch には「三月ウサギ」が例示されています。あの『不思議の国のアリス』の第１章に出てくる登場人物のことを言います。さらに、Mayの項にはMayflower, Mayfly, Maypole, May Queen などイギリスの、さらに言いますとオックスフォードの年中行事まで言及されています。余計なこと、と言わないでください。

　さらに、'tea'や'horse'の項を見ますと、イギリスのお茶の習慣に関する記述が詳述されていますし、馬では年齢により呼び方が異なる、というような専門的なことまで言及されています。さらりと簡単に定義されている語と、長々となっている語が混在していて、濃淡にかなりの差が見られます。LDOCEの定義は一貫していることが分かります。そうです、LDOCEは広く全世界の英語の読者を想定して作られているのです。そしてこの辞典の最大の長所はそれぞれの語義のあとに必ずと言っていいくらい、その語を含む例文の呈示がなされているということです。たとえばOur new office opened in April 2001. / The theatre opened in March 2001. というふうに。PODは語句の追加のみで、例文の呈示はありません。そのPODでの定義の見つけ方の難しさに次のような例があります。'celebrate'という語を引きますと、あくまでも見出し語としては'celibacy'で、追い込み語としての位置付けで、1969年版ではこの動詞が'p.p.'になると'famous'の意味ですよ、とあります。つまり、'the celebrated' = celebrated personsとなります、と。この語句は別項（W.S.モーム：『サミング・アップ』の項）で言及しています。

　記述した語義の中に'SEASON'と'MONTH'が大文字化されていました。実際にそこを引きますと、実に多くの情報を入手できることが分かります。季節の移りゆくさま、食生活、風物詩等が描写されています。（12ケ）月に関しては、すべての月の日数が明示されています。2月29日の閏年のことも言及されています。'public'の項を引くと、期待に添うように'public school'の説明があります。'pub'を引くと'public-house'のことだとあります。どうして「パブ」（わが国では居酒屋とほぼ同義ですね）が「公の家」なのでしょうか。イギリスはどんな田舎に行っても必ずなければならないものは教会と自動車修理工場（'garage'のことです）とこのパブなのです。その昔、村人たちは冠婚葬祭を初めとする、大事な話し合いをするときは（今でいう）公会堂に集まったのです。お酒を飲む処を兼ねていました。これがパブの歴史です。やはり背後にある文化を学ぶ必要があります。イギリスからパブを捨て去ることは考えられないことです。

チョーサー『カンタベリー物語』：
「総序の歌」は英詩古典の最高峰！

　国語古典の時間に「祇園精舎の鐘の音……」「月日は百代の過客にして…..」「春はあけぼの…..」など名作の冒頭の文章を暗記させられた昔が懐かしいです。今日でもそうでしょうか。言葉の音読のプラスの効果は心理言語学上も証明済みです。これは古今東西、真理なのです。これを100回繰り返しますと、当の作者と「対話」さえ可能なのです。

　さて、英語英文学は世界の語学文学のなかにあって最も人口に膾炙して広く学ばれていて、そのなかの言葉が現実の世界で大変役立っているのです。小説、演劇、詩など多くのジャンルがあり、それぞれに世界に知られた名作が少なくありません。音読という点では英詩が一番いいでしょう。あの大文豪シェイクスピアの有名な劇作でも形式は「詩」なのです。それが無韻詩といって行末が韻を踏まないだけのことです。シェイクスピアは世界最高の詩人（Shakespeare is the greatest poet in the world Britain has ever produced.）という英文を教わった記憶があります。

　「英詩の父」(the father of English poetry) と言われるGeoffrey Chaucer (1342-3〜1400)はフランス語が幅を利かせていた中世後期に英語の復権を声を大にして説いた詩人なのです。ノルマン征服（1066年）以降、英語は細々と庶民の間で話され、使われていました。14世紀後半に入り、議会で英語が使われるようになり、再び息を吹き返すことになります。ここでChaucerという大詩人（外交官兼政治家でもありました）が英語を使って表題の、永遠不滅の物語詩をものにすることになります。もっともそれまでに*House of Fame, Troilus and Criseyde* といった大作を生み出していますが、*The Canterbury Tales* (1387-1400)がこの詩人の集大成的偉業です。完全に「英国的」雰囲気を醸し出しています。24の個々の話から成ります。あのボッカチオの*Decameron*（『十日物語』）に倣っています。原則としてそれぞれの個々の話に「序」(Prologue) がついています。従って、最初に置かれている858行から成る序はGeneral Prologue となります。最初の18行（ここで話題にします）に続き19行から42行目まではこのカンタベリー巡礼行に集まった29人の仲間たちがどのようにして話を進めていくか、そして彼らの階級、職業、身なりについて詩人が語ることになります。そして43行目から一人ひとりの巡礼の姿を微に入り細に入り描写することになります。英国中世の人間模様が見事に描かれています。この「総序の歌」そのものが見事な1つの文学作品なのです。音読に充分耐えうる詩行なのですが、ここでは冒頭の18行を文字面で鑑賞することにします：

Whan that Aprill with his shoures soote
The droghte of March hath perced to the roote,
And bathed every veyne in swich licour
Of which vertu engendred is the flour;
Whan Zephirus eek with his sweete breeth
Inspired hath in every holt and heeth
The tendre croppes, and the yonge sonne
Hath in the Ram his half cours yronne,
And smale fowles maken mekodye,
That slepen al the nyght with open ye
(So priketh hem nature in hir corages),
Thanne longen folk to goon on pilgrimages,
And palmeres for to seken straunge strondes,
To ferne halwes, kowthe in sondry londes;
And specially from every shires ende
Of Engelond to Caunterbury they wende,
The hooly blisful martir for to seke,
That hem hath holpen whan that they were seeke.

これを現代英語に言い換えてみましょう、なるべく原典に即して：

　　When April with its showers sweet
The drought of March has pierced to the root,
And bathed every vein in such liquid
Of which virtue engendered is the flower;
When Zephyr also with its sweet breath
Inspired has in every holt and heeth
The tender crops, and the young sun
Has in the Ram its half course run,
And small fowls make melody,
Which sleep all the night with open eye
(So pricks them nature in their heart),
Then long folk to go on pilgrimages,
And palmers for to seek strange strands,
To far shrines, known to sundry lands;
And especially from every shire's end

> Of England to Canterbury they wend,
> The holy blissful martyr for to seek,
> Who them has helped when they were sick.

それでは邦訳を付すことにしましょう：

> 　　四月がそのやさしきにわか雨を
> 三月の旱魃の根にまで滲み通らせ、
> 樹液の管ひとつひとつをしっとりと
> ひたし潤し花も綻びはじめるころ
> 西風もまたその香しきそよ風にて
> 雑木林や木立の柔らかき新芽に息吹をそそぎ、
> 若き太陽が白羊宮の中へその行路の半ばを急ぎ行き、
> 小鳥たちは美わしき調べをかなで
> 夜を通して目をあけたるままに眠るころ、
> --- かくも自然は小鳥たちの心をゆさぶる ---
> ちょうどそのころ、人々は巡礼に出かけんと願い、
> 棕櫚の葉もてる巡礼者は異境を求めて行かんと冀う、
> もろもろの国に知られたる
> 遥か遠くのお参りどころを求めて。
> とりわけ英国各州の津々浦々から
> 人々はカンタベリーの大聖堂へ、昔病めるとき、
> 癒し賜いし聖なる尊き殉教者に
> お参りしようと旅に出る。　　（桝井迪夫訳『カンタベリー物語』
> 　　　　　　　　　　　　　　　　　　岩波文庫（上巻、1973年）

　どうでしょうか、邦訳→現代英語訳→中英語の逆の順で読むと、より早く理解に到達できます。原典と現代英語の間にそんなに大きな、理解を阻止するような相違はなさそうです。但し、韻文なので語順が少なからず異なっていますね。それはリズムを整えたり、脚韻を成立させるためです。1行が10音節で構成され、弱強五歩格（pentameter）の見事な音楽的な流れです。とにかく7回は音読してみてください（7回読みの勉強法を推奨しているのは東大主席卒業の山口真由氏）。リズムの関係で余計な語が混入しています（現代英語から見て）。最初のWhan thatの'that'がそれです。今日でもconsidering that, now that などに痕跡的に残っています。hisが2回出てきますが、今日のitsに相当します。itsそのものが文献に現れ始めるのは1598年のことです。shoures = showers, droghte = drought, hath = has, perced = pierced, veyne = vein, licour = liquor（語形上は）、vertu = virtue, flour = flower, whan = when, thane = then, tendre = tender, croppes = crops, yonge = young, sonne = sun, yronne = run（過去分詞、'y'で始まるのはその語が過去分詞、の意：現代英語も類似の語形を取ります）、smale = small, fowles = fowls（但し、今日のbirdsの意）、priketh = pricks, corages = courages (但し、現代英語ではheartsの意)、hem = them (they, their, themは古ノルド語)、longen, maken, seken のように動詞語尾に'-en'がつくのは主語が複数のときです。goon = go, seken = seek, ferne = far, kowth = known, sondry = sundry, なお、strondes, londesはそれぞれstrands, landsです。shires ende = shire's endです。当時は所有格を表す 's はまだありません。wende = goです。今日の過去形wentの現在形ですね。holpen = helpedです。当時はhelpは強変化をしていました。時代とともに多くの強変化動詞（＝不規則動詞）は弱変化（＝規則動詞）に代ってきています。この傾向はさらに進むことでしょう。最後のseekeはsickの意です。「探し求める」の意のse(e)keと同音だったのです。なお、お気づきと思いますが、多くの語に語尾の'-e'がついていますね。とくにこれといった特別の意味はありません。時代とともに消えてなくなります。強く読むことはありません。但し、脚韻の位置にくる'-e'は弱いながらも読まねばなりません。

　語形上は現代英語と似通っていても意味が完全に異なるのは、virtue = power, liquor = liquid, fowl = bird, courage = heart などです。kowth, eek などは廃語となっています。なお、最初の行にあるsooteはsweetのことです。5行目にはsweet(e)で出ていますね。これは2行目のroot(e)と韻を合わせるために'soote'という異形を取るのです。手が込んでいますね。意味も重要ですが、形も整えなければなりません。

　ともあれ、この冒頭の18行は北国イギリスの人々が春を迎える喜びを表しています。万物が蘇る春になると、敬虔なる心を持って南のカンタベリー大聖堂へと巡礼に出かけるのは何よりも大切な年中行事であり、かつ楽しみ事でもあったのです。殉教者とはあの有名なThomas á Becketのことです。英国国教会には2つの大聖堂があり、もう1つはヨーク大聖堂（York Minster）です。とくに南のカンタベリー大聖堂に巡礼に行くのは最大の憧れ、夢であったのです。病気快癒のお礼参りとありますが、人によっては戦勝祈願、そして商売繁盛など様々です。個々の話で最初に登場する騎士は戦いに行って、勝利した、そのお礼参りでした。日本でのお寺、神社詣でと同じですね。つまり、「心の」世界は古今東西を問いません。

　この18行でもそう簡単には現代英語からの理解では不十分なのです。つまり、中世の科学が背景にあります。天文学の知識が必要です。Ramとは12宮の1つ、白羊宮のことです。また、Zephyrは西風のことですが、擬人化されています。そよ風のことです。日本では春を呼ぶのは南風ですね。イギリスでは西風が春の到来を表します。'inspire'には「息を吹き込む」というラテン語の原意が残っています。なお、young sunも中世の科学の知識が必要です。当時は太陽暦は春分の日にスタートします。太陽が12宮の中の白羊宮を後半部を通過したばかりなので、「若い太陽」となります。つまり4月後半ということになります。「法律家の話」の中で4月18日、ということが判明しています。この有名なカンタベリー巡礼行は4月18日に始まったことが証明されます。ロンドンからカンタベリーへの馬に乗っての巡礼行は片道が3泊4日でした。往復6泊8日の行程のなかで29人の巡礼がそれぞれ、往路と復路で2つずつ話をすることになります。計算上は116になりますが実際には24で未完結です。これは問題にはなりません。

シェイクピア：『ハムレット』は英語語彙の豊穣の海

古今東西を通じて名を成した文人は数多くいますが、なかでもWilliam Shakespeare (1564-1616)ほどその令名が広く遍く知れ渡っている文人はいないのではないでしょうか。英国エリザベス朝(1558-1603)で活躍することになります。Strat-upon-Avon（Avon川沿いのストラットという町）に手袋職人の息子として生を享けますが、その父親が仕事に失敗し、15歳で学業を断念せざるを得なくなります。かつては小学校しか出ていない、と言われていましたが、これは誤解です。なぜならば、*Julius Caesar*の中に「ブルータスよ、お前もか」という有名なセリフがあります。腹心の部下に剣で刺されて命を落とす場面です。それは 'Et tu Brute!' というラテン語なのです。英語に直しますと'And you Brutus!'となります。どんな天才でも外国語は（とくにギリシャ語やラテン語などのような高級な古典語は）他者から教わらないと書けません。事実、自分が生まれたこの町にGeorge VI Grammar School という公立中・高等学校があって（今日でも２階建ての掘っ立て小屋として残っています！）黒光りのする机に自分の名前を小刀で記しているのが発見されました（筆者も確認）。Grammar Schoolではラテン語・文法を教えていました。今日でもGrammar Schoolは英国各地にあり、多くの卒業生が大学に進学します。『不思議の国のアリス』に登場するアリス三姉妹の兄HarryもGrammar Schoolに通っています。Public Schoolはさらに上位の学校で私立です。貴族の子弟が多く通います。彼らは将来は英国を、ひいては世界を牽引していく存在になります。

　こうしてShakespeareはいわゆる（日本でいう）公立の進学高校1年で中退となります。当時でも文筆で身を立てている人々は大学才人たち(University Wits)だったのです。その中にあってShakespeareは群を抜く活躍をすることになります。世の常でやっかみも多かったようです。少なくとも37の戯曲を書き上げています。「少なくとも」と言うのは別人説もある作品もあるからです。立派な詩も数編、遺しています。なかでも1連が14行から成るソネット(Sonnet)154連を遺していて、愛の賛歌の極致と言われています。偉大な詩人でもあったと言われる所以です。基本的には劇作家で悲劇、恋愛悲劇、喜劇、史劇、問題劇などジャンルは多岐に亘ります。高校生でも少なくとも名前だけでも知っているものが少なくありませんね。四大悲劇の*Hamlet, Macbeth, Othello, King Lear*をはじめ、*Romeo and Juliet*や*The Merchant of Venice* さらに*Julius Caesar*などはわが国でもつとに名が知られていて、英国のRoyal Shakespeare Company の劇団員による上演が日本各地でなされてきています。

　このエッセーのタイトルに「英語語彙の….」と記していますが、これら多くの劇作品および詩作の中に綺羅星が輝くように素敵な言葉・句・文章が盛り込まれてい

るのです。一個人としてこの文人ほど多くの語彙を自ら作り出した人はいまだかつてないのです。『オックスフォード英語大辞典』(Oxford English Dictionary)にはShakespeareの作品からの引用が最多なのです。14,000か所以上の引用があります（確認しました）。他のすべての作家のそれをはるかに凌ぐ数です。ドイツの文豪、ゲーテが「シェイクスピアはあまりにも豊かで、あまりにも強烈だ。創造をしたいと思う人は彼の作品を年に1つだけ読むにとどめたほうがいい。もし彼のために破滅したくないのであれば」と忠告しています。ことほどさようにShakespeareの作品は一流の娯楽であり、かつ劇薬ともなるのです。その語彙はどこを読んでもきらびやかなのです。邦訳でもその輝きは衰えることはありません。どの翻訳でもShakespeareらしさは失われません。それでも敢えて言わせて頂きますと、（坪内逍遥のものはさすがにもう古くなっていて現代人には読み辛いですので）福田恒存、小田島雄志、松岡和子、そして河合祥一郎のものがお勧めです。時代とともに研究が進み、その結果が訳語にも反映されています。

　それではShakespeareのすべての名句（広い意味での）の中でも人口に膾炙して有名な個所を取り出して必要最低限の解説をすることにします。その個所は*Hamlet* (1601-2)の第3幕第1場55行から始まる、主人公Hamletの第4独白(Soliloquy)です：

> To be or not to be --- that is the question;
> Whether 'tis nobler in the mind to suffer
> The slings and arrows of outrageous fortune,
> Or to take arms against a sea of troubles,
> And by opposing end them? To die, to sleep ---
> No more; and by a sleep to say we end
> The heart-ache and the thousand natural shocks
> That flesh is heir to. 'Tis a consummation
> Devoutly to be wish'd. To die, to sleep ---
> To sleep, perchance to dream. Ay, there's the rub;
> For in that sleep of death what dreams may come,
> When we have shuffled off this mortal coil,
> Must give us pause. There's the respect
> That makes calamity of so long life;
> For who would bear the whips and scorns of time,
> Th' oppressor's wrong, the proud man's contumely,
> The pangs of despis'd love, the law's delay,
> The insolence of office, and the spurns

That patient merit of th' unworthy takes,
When he himself might his quietus make
With a bare bodkin? Who would these fardels bear,
To grunt and sweat under a weary life,
But that the dread of something after death ---
Th' undiscover'd country, from whose bourn
No travellers return --- puzzles the will,
And makes us rather bear those ills we have
Than fly to others that we know not of?
Thus conscience does make cowards of us all;
And thus the native hue of resolution
Is sicklied o'er with the pale cast of thought,
And enterprises of great pitch and moment,
With this regard, their currents turn awry
And lose the name of action --- Soft you now!
The fair Ophelia. --- Nymph, in thy oriosns
Be all my sins remembered.

　なんと見事な独白でしょう！35行から成ります。14世紀に活躍した大詩人、Geoffrey Chaucerの畢生の大作：*The Canterbury Tales*：'General Prologue'の冒頭の18行に見られる英語は2行連句できれいに押韻していますが、Shakespeareの場合は行末の音[おん]はバラバラです。つまり、無韻詩なのです。にも拘らず、音読しますと（弱強5歩格）見事なリズムで進んでいることが判明します。Shakespeareは天才なのです。自分の頭に浮かんだ順に言葉をどんどん紡いでいったのです。今日の学校文法は無視してください。いわゆる学校文法なるものが成立するのはまだずっと後の時代です。当時でも純粋な詩を書く際にはそれなりに慎重に語彙を選択して、リズムを整えなくてはなりませんでした。このことはShakespeare自身、*Sonnets*その他の詩の中で実践しているのです。

　それでは、河合祥一郎氏の最新の評判の邦訳（角川文庫）をお示ししましょう：

　　生きるべきか、死ぬべきか、それが問題だ。
　　どちらが気高い心にふさわしいのか。非道な運命の矢弾を
　　じっと耐え忍ぶか、それとも怒涛の苦難に斬りかかり
　　戦って相果てるか。死ぬことは --- 眠ること、それだけだ。
　　眠りによって、心の痛みも、肉体が抱える数限りない苦しみも
　　終わりを告げる。それこそ願ってもない最上の結末だ。

　　　　死ぬ、眠る。眠る。おそらくは夢を見る --- そう、そこでひっかかる。
　　　　一体、死という眠りの中でどんな夢を見るのか？
　　　　ようやく人生のしがらみを振り切ったというのに？
　　　　だから、ためらう --- そして、苦しい人生をおめおめと
　　　　生き延びてしまうのだ。さもなければ、
　　　　誰が我慢するものか、世間の非難中傷、権力者の不正、
　　　　高慢な輩の無礼、失恋の痛手、長引く裁判、役人の横柄、
　　　　優れた人物が耐え忍ぶくだらぬ奴らの言いたい放題、
　　　　そんなものに耐えずとも、短剣の一突きで
　　　　人生にけりをつけられるというのに。
　　　　誰が不満を抱え、汗水垂らして、つらい人生という重荷に耐えるものか、
　　　　死後の世界の恐怖さえなければ。
　　　　行けば帰らぬ人となる黄泉の国 --- それを恐れて、意思はゆらぎ、
　　　　想像もつかぬ苦しみに身を任せるよりは、今の苦しみに耐えるほうが
　　　　ましだと思ってしまう。
　　　　こうして、決意本来の色合いは、青ざめた思考の色に染まり、
　　　　崇高で偉大なる企ても、色褪せて、流れがそれて、
　　　　行動という名前を失うのだ。だが、待て。
　　　　美しいオフィーリア！妖精よ、君の祈りに
　　　　わが罪の赦しも加えてくれ。

　邦訳を少し詰めてしまい、視覚的には詩的な雰囲気は薄れてしまいましたが、音読しますと、やはり素晴らしい「（無韻）詩」そのものです。近代英語の礎を作ったChaucerより約200年の時を経て、さらに私たち今日の英語に近づいていることを感知できると思います。もちろん、400年以上昔の英語ですので今日の平均的な英和辞典では解決できない語（句）が少なくありません。Schmidt編纂の*Shakespeare Lexicon*という、Shakespeareの作品を読むための専門用語辞典の力を借りなければ完全な理解には到達できません。にも拘わらず、声に出して多読を試みますと上記の訳に辿り着けるはずです。これから必要最低限の語句の解説をしましょう：

　まずは冒頭の'To be, or not to be --- that is the question'です。坪内逍遥以来、今日まで約40通りの邦訳が試みられています。いずれも正解なのです。大胆な言い方をしますと、唯一無二といった正解はありません。その真意を知っているのは誰あろう、Shakespeareその人だけかも知れません。前半部の訳を集約しますと「生きるか、死ぬか」、「やるか、やらぬか」、「このままでいいのか、いけないのか」の3つにまとめることができます。河合訳は最初のものに分類できます。つまり、to be ＝

to live, not to be = to die という解釈です。語形そのもの (to be, not to be)は中学生でも理解できますが、ここの文脈に戻れば、たちまち超難解になってしまいます。Shakespeareのすべての名句の中にあってこの個所が理解できればあとは、これを超える難解な個所はない、と極論する人もあるくらいです。人はいかに生きるべきか、ということについての最高の指南文になっています。永遠に問われる人生哲学です。

　sliingsは古代の攻城用の石投げ装置のことです。fortuneは運命であって、財産ではありません。a sea of は形容詞の働きをして「海なす」（艱難・苦労）となります。to suffer…. つまり、耐えることなので、to beの言い換えです。逆にtake arms against ….は武器を取り、自らの命に終わりを告げることなので、not to beの言い換えとなります。To die, to sleepもまた冒頭の語句と同じような働きをしています。簡潔で分かり易いですね。No more --- つまり、死んで眠りに入るとそれまでのこと、という意味です。to say = supposeです。学校文法では分かり辛いですね。natural shocks that flesh is heir to は「肉体が引き受けなければならない数々の苦しみ」の意です。'tis = it isです。Shakespeareのほぼすべての作品に現れます。consummation は「（人生）最後の仕上げ」つまり、死を意味します。Devoutly = earnestly, sincerely, ferventlyでOEDではここが初出例となっています。To die, to sleepが続きます。悩めるHamletの姿です。perchance to dream.「おそらく夢を見る」ですが、この夢は「悪夢」のはずです。rub = obstacleで、元来はボウリング用語です。shuffle off this mortal coilとは「この浮世の煩わしさを脱ぎ捨ててしまう」ことです。蝶（魂の象徴）の羽化のイメージがあります。coil=turmoil, troubleです。give us pauseは「我々にためらいをもたらす」の意です。respect= considerationで、尊敬という現代的意ではありません。makes calamity of so long lifeは「惨禍に満ちた人生を長引かせてしまう」の意です。the whips and scorns of timeのtimeは「時代、世間」の意です。contumelyは無礼、の意です。OEDでは'insolent reproach'とあり、ここが採録されています。なお、初出はChaucerです。裁判の遅延、とありますが、今日でもいわゆる「黒幕」と言われる大物たちの裁判は長引きますね。いつの世も同じ、ということです。officeだけで「役人」の意があるのです！spurnsは足蹴り、侮辱の意です。Patient merit of th' unworthy takesとは立派な人物 (patient merit)がくだらぬ連中（the unworthy）から受けて忍ばねばならない侮辱の意です。quietusとは「止め、消滅、死」の意です。元来は経済用語で「債務の決済」の意です。bare bodkin「抜き身の短剣」の意です。fardelsは荷物、の意です。But that = unlessという文法語句となります。Butにunlessの意があって、thatは虚辞です。The undiscover'd country つまり、黄泉の国ですね。bourn = boundaryです。puzzleは今日的な意味よりずっと強く、confoundの意となります。ills = troublesです。we know not of = we do not knowです。当時はまだ助動詞'do'を使った迂言的な用法とここで見られるゲルマン語的な用法が併用されていました。ドイツ語はいまもこのwe know not型の

語法です(Ich lerne night = I learn not)。conscienceは「ものを考えること」で、今日的な「良心」の意はありません。Native hue of resolutionは「決意という本来の顔色」つまり、血気にはやって元気いっぱいだから「赤い顔」をしているのです、本来は。sickliedはShakespeareの造語で「病み衰えさせる」の意です。OEDではここが初出例となっていて、'Usually in direct echoes of the Shakespeare passage'とあります。この劇作家の咄嗟の造語力は天晴というほかありません。castは色合い、の意です。thoughtは「憂鬱な思索」の意です。憂鬱の色合いは「蒼白」です。pitchはフォリオ販ではpithとなっています。つまり、of great pith and momentは「とても重要な」という句なのです。With this regardは「このように考えてしまうために」の意です。turn awryは「そらせてしまう」の意です。awryは/arai/と発音します。currentsは流れ、の意です。

　ここで思索に耽るハムレットの独白は終わります。ふと気がつくと、恋人オフィーリアが目の前にいます。Soft you now.は自分に向かって「しっ、静かに」と言っているのです。あの有名なRomeo and Julietのバルコニー・シーンで、ベランダに佇み、独り言を言っているジュリエットに耳を傾けるロメオの最初のセリフが'But soft!'で、ここと用法は同じです。あくまでも自分への注意の喚起なのです。Shakespeareの英語に慣れるしかありません。Butにはこれといった意味はありません。

　愛する父を毒殺した叔父（Claudius）への復讐心に燃えるハムレットがなかなか行動に出れない、煮え切れない姿が彷彿としています。それではHamletは優柔不断な、煮え切らない青年でしょうか。少なくともこれまではそのようにわが国では解釈されていました。しかし、ことはそう簡単ではないのです。時代背景を考慮に入れなければいけません。Shakespeareの活躍した時代はちょうど中世から近代へと移り行く時代だったのです。情が支配する中世から理が支配する近代への過渡期になります。若いHamletは最初は激情に支配されますが、段々と理性的になり、自らの刃で叔父を刺すことをしなくても、神が仇をとってくれると信じることになります。結果的にそうなるのです。6つの有名な独白を順次、精読してゆくとこのことが判明します。

　この有名な独白はShakespeareの全作品からしますと、ほんの一部に過ぎません。この劇作家のボキャブラリーは21,000語以上と言われます。合成語までカウントしますと、優に30,000語を超えます。同時代に完成した「欽定英訳聖書」の語彙は約10,000語です。因みに今日の英語圏の教養ある知識人のそれは15,000語と言われています。当時より400年が経過し、その間に膨大な語が英語に加わっているにも拘らず、です。わずか15歳で学業を終えたShakespeareがいかに'superman'であるかが分かりますね。彼の語彙はひとつの言語全体をカバーするほどの容量なのです。現在も使用されている英単語のうち2,000をはるかに超えるものがこの劇作家によってはじめて書き記されたのです。Shakespeareを「太陽神アポロ」と準えた知識人もいま

す。つまり、「新語に情熱を燃やす男」の意です。

　Shakespeareほど多くのことが書かれている文人はこの世にいません。エリザベス朝という一時代だけの作家ではない、永遠の作家、と言ったのはSamuel Johnson です。高尚な言葉から日常生活に関わる言葉までShakespeareに頼れば、この世に英語で表現できないことはほとんどなくなる、とさえ言われています。極端に言いますと、この劇作家の全作品を読むと、それだけで豊かな教養人になるのです。

　エリザベス朝時代は「大学才人たち」（University Wits）と呼ばれる知識人たちが先を争って愛の歌である「ソネット」（14行詩）を書いていました。彼らに馬鹿にされていたShakespeareはそれならばと、自分もソネットを書き上げることになります。彼にとってソネットは果し合いの場であり、言葉の実験室でもあったのです。同時に名刺代わりでもありました。自分のソネットの中の、特に第18番は（ここで取り上げませんが）究極の愛の賛歌で、音読しますと「うっとり」してきます！作者の自らの才能に対する強い自信が表れています。彼のソネット集の中にも新語を取り入れています。新語はあたかもひとたび私たちの心に深く響きますとすぐに根を下ろして養分を吸い上げ、育っていくようで、どんどん守備範囲を広げて微妙なニュアンスを帯びるようになり、新たな情報をもたらし、その語のために空けてあった脳の一部を占めるようになるのです。

　16世紀には間投詞としての'pray', 'prithee', 'marry'が幅を利かせていましたが、同時にShakespeareは現代的な'oh', 'why', 'well'をどんどん取り入れています。驚くべきはShakespeareではほとんどの語がほとんどすべての品詞として使われているということです。別に規則は何もありません。彼の人並み外れた想像力がそうさせているのです。

「おれが文法だ」---　これがShakespeareの凄さなのです。まさしくShakespeareの英語は騒乱状態と言っても過言ではありません。

　言葉は思想を表します。彼の素晴らしい独白のセリフは人の心の激しい振幅を描き出しているのです。ドラマは心の中でも展開しているのです。彼は人の心に自分自身を見つめさせ、そこから現実の世界の西洋人による新世界の発見に匹敵する大発見を導き出しているのです。Shakespeareはこうして思想をあたかも「もの」のように扱っているのです。並みの文人にはとてもできぬ離れ業です。

　多くの点でShakespeareの英語の使い方はStrat-upon-Avonという故郷が関係しています。当時はわずか1,500人程度の町でした。地元の手袋を扱う商人の息子であったWilliam少年はすべての住人と付き合いがあったと考えられます。つまり、最初から

社会の上と下の両方の階層と接し、自分はその中間にいて、観察していたことになります。土地の言葉は垢ぬけなくて、古英語以来の響きを色濃く遺していたと思われます。幼児のWilliamにとっては英語の原点とも言うべき言葉が響いていたと思われます。

　忘れてならないのは彼は「聖書」も熟読していたということです。英国国教会の祈祷書にも親しんでいました。多くの劇作品からこのことが証明されるのです。言葉に敏感だった若者に聖書は大きな影響を及ぼしたと考えられます。それもほんの少し前にラテン語から解放されて英語になったばかりだったのですから、それらの言葉は熱気を帯び、新鮮そのもので、権威あるものに思われたことでしょう。もともと聖書は説教師のために作られたものです。聖書は心理を伝える書であると同時にドラマに満ちた書でもあるのです。聖書に書かれた言葉は真剣に取り組む価値があったのです。

　Shakespeareはあらゆる場所で言葉を漁ったのです。あらゆる言葉を、あらゆる要素を作品に取り込んでいるのです。もちろん粗野な言葉にも耳をそばだてました。*Hamlet*の中に具現化されています。女性なら顔を赤くする文言があります。中世の大詩人であったGeoffrey Chaucerと全く同じなのです。聖も俗も備えているのが大文人なのです。

　Shakespeareが使う素朴な言葉は今日でも残っている地方方言の発音によく見られるような荒っぽくて、力強い、タフな響きのする語彙が少なくありません。

　田舎に見られる素朴な言葉 --- それは古英語以来の一音節の語がほとんどなのです。これらこそ言葉の土台となり命の源泉となっているのです。先に例示した第4独白の最初の'To be, or not to be'ですべてが分かるではありませんか。また別の個所では高尚な単語や言い回しを掲げておいて、次にそれらを平明な言い回しで説明しています。耳で聞くセリフとして捉えますと、Shakespeareの神髄とも言うべき偉大なセリフ、最も詩的なセリフはもっぱら一音節で成り立っているのに気づきます！人間の深い感情は一音節語で表されるものかも知れません。Shakespeareの作品には言葉の新工夫が随所に満ち溢れていますが、言葉の生き生きとしたパワーは単純な言葉と凝った、洗練された言葉の緊張関係の中から生まれてくるものなのです。英語という多層から成る言語の最も深い、最も泥臭い部分が最も基本的な意味を心の奥底から運んでくるのではないでしょうか。

　こうしてShakespeareは言葉の魔術・魔法を使って、幾多の不滅の言い回しやイメージを作り上げたのです。戯曲 *Tempest*を書き上げ、劇作家人生に終止符を打つことになります。故郷のStrat-upon-Avonに戻り、地方の紳士として長い健やかな余生を楽しもうと心に決めます。52歳でこの世に別れを告げますが、当時としては大往生の部類に属します。地元の教会にいま静かに眠っています。

Shakespeareの生きた時代に英語はその冒険物語の中でも最大の航海に乗り出そうとしたのです。そうです、北アメリカ大陸への旅路です。こうしてアメリカで英語は新たな言葉の世界を見出し、創り上げることになります。清教徒たちは国旗と聖書と、英語という素晴らしい言語を持って海を渡ったのです。Shakespeareは言葉の中に新たなる世界を私たち後世の人間に与えてくれたことになります。この世界を体験することで私たち今日の人間は人生における思考や感情を彩り、支え、深め、照らし、描くことができるようになるのです。Shakespeareは人間の持つ能力のうち最も重要で最も謎に満ちた能力をその限界にまで駆使したのです。それはとりもなおさず「想像力」(imagination) という能力なのです。喜劇 *Midsummer Night's Dream* の幕切れでTheseus に次のように語らせています：

　(And) as imagination bodies forth　　想像力が未知のものに形を与えるように
　The forms of things unknown, the poet's pen　詩人のペンは形のないものに形を
　Turns them to shapes, and gives to airy nothing　与え、実在物へと変じ、
　A local habitation and a name. (Act V, Scene 1)　名前を与える。

W.S. モーム:『サミング・アップ』は大学受験生必読の名著

　筆者の大学時代の、特に教養課程においての英語は読解がほとんどでした。いまどきのいわゆるコミュニケーション英語とか会話は皆無と言ってもいいかも知れません、一部の外国語系大学は別ですが。大学の数も今日の三分の一くらいでした。その英語教材で圧倒的によく使用されたのが研究社の小英文叢書シリーズです。それぞれの分野の大家が注をつけておられ、信頼性抜群でした。時代の波に押され、残念ながらこの叢書はどんどん姿を消してしまい、薄っぺらな「ペラペラ英語」の会話教材が花盛りです。かなりのレベルダウンは否定できません。こういう時代のなかにありながら、それでもこの高級教材を使用している大学はあるのです。不易流行と言いますが、「不易」のものもなければなりません。「いいもの」は月日が流れても色褪せることは決してありません。

　ListeningとSpeakingが殊更に声高に叫ばれていますが、読んで書けない英語は当然のことながら、喋ることはできません。大学で教科書のなかで教わる「会話英語」はいわば絵に描いた餅なのです。外国に赴き、会話を始めたら教科書通りにはいかないということがすぐ判明します。英語を喋る人の社会的背景、教育格差、地域差、その他もろもろの状況から期待していた英語が返ってくることはほとんどありません。第一、スピードが違います。発音が違います。わが国の英語辞書に記されている発音記号通りに喋ってくれる人はまずいない、と覚悟を決める必要があります。しかし、現地にいる時間が長くなりますと、次第に慣れてきます。それでも知的な会話にはとてもついてゆけません。どんなに会話が得意でも内容が伴わないと相手にされません。これを'mild disregard'と言います。つまり、礼を尽くしながらも無視されてしまうのです。

　このような対応をされないようにするにはどうしたらいいか、と言いますと、真の読解力と高度の教養が必要となります。会話能力は少々低くとも話の内容が高度であれば相手は途端にこちら側を尊敬してくれるのです。高齢でありながら相次いでノーベル賞を受賞したわが国の学者たちがこのことを如実に立証しています。この偉大な先輩たちは大量の英語文献を読み、かつ論文をものにしてきておられるのです。彼らはほとんど例外なく研究社の小英文叢書で学生時代にその格式高い英語を学んで、のちに飛躍する盤石の基礎を築かれたのです。豊かな注釈つきですが、英々の言い換えも少なくありません。今日の教材に見られるような、噛んで含めるような詳しい注釈ではなく、基本的には自分で根気強く予習をしないとついていけない教材なのです。

　この叢書に登場するのは有名な英文学作品が多いのですが、他方では旅行記、評

論、随筆もかなりの点数に上ります。そうです、Bertrand Russell, Herbert Read, Robert Lyndなどは引く手数多[あまた]の教材でした。そしてこれらの範疇の中でも群を抜いたのがこのエッセーの主役、William Somerset Maugham (1874-1965)の数々の作品です。英米文学ではShakespeare以外では珍しい30巻を超えるモーム全集が刊行されています。当時、大学生であればモームの短編やエッセーのテキストを手にしていたと言っても過言ではありません。モームの作品は長編、短編の各小説、戯曲、エッセーなど概していずれも面白いのです。その面白さはこの作家独特のピリッと辛い皮肉な人間観が根本にあることと、飾り気のない平明な文章で自分の言いたいことや思っていることを無駄なく率直にズバズバっと語り進んでいくことにあるように思われます。

処女作である自伝的な小説 Liza of Lambeth (1897) が成功を収め、医師（資格取得）への道を諦め、本格的な作家を目指すことになります。Of Human Bondage (1915), The Moon and Sixpence (1919)といった大作のほかにRainを初めとする数々の短編でも成功を収めています。そしてエッセーの珠玉とも言える2つの作品、The Summing Up (1938)とA Writer's Notebook (1949) で不滅の地位を築き上げることになります。

ここではThe Summing Upに限定して話を進めてゆくことにします。モーム64歳のときに出版され、以後幾多の版を重ね、今日に至っています。古典の定義として、最短でも2世代以上前に書かれていて、かつコンスタントに読者層を掴んで離さないというのがあります。こうしてこの珠玉のエッセーは立派な古典の仲間入りを果たしています（後作のA Writer's Notebookも甲乙つけ難いエッセーであることに相違はありませんが）。このエッセーが書かれたのは戯曲家としても小説家としても功成り名遂げたあとです。このような段階に達したモームが自分の一生や作品を振り返ってみて、まだ語らなかったこと、あるいは語り足りなかったことをこの際、まとめて一応ここまでの生涯の「締めくくり」('Summing Up') をつけておきたいという気になった、その気持ちの所産がこのエッセーなのです。人生各方面のことについて、小説や戯曲の筋に煩わされることなく思うことを思うままに楽な気持で書いてみようと思ったのはこのエッセーが最初なのです。それだけにこのエッセーは溜まっていたものが一度にどっと捌け口を求めて飛び出してきたような面白さや豊富さが満ち溢れ、何度読んでも飽きない魅力が潜んでいるのです。およそモームを知るためにはOf Human Bondageのような大作やThe Rainのような短編に加えて、このThe Summing Upだけはぜひ加えて欲しいのです。人間の普遍的な人生や文学について考える際、これほど有益な素材はないとも言われています。

このように内容的にも面白い上に、英語の語学力の養成という観点からも絶好の書

なのです。英語のイディオムというものの面白さをこれくらい味わわせてくれる書はそんなに多くはありません。もちろん、大文豪Charles Dickensにも夥しいイディオムが見られますが、こちらのほうはかなりの読みの経験が伴わないと完全な理解にはとても到達できません。しかるにモームの作品はかなり平明なので比較的楽に入っていくことができます。かつてのわが国の多くの大学生はこのエッセーを読んで英語の力をつけたのです。その彼らが今日、日本の社会を、ひいては世界を牽引しているのです。こうして（英）文学の力は決して軽く見てはならないのです。古典を読み解く力が世界を切り開いていくのです。すぐ役立つ必要は毛頭ありません。大木は大地でゆっくり育ちます。

　*The Summing Up*は全77章から成り、いずれも独立した読み物です。どこから読み始めても可、です。バラバラと言ってもある程度のまとまりの群から成っています。劇作論、回想、読書論、（人生）哲学論、旅行など実に幅が広いということが分かります。とくに「人生とは何か」「人間とは何か」といった人生哲学については他者の追随を許しません。作家としてもモームの活動範囲は詩以外のすべてのジャンルに及んでいます。

　それではこのエッセーの中で最も話題になる第2章を読んでいくことにしましょう：

I have always wondered at the passion many people have to meet the celebrated. The prestige you acquire by being able to tell your friends that you know famous men proves only that you are yourself of small account. The celebrated develop a technique to deal with the persons they come across. They show the world a mask, often an impressive one, but take care to conceal their real selves. They play the part that is expected from them, and with practice learn to play it very well, but you are stupid if you think that this public performance of theirs corresponds with the man within.

I have been attached, deeply attached, to a few people; but I have been interested in men in general not for their own sakes, but for the sake of my work. I have not, as Kant enjoined, regarded each man as an end in himself, but as material that might be useful to me as a writer. I have been more concerned with the obscure than with the famous. They are more often themselves. They have had no need to create a figure to protect themselves from the world or to impress it. Their idiosyncrasies have had more chance to develop in the limited circle of their activity, and since they have never been in the public eye it has never occurred to them that they have anything to conceal. They display their oddities because it has never struck them that they are odd. And after all it is with the common run of men that we writers have to deal; kings, dictators, commercial magnates are from our point of view very unsatisfactory. To write about them is a venture that has often tempted writers, but the failure that has attempted their efforts shows that such beings are too exceptional to form a proper ground of a work of art. They cannot be made real. The ordinary is the writer's richer field. Its unexpectedness, its singularity, its infinite variety afford unending material. The great man is too often all of a piece; it is the little man that is a bundle of contradictory elements. He is inexhaustible. You never come to the end of the surprises he has in store for you. For my part I would much sooner spend a month on a desert island with a veterinary surgeon than with a prime minister.

　　名文中の名文と言われている章です。英語の精髄が凝縮されているのが分かりますか。まずは速読で全体像を把握してください。そして再読、再再読してみてください。そうすればモームの言わんとするところが分かってくるはずです。時制は現在完了が支配的、ということも大事です。これまでの長い人生経験に基づいているからです。　モームが作品の素材として会いたがっているのは有名人でしょうか、あるいは無名の人でしょうか。普通なら前者という答えが返ってくるかも知れません。モームの場合は逆ということが分かります。その結論は He is inexhaustible. に収斂しています。

　　その前にこの高品位の英語を精読していくことにします。有名人たち対無名人たちを表す英語がthe celebrated vs. the obscureとなっています。the + 形容詞で複数の人々を表しますね。the celebratedはあとのほうではthe famousになっています。さらにfamous men にも置換されています。一方ではthe ordinaryというふうに単数扱いも見られます。これに呼応して対立語としてthe great manが現れています。the ordinary は後ろのほうではthe little manに置換されています。変幻自在の言葉の駆使です。
　　第1文ではmany people haveは挿入句、と理解しないといけません。つまり、the passion to meet the celebrated で「有名人たちに会いたいという情熱」が一塊なのです。ここでseeではなくてmeetが使われていることにも留意してください。You are yourself of small account.は第5文型ですね。of small accountが補語となっています。「とるに足らない」の意です。develop a technique to deal with the persons they come across. は「自分たちが出くわす人々をうまく扱うすべを身につける」の意です。developは無から有を作る、の意ですね。deal withとdeal inの違いも教えてくれています。「会う」がcome acrossとなっています。最初はmeetでした。この使い分けが分からないといけません。They show the world a mask, often an impressive one, これは「有名人たちは世間には仮の姿を現しますが、それは往々にして印象的な

もの」の意です。a maskとは「偽りの姿」です。つまり有名人はありのままの姿は決して晒し出すことはしない（'take care to conceal their real selves'）、ということです。しかもその偽りの姿は「印象的」ときています！天晴というほかありません。有名人は自分たちに期待されている役割を演ずるのです。それは練習することによってますますうまくなるのです。従って、彼らのこれ見よがしのパフォーマンスがその内なる姿と一致すると庶民が考えるならばその庶民はアホ、とあります。私たちは心しておかねばなりません。the man within = their real selvesです。実にうまい言い換えですね。

　後半に入りましょう。僅か数人にだけモームは深い愛情を覚えた、とあります。しかし一般大衆に興味を持った理由はあくまでも自分の作家としての仕事のため、とあります。庶民は利用されているのです。作品を書くに際して、役に立つかも知れない材料として見ています。ここにずけずけと思うことを言うモームの姿があります。次に、自分は有名人たちよりもむしろ無名人たちに関心がある、と言っています。それは無名人のほうがよりたくさん自分の真の姿を現しているから、と言っています。無名人は世間から身を守るために自分とは異なる別の人物を創り出す必要がないから、と言っています。

　無名人の個性はその活動範囲は限られているが、成長する機会を余計に持っているのです。それに衆人の監視を受けた経験が無いので、何かを隠さなければならない、と思うことはないのです。自分たちの奇癖もそれを奇癖だと考えたことがないから平気で人前にさらけ出すのです。こうして結局のところ、作家が扱わねばならないのはほかならぬこういう「普通の人々」(the common run of men) なのです。これまでのthe ordinary, the little man, あるいはthe obscureがthe common run of menに置換されていますね。王や独裁者や経済界の大御所たちはモームという作家にとっては不満足、とあります。大物について書いてきたが失敗に帰した、とあります。芸術作品のよき素材には成り難い、とあります。そこへいくと、庶民は作家にとってより肥沃な畑（'The ordinary is the writer's richer field.'）とあります。庶民の持つ突飛さ、奇抜さ、無限の多様性は果てしない材料を提供してくれる、とあります。ところが、有名人はあまりにもしばしば整然としていて一糸の乱れも見せない（'the great man is too often all of a piece.'）とあります。'all of a piece'（一糸乱れぬ）はモームの愛用句です。次に、矛盾する諸要素を一束に束ねたようなのは庶民のほうである、と言っています。庶民あるいは無名人が心のうちに持っている、他者をあっと言わせるネタは尽きることがない、と言っています。つまり、モームの結論は 'He is inexhaustible'.なのです。'He'とはthe obscure, the little man, the ordinaryのほうです。このような無名の人間は作家にとっては「汲めども尽きぬ泉」となるのです。この'inexhaustible'はもはや英和辞書で語義だけを確認しただけではとても内容の理

解にはつながりません。モームの真骨頂と言われる英語、と言われる所以です。以上は作家修行におけるモームの哲学ですが、広い意味における人生哲学でもあります。このような文脈がこのエッセーには随所に見られるのです。

　このような珠玉の名文に渇望する人々が21世紀に入り、どんどん増えてきているのです。モームが不死鳥のように復活してきているのです。モームは教養豊かな市井人なのです。高所から発言することをしません。かなり自信のある見解を述べる時でも自分ひとりの考えに過ぎませんとか、ほかにもいろいろな見方があろう、と言外に匂わせることも多々あります。それにしても表現の巧みさは抜群です。モームの音調は様々です。まじめなもの、おどけたもの、皮肉たっぷりなもの、ユーモアに富むもの、快活なもの、超然としたもの、憤慨したもの等などです。

　この *The Summing Up* は興味深く読めるだけでなく、ものの見方へのヒントを得たいと思う多くの人にとって特に役立つことでしょう。偏らぬ立場から人生と人間を眺める、融通無碍なモーム流の考え方に共鳴する読者は多いのではないでしょうか。「人生とは？」「人間とは？」の問いは作家活動の最後まで絶え間なく続いていることが分かります。謎なるものとして人生を、人間を探求し続けることが作家モームにとって最大の課題であり続けたのです。
　なお、今日のイギリスで活躍する文人たちはモームの作品を読破するのが鉄則なのです。それくらい、モームの英語は精巧に練られて、美しく、力強いのです。願わくはこの *The Summing Up* に加えて、*A Writer's Notebook* のほうも読破して欲しいものです。そして大学の受験英語の中の長文読解対策としては最高の教材（の1つ）なのです！

近代英語の精華

『不思議の国のアリス』は英国の国定教科書的存在

　一昨年は標題タイトルの作品が世に出てからちょうど節目の150年目で世界各地でいろいろな催しがあり、わが国でも様々なイベントが執り行われました。この作品の読書会も花盛りでした。児童文学なので英語は簡単ではないか、とおっしゃる方も少なくありません。同様に『ハリー・ポッター』シリーズ（全7巻、総3,365頁）もファンタジーなので子どもでも楽に読めるのではないか、と。事実は真逆なのです。横道に逸れそうですが、後者の英語はとても高度なのです。第5巻以降は21世紀の英語が随所に見られます。第1巻の '--- and the Philosopher's Stone' は全シリーズの中では一番短いのですが、その英語はずしりと重みがあるのです。論より証拠、実際に原書に当たって欲しいです。そう楽々と読めるものではありません。登場人物に合わせて英語も質が異なるのです。森の番人、Hagridの英語は難解です。つまり、イギリスの地方の、学歴の低い人物に仕立ててあるのです。わが国の教室英語の知識だけではどうしようもありません。登場人物たちの心のひだも --- 行間を --- 読み込まなければなりません。

　さて本題に移ることにしましょう。原書：*Alice's Adventures in Wonderland* (1865) にはその元になった作品があることを知らない読者もあるかも知れません。*Alice's Adventures Underground*と言い、*Wonderland*の約半分の長さです。話せばかなり長くなるのですが、掻い摘んでまとめることにします。*Underground*はあくまでもAliceという一人の女の子を楽しませるためだけのものでした。彼女へのクリスマスの贈り物として作者Dodgson先生が書き上げたものです。これがいつの間にか話題となりはじめ、いっそのこと陽の目の当たるところに出したらどうか、という周囲の勧めがあり、その気になります。推敲に推敲を重ねて、2倍の分量、約35,000語から成る*Wonderland*に結実することになるのです。（なおDodgsonの発音は正式には「ドドソン」です！）

　当時は大英帝国絶頂期で「太陽が西に沈むことがない国」と言われ、産業革命に成功を収め、世界の頂点に立ったイギリスは文学や文化の面でも百花繚乱の花を咲かせたのです。小説では文豪Charles Dickensが出現し、華の都ロンドンの姿を活写してみせてくれます。Dickensの描く世界は主として、人間臭い、生活の匂いが漂う庶民の姿です。下層階級の世界を見事に描いています。代表作の1つ、*Oliver Twist*にその描写が見られます。繁栄を謳歌するイギリスですが、それを下支えするのは圧倒的多数派の労働者階級の人たちでした。

　翻って、一握りの上層階級の人々は贅の限りを尽くしたのです。昨今、話題になっ

たイギリス発のテレビドラマ「ダウントン・アビー」はその華麗な姿を彷彿とさせるものがあります。とくにイングランド全土にイギリス貴族の壮麗な館が見られますが、これは隆盛を誇ったビクトリア朝の名残なのです。

　実は２つの『アリス』物語（もう一つは*Through the Looking-glass and What Alice Found There*）(1871) はこのDickensの描く世界とは対極にあるのです。舞台は19世紀半ばからその終焉までのオックスフォード（大学）。活気漲るロンドンとは異なり、田園牧歌的なこの知の小都市でこの永遠不滅の物語の源が生まれることになるのです。
　それは1862年7月4日の偶然の出来事からだったのです。この日はとても好天に恵まれたということになっています（少なくとも物語の中では）。測候所の正式な記録によると曇って、あとで雨になった、とあるそうです。イギリスは1年のうちの三分の二は雨天です。1日中が好天ということはほとんどありません。この「暑い」1日が物語の始まりとなります。Oxford大学のChrist Church というcollege（「学寮」）（今日、Oxford 大学には39のcollegeがあり、その集合体が「大学」なのです。Oxford Universityというキャンパスはありません。なお2015年末時点で約23,000人の大学院生・学部学生が在籍し、うち9,300人は世界140の国・地域からの留学生です。日本人は96名）が物語の舞台となります。このChrist Church はすべてのcollegeの中で最も規模が大きく、しかも最も格式が高いcollegeです。あのElizabeth I世女王の父、Henry VIIIが創設したことでも有名です。このcollegeの長は即、この大学の長と同格なのです。
　その地位にあったのがAlice三姉妹（実は多くのきょうだいがいました！）のお父さんのRv. Henry George Liddell (1811–1898)でした。この大学に赴任する前はロンドンにあるWestminster Schoolという有名なpublic schoolの校長職にありました。アリスたちはまだ幼い少女だったのです。Victoria女王の勅命でOxford 大学に赴くことになります。お父さんにとっては大栄転だったのですが、Aliceたち姉妹にとっては大変なショックだったのです。だって、学都で遊ぶところもなく、遊ぶ相手もいなくなり、学寮内で生活することになります。学寮とはすなわち、そこで「学び」、「寝泊り（寮）する」場所を意味します。今日でもひたすら寮で勉強します。長い長い伝統で、Oxford大学生の1日の勉強量は10時間に及ぶのです。それくらいしないと生きてゆけない、超競争社会なのです。これは宿敵校Cambridgeにも言えることです。こうしてAliceたちは学生たちにも遊びのお相手をしてもらえせん。こうして退屈な日々を送ることになります。ただ一人（と言ってもいいくらい）彼女たちと努めて遊んでくれた大人がいます。想像を逞しくして欲しいのですが、その大人とは誰あろう、のちにこの物語の作者となるCharles Lutwidge Dodgson (1832-1898)という新米の数学の先生だったのです。アリスがあと9日で満4歳の誕生日を迎えることになる1856年4月25日のこと、Christ Church内の庭でこの3姉妹が遊んでいると、そこに新式の写真機

を持ち込み、写真を撮っていた2人の先生に目がとまります。アリスたちはこの文明の利器に非常な関心を示すことになります。こうしてDodgson先生とアリスの運命の出会いが成立します。

　当時は午前中だけでした、大学での授業は。先生方は午後は講義から解放されたのです。ということは学寮内で生活する子どもたちの遊び相手は知性あふれる大人たちだったのです。イギリスは典型的な階級（格差）社会です。少なくともビクトリア朝時代は今日よりもずっとその格差は大きかったのです。階級を飛び越えて庶民の子どもたちとアリスたちが遊ぶことは考えられなかったのです。大人の世界もまったく同じでした。こうして2つの『アリス』物語は基本的には上流社会の物語なのです。雨の降る日など午後になるとDodgson先生（この段階ではまだLewis Carrollという筆名は出来上がっていません）はアリス3姉妹を初めする少女たちを自分の部屋に招待し、いろいろな話をしてやったり、自作考案のゲームをしたりして楽しませることになります。勿論、本職の数学の論文の執筆も怠りません。メリハリをつけるのがとてもうまかったそうです。

　Dodgsonは基本的には立ったままで長時間、読書したり、研究をしていました。また大変な健脚家で1日の散歩量も半端ではなかったようです。余談ですが、Dodgsonは選挙制度に関して、国政選挙では「中選挙区」が死票が少なく抑えられ、最もいい制度と言明しています。イギリスはDodgsonのこの意見が取り入れられています。その他多くの分野で数学の知識が活かされて、社会に利することになります。

　話を元に戻しますと、7月4日の午後、Christ Church学寮のすぐ近くにあるSaltersという船着き場（今もあります）から川上りをすることになります。Oxfordの町には2つの川、the Isisとthe Cherwellが流れています。アリスたちが川上りをしたのは前者のアイシス川でした。どちらもテムズ川の支流です。ボートに乗ったのは3姉妹のほかに漕ぎ手役を引き受けてくれた、Trinity College所属（論理学担当）のRobinson DuckworthとDodgson先生の5人でした。Duckworth先生は*Wonderland*では'Duck'（アヒル）として登場します。Dodgson先生はあの飛べない鳥、Dodo鳥として登場することになります。作品のなかに現れる鳥、Lory（ヒインコ）とEaglet（子鷲）はそれぞれアリスのお姉さんのLorinaと妹のEdithのことなのです。このことが分かっていないと作品中での会話の意味がよくは分かりません。なお、*Wonderland*にはアリスたち3姉妹が主として登場しますが、長兄のHarryは最初の章で一回だけ'her brother'と言及されるだけです。Dodgson先生は満10歳以下の少女のみを自分の周囲に集めます。これには理由があります。有名なpublic school, Rugby校時代に先輩たちに徹底的にいじめられたいやな思い出から脱却できず、その反動でOxford大学進学後は女の子たちに想いが向くことになります。純粋そのものの世界を求めたのです。かといって、

いわゆるロリコン趣味は全くありませんでした。世間では往々にして誤解されていますが。

　長くなりましたが、作品の英語を正しくするためには必要最低限の背景知識がどうしても必要となります。時代考証も欠かすことはできません。作者の人となりも知る必要があります。このように周囲から外堀を埋めていく重要性を分かって欲しいのです。

　それではこの児童文学の精華と言われる『不思議の国のアリス』の英語の特質を概観することにします。なにしろイギリスの国定国語教科書的存在ですから、その英語がいかに正統派の素晴らしいものであるかが分かります。英語国民即、美しい英語が書けるわけでは決してありません。書かれる英語は話される英語とは次元が異なるのです。書かれる英語は教室で教わらないことにはうまく書けないのです。こうしてイギリスでは小学校高学年になると2つの『アリス』物語が自国の言葉に磨きをかけるために登場することになります。そして次の段階、即ち、中等学校でなお一層の磨きをかけることになります。その中等学校とは主にgrammar school および public school のことです。

　grammar schoolという名称はかつてはラテン語の文法を学んだということの名残です。わが国でいうと公立の進学校に相当します。そしてpublic schoolは良家の子弟が通う有名私立学校のことです。もともと優秀な子どもたちなのですが、もう1回、ここで徹底した言語教育を受けることになります。有名な逸話として第2次世界大戦時の名宰相と謳われたSir Winston Churchillはpublic school在学中に『不思議の国のアリス』を100回超読んだと言われています。この基礎的勉強の繰り返しで美しい演説ができるようになります。数々のジョークの基礎も『アリス』にあると言われています。究極の成果は*The Second World War* (1948 – 53)（『第2次世界大戦回顧録』）に結実し、そしてこれがノーベル文学賞受賞（1953年）につながることになります。この回顧録の英語を読むと、『アリス』の英語が随所に再現されているのが分かります。全編を通じて平明な文体なのにそれでいて優雅なのです。

　Lewis Carroll（ここからは筆名に代わります）は理系科目の先生です。従ってその英語には哲学者たちが書く英語と異なり、無駄がほとんどありません。必要最低限の言葉で言いたいことを言っているのが分かります。もちろん、シャレやジョークもありますが、それでさえも理路整然とした正統派の英語の中に組み入れられているのです。

　*Wonderland*も*Through the Looking-Glass*も基本的には同質の英語ではありますが、後

者のほうはチェスの進行につれて話が進むことになり、少し複雑に入り組んでいます。言語的には前作より高度・精緻になっています。ジャンルとしては児童文学ではありますが、英語の質はとても高度なのです。言語学の知識も必要となります。言葉への飽くことのない興味・関心がなければこの２つの『アリス』物語を真に理解することはできません。わずか数回の読みではとても「読んだ」ことにはなりません。言葉への敏感なセンスが必要となります。やはり基本は深い読書の体験を積み重ねることに尽きます。逆に言いますと、この２つの『アリス』物語を幾度となく読んで自分のものにすると、言葉への鋭いセンスが身に着くことになるのです。最低でも30回は読んで欲しいです。これは筆者の体験がそう言わせているのです。多読と精読を繰り返すことで自然と読んでいる対象の作品の英語が体に染み込んでくるのが分かります。スポーツや芸能の世界と同じく、体に覚え込ませることです。そうすることにより、反射的に体が、脳が反応します。こうして読みの訓練を重ねることによって、会話能力も作文能力も自然に出来上がってきます。会話が苦手という人は話す内容が無いからです。作文の能力に欠けるからなのです。

　こうして読んで、理解して、書けるようになり、そして話せるようになります。『アリス』を読破することにより、英語の4つの技能：reading, writing, listening, speaking が自然と身に着くことにつながってくるのです。街の英会話学校や学校現場での単発的な教材を使っていてはいつまでも経っても本物の会話力は身に着きません。文脈がないからです。言うなれば即効果を狙って人工的に作られた教材は「絵に描いた餅」でしかありません。やはり、しっかりした文脈のある英文学の教材（適当に会話文がちりばめられている）がお薦めです。若い皆さん用には『ハリー・ポッター』シリーズも大いにお薦めします。主人公ハリーとその友だち、たとえばロン、ハーマイオニー、それに彼らをこよなく愛して手助けをしてくれるHagridの間で交わされるやりとりは素敵な日常会話の教科書にも成り得ます。魔法・魔術学校ホグワーツ校の先生方の英語は素敵な大人の英語です。地の文は作者、J.K. Rowlingが渾身の力を発揮して見事な現代英語に仕立て上げています。だから世界的にヒットしたシリーズとなっているのです。ただ単にファンタジーだけで読者を惹きつけているのではありません。このことは2つの『アリス』物語にも当てはまります。筋の面白さもさることながら、その基底となる英語が素晴らしいからです。ほぼ同時代のわが国の漱石の『吾輩は猫である』や『坊ちゃん』にも言えることです。明治期の近代日本語の素晴らしい使い方を漱石は私たち読者に教えてくれているのです。この２つの漱石の作品で近代日本語の知識の修得は十分、と言われています。古典ならば『源氏物語』、『枕草子』、韻文としての『(新) 古今和歌集』や『百人一首』等々、美しい日本語を磨く素材には事欠きません。とにかく「いいもの」に触れることです。先人たちが「いいもの」（＝古典）と認めているものを読破することです。言葉への鋭いセンスが

磨き上げられてゆきます。

　2つの『アリス』物語に現れる個別の英語の現象・事象に触れてゆきますと、数百頁の分量になります（今このエッセー集と同時作業中で、ほぼ同時期に2冊の研究書を刊行予定）ので、ここでは全体像に触れることで止めておきたく思います。

　およそ学校文法（規範文法）で習うことになる英語はすべてこの2つの作品に現れます。5つの文型の正しい使い方、直説法や間説法、すべての仮定法、単数と複数の区別、会話文における'please'の使い方（なんでもかんでもどこでも'please'を使えばいいというものではありません）、助動詞の過去形、should, would, could, might など、どういう文脈で使うと効果的か、なども教えてくれます。動詞の過去形＝過去のことに言及、というのは誤り、ということなども。『アリス』に現れる'that'のすべての用法が分かればどんな英語でも難なく理解できるようになる、とさえ言われます。
　あの超難解な文法、描出話法（自由間接話法）まであります。体現しましょう：

　She (=Alice) looked at the Queen, who seemed to have suddenly wrapped herself up in the wool. Alice rubbed her eyes, and looked again. She couldn't make out what had happened at all.
Was she in a shop? And was that really --- *was it really a sheep that was sitting on the other side of the counter*? Rub as she would, she could make nothing more of it: ….(『鏡の国のアリス』第5章 'Wool and Water')

　斜字体部分が描出話法です。つまり、地の文の形をとってはいますが、実際にはアリスの現在の内なる思いなのです：「私は果たしてお店の中にいるのでしょうか」….「カウンターの向こう側に座っているのは本当に羊なのかしら？」となります。市中に出回っている訳書にはこの正しい訳になっているのは少なく思われます。そのくらい難解な文法なのです。直接話法と間接話法を足して2で割ったような文法です。かなりの深い読みをしないと正しい理解に辿り着くことはできません。この描出話法が『ハリー・ポッター』シリーズの第1巻に早速、しかも随所に見られます。上記の引用文に'make out'（「理解する」）が出てきます。ネイティブは'understand'よりこの句のほうが分かり易いということを教えてくれています。そして、'Rub as she would'は譲歩構文ということがすぐお分かりですか。'Though'を使わないほうが簡潔で力強い表現になっていますね。
　ともあれ、たかが『アリス』、されど『アリス』です。2つの『アリス』物語の英語を完璧に修得しますと、かなり高度の英文の読解も可能となり、ノーベル文学賞に値するような名文だって書けるのです。まさしく近代英語の辿り着いた精華ともいうべ

き、言語芸術の頂点の一つと言っても過言ではないのです。

　このような名作が中学や高校の教育現場で活用されていないのは悲しいことです。オーラルとかコミュニケーションといった分野の授業だけでは思考力がどんどん低下してきます。旧制高等学校では英文学の名作の読破が主流でした。夏目漱石の諸作品を読めばこのことが分かります。いつの時代でも「不易」があるのです。兎に角「いいもの、ほんもの」（'genuine'なもの）に触れることを強く希望します！

二人の文豪（ゲーテとディケンズ）の
イタリア旅行（視点の相違）

　19世紀イギリスの文豪、Charles Dickens (1812-1870)の『アメリカ紀行』(*American Notes*, 1842年)（岩波文庫、上巻 (2005.10)、下巻 (同.10)）の上梓（3人による共訳）に引き続き、その姉妹編とも言える『イタリアのおもかげ』(*Pictures from Italy*, 1846年)（同文庫、2010年）（同3人による共訳）も上梓することになったことを機に、同じくイタリアを舞台にした旅行記を書いた、ほぼ同時代のドイツの文豪、Johann Wolfgang von Goethe (1749-1832)の作品（『イタリア紀行』(*Italianische Reise*、最終的には1829年)との対比に注目して頂きたくこのエッセーを書くことにしました。ディケンズの作品も『イタリア紀行』と銘打ちたかったのですが、ゲーテのそれと同じになり、同一文庫である以上、避けねばなりませんでした。このエッセーを執筆するにあたり、2つの原書の精読に努めました。名作を鑑賞するには精読・熟読に徹し、かつ細部に至るまで入念に語句を舐めるように読んでいくことをお勧めします。速読の愚、ということがいま叫ばれています。

　ゲーテは詩人・劇作家・政治家・自然科学者の顔を持ちますが、ここでは詩人として論じます。ディケンズは新聞記者の経歴を持つ、イギリス小説界の頂点に立つ巨星です。ここではイタリア旅行という共通項からその相違点（類似点もあります）を見てゆきます。ディケンズが子どもの頃、ゲーテは既に功成り名を遂げていることになります。ゲーテのイタリア旅行の期間は1786年9月3日から1788年6月18日までの1年9か月あまり、ディケンズのそれは1844年7月から1845年7月までの約1年間で、その滞在期間には若干の差がありました。この文豪たちのイタリア旅行には異なる動機が存在します。イタリアは昔から高度の文明を産んだ国として、文人・文化人たちの憧れの的で、遠くは『カンタベリー物語』(*The Canterbury Tales*, 1387-1400)の作者で外交官・政治家でもあったチョーサー (Geoffrey Chaucer, 1342-3 ~ 1400)は公務遂行（英仏100年戦争で捕虜になった母国の兵士たちを釈放してもらう交渉）の傍ら、詩聖ダンテやボッカチオやペトラルカの文芸に触れ、その果実を自らの多くの作品に具現化しています。イタリア・フランスに赴いたときは公務が終わると、只管かの地の文芸作品を筆写しました。パリでは『薔薇物語』(*Le Roman de la Rose*)を目を傷めるほど猛烈に筆写し、これを*The Romaunt of the Rose*という第一級の英詩に昇華しています。見事というほかありません。近世の詩人としてはバイロン (George Gordon Byron)やシェリー(Percy Bysshe Shelley)やキーツ(John Keats)のイタリア旅行が有名です。キーツに至ってはその墓がイタリアにあるほどです。このことは『イタリアのおもかげ』に言及がなされています。

ところで、ゲーテのイタリア旅行の動機は3つに集約できます：1) 7歳年長の人妻、シャルロッテ・フォン・シュタイン夫人との叶わぬ恋に破れたから、2) 政務に忙殺され（ワイマール公国の顧問官という政治家でした）、詩が書けなくなったから、そして 3) 政治家としての自分に限界を感じたから。このような理由で遁走するかのようにイタリアへの旅に出ます（既に47歳になっていました）。衝動に駆られたかのように唯一人、執事のフィリップ・ザイデルに行く先を告げたのみで早朝、滞在先のカールスバートを密かに抜け出し、商人ヨハン・フィリップ・メラーという偽名を使って、まっしぐらイタリアの空をさして駅馬車を乗り継いで行きます。イタリアはゲーテにとって幼いときからの憧れでもあったのです。北イタリアの諸都市から南下してローマ、ナポリ、シチリアへと続く旅は好奇心に横溢しています。このイタリア旅行こそ詩人ゲーテを完成し、ドイツ古典主義を（シラー (Johann Christoph Friedrich von Schiller (1759-1805)とともに）確立するきっかけとなるのです。

　ゲーテのイタリアへの憧憬がどれほど強烈なものであったかは「この地には全世界が結びついている。私はこのローマに足を踏み入れた時から第2の誕生が、真の再生が始まるのだ」('an diesen Ort knüpft sich die ganze Geschichte der Welt an, und ich zähle einen zweiten Guburtstag, eine wahre Wiedergeburt, von dem Tage, da ich Rom betrat.') ('ROM' Den 3. Dezember)（1786年12月3日、「ローマ」の描写）という記述からも窺えます。この旅にゲーテはその一生を賭けていたのです。古代ならびにルネサンスの建築・彫刻・絵画に心を惹かれ（ディケンズもまたそうだったのです）、また鉱物・植物・気象の観察にも熱心でした。そうしたなかで自己の使命が詩人であることを改めて自覚し、芸術の祖国イタリアへの別れの文をオヴィディウスの哀歌（ラテン語）を以て締め括ることになります。ある月夜のことです。ゲーテはこの2年弱に及ぶ旅を克明な日記や書簡に残しています。イタリア旅行はゲーテにとって「知の旅」でもあったのです。美しいイタリアの自然の中に一私人としてその身を投じ、偉大な古代美術の鏡に赤裸々な我が身を映して、果たして自分が生来の詩人であるか否かを試そうとしたのであって、決して物見遊山のような旅ではなかったのです。イタリアでこの孤独な旅（ディケンズには旅の仲間が多くいました！）を通してゲーテは芸術家としての自分自身を再発見しているのです。旅を終えてワイマールに帰ってからは専ら学問と芸術の方面のみの仕事を担当することになります。ゲーテはこうして生まれ変わったのです。これが彼の言う「第2の誕生、真の再生」なのです。言うなればゲーテにとっての'renaissance'とも言えます。
　『イタリア紀行』に表れているゲーテの姿には詩人としての面影は極めて少ないのです。古美術研究家そのもので、同時にイタリアの自然の忠実な探究者でもあったのです。ヴェスヴィオ火山を訪れたときの彼の熱意からもこのことが窺えます（ディケン

ズもこの火山の描写には少なからぬ頁を割いています！）。

一方ではイタリアの詩聖たちには殆ど興味・関心を示してはいません。宗教にも関心を示すことは殆どなく、カトリックの荘厳な儀式に対しては僅少の好奇心を寄せるのみです。こうして文学と宗教からは距離を置くのです。殆ど政治に触れないことも注目に値します（自身は政治家であったにも拘わらず！）。ゲーテの生涯の転換期でもあったこの旅の前後は同時にまた、全創作生活に対する決算のときでもあったのです。この『紀行』においてゲーテは少しも自分の新知見や新体験を誇示するようなことはなく、あくまでも率直に、自然に、真に自分の眼で見、胸で感じたことを淡々と語っているのです。ディケンズは彼独特の私見を加えて旅の描写をしています。この『紀行』を詩聖ゲーテの生涯の一大転機をなす体験の記録として眺めるとき、さらにその意味の深遠さが分かるような気がします。原語（ドイツ語）は詩人に相応しく磨き抜かれています。西ゲルマン語派に属するドイツ語のもつ力強さ（素朴さとともに）を感知できます。

しかるにディケンズのイタリア旅行はゲーテのそれより遅れること58年あとになります。滞在期間は1年と短いのですが、訪ねた町や村の数はゲーテのそれを上回ります。ゲーテと重なるところがある一方、重ならないところも少なくありません（『イタリアのおもかげ』の目次のあとの関連地図に訪れたすべての場所を表示しています。筆者もその多くに足を運び実地検分しました）。旅行の動機は所謂、充電期間の性格を持ちます。『アメリカ紀行』執筆のあとも多忙な日々が続いたのでリフレッシュしたいという気持ちが強かったのです。ディケンズは今や押しも押されもせぬ超売れっ子作家で、執筆に加えて自作の作品の朗読会への招待も相次いでいました。ゲーテは詩人としての、ディケンズは小説家としての切り口で旅を記録することになります。ディケンズにとってもイタリアというルネサンスの源流の国への旅は心躍るものであったに違いありません。その描写の仕方は単なる観光案内とは大きく異なり、異彩を放っています。

1844年7月、32歳のディケンズは妻、子どもたち、家政婦たち、そして旅行の世話係のフランス人（作品の中ではthe brave Courierとして登場）らと共に四輪馬車に乗ってイタリアに向けて出発します。ジェノヴァが起点となります。イタリアの主要都市を訪れ、北部方面ではボローニャ、フェッラーラ、次いでヴェネツィアへ赴き、そこから西へと進路を変え、ヴェローナを経てミラノへ、さらにシンプロン峠を越えてスイスまで足を伸ばします。南部方面ではピサ、シエナ、ローマ、ナポリ、ポンペイなどに足を運ぶことになります。同じ場所を訪れても、人によって注目するものも違えば、見方も違います。相当個性的な視点の持ち主だったディケンズの紀行文はその意味でもとても独特なものになっています。事実を淡々と記すようなことはまず

なく、常にいかにもディケンズらしい癖のある観察眼が発揮され、アクの強い描写がふんだんに盛り込まれています。ともするとディケンズの想像力は逞しく、その翼を広げ、細密描写に至り、異様な映像さへ展開し始めることが少なくありません。視点がすこぶる個性的なだけに、文章もやはり物凄く個性的となっています。挿入句たっぷりの、込み入った長文になることもしばしばです。一つの文章が20行にも及ぶことがあります。いかに想像力が凄いかということを表しています。ディケンズの豊かな想像力を端的に示す一つの例として、『荒涼館』(*Bleak House*)の冒頭はいきなり、London. という一語文で始まり、そのあとでこの大都市の雑然とした描写が延々と続き、600頁に及ぶ長編の物語としては極めて特徴的なものとなっています。息を飲むような英語の表現が続きます。『イタリアのおもかげ』の描写も負けてはいません。小学校しか出ていないディケンズにこういうウルトラC級の英語表現が可能なのはただただ驚嘆に値するのみです。ここが天才たる所以でしょうか。

　さて、ピサではかの有名は斜塔を訪れて想像していたよりも小さい、と思ってみたり、ローマでは殺人犯の斬首刑の模様を、ナポリでは富くじに人々が熱狂すているさまを揶揄的に描いています。また、カトリックの総本山とも言えるイタリアにやって来て、そこの教会、聖堂、聖職者、信徒に注目しないではおられない一面も持っています。どうやら教義、宗派性、形骸化した制度を強く感じたようで、カトリック批判の気持ちが随所に滲み出ていてとても印象に残ります（ここはゲーテと大きく異なるところです！）。荘厳な教会の建物と俗物的な聖職者や、そこにたむろする物乞いたちが対照的に描かれ、序章「読者のパスポート」でイタリアについて非難めいたことは極力書かないつもり、と断っておきながら、十分過ぎるくらい批判的な気持ちが伝わるように書いてあります。こういうところもいかにもディケンズらしく、可笑しくなります。この紀行文は章分けがしてあるわけではなく、それぞれの旅先の地名が章分けに相当します。全12「章」から成り、どの「章」もディケンズらしい表現に満ち溢れていて、読者をして片時も立ち止まらせてはくれません。「イタリア幻想」の「章」などは想像力を逞しくして読まないといけないかも知れません。険しい峡谷から命がけで大理石を運び出す、まさしく息を飲む描写の連続で、ディケンズの筆の動き、運びの凄さを垣間見ることになります。是非読破して欲しいものです。願わくは原書まで辿り着いて欲しいです！
（付記：ゲーテのついては相良守峰氏の、ディケンズについては伊藤弘之氏の解説から文言を部分的に利用させて頂きました。謝してお礼申し上げます）
　　　　　　　　　　　　　　（「広島日英協会会報」No.88の記事を改変整理）

辞書制作者は人畜無害の徒労人か？

'lexicographer'とは'a writer or compiler of a dictionary'というのがOEDに見られる定義です。さらにこれに相当する引用文にSamuel Johnson（別名Dr. Johnson）からの有名な定義があります：Lexicographer, a writer of dictionaries; a harmless drudge, that busies himself in tracing the original, and detailing the signification of words。この語の初出は1658年です。

Dr. Johnsonは独力であの『英語大辞典』（*A Dictionary of the English Language*）（1755年）を制作した超人です。従って、当時の知識人たちから見ても物凄い物知りだったので'Dr.'の別名がついたのです。彼の定義は「辞書制作に携わる人は無害の、あくせく働く人」のことを言い、「言葉の源を追跡し、その詳細な意味を記す人」となります。全体としては正鵠を射ていますが、'harmless drudge'が余計かと思われます。さすがに毒舌家でもあった一面を表していますが、一面では正解でもあるのです。学者・研究者で賢い人は辞書制作に積極的に関与することはまずありません。出世の基準は論文の本数と著書出版に遥かに比重が置かれるからです。辞書は大勢の人が加わらないと仕上げることができないのです。一人で大辞典を完成したSamuel Johnsonは例外中の例外的人間なのです。最大の英語辞典であるOxford English Dictionaryは編集主幹から言葉に関する情報を提供する末端の学者や市井人まで含めると膨大な人々が関与します。このOEDが今日の形を見るまでには実に4世代に及ぶ人々が関与してきているのです。初代の編集主幹、Murray、そしてBradley、さらにCraigie、Onions までがそれぞれ生涯をかけてこの大辞典の制作に従事します。20世紀末近くまでこの大辞典の編集主幹を務めていたRobert Burchfieldと筆者は交流がありました。広島大学に来られ、特別講演をされました。広島滞在中は来る日も来る日も「言葉」の話でした。この編集の仕事で精根尽き（歴代の主幹すべてが同じ宿命）、過年他界されました。辞書の仕事で人生が終われば冥利に尽きる、というのが口癖でした。それこそ他者に害を及ぼすことはなく（それどころか多大なる恩恵を与えてくださっているのです）ひたすら「あくせく働く人」（'drudge'）でいらっしゃったのです。こういう歴代の大物編集者たちは浮世の肩書とは無縁なのです。みずから求めることをしません。もっぱら他者のため、後世に生きる人々のために人生を全うされて来ているのです。こういう'harmless drudges'の方々の超人的な努力のおかげで約100万語から成る膨大な数の英単語がまとめられて、私たちはそれを参照して実人生に活かしているのです。世の中のすべての英語の辞典の源流、「親」辞典となっています。すべてはここに「源流」があるのです。歴史的原理に基づき、すべての単語（頭語だけでも約615,000語）について、その綴りの変遷から語義の変遷が記され、各語義ごとに必ず引用例が呈示されています。基本的には50年単位で引用されていて、しかも

最低5つの用例が必要となります。語義は古い順から新しい順に配置されています。語源は可能な限り、古いところまで遡るのを原則とします。サンスクリット語まで遡ります、その語の起源がサンスクリット語ではないか、と類推される場合は。廃語、古語、文語、古語などの標識もあります。

　数百万の引用例がありますが、最も多いのは想像できるようにシェイクスピアの作品からのものです。他の文献からの引用をはるかに凌駕します。ここにもシェイクスピアの偉大さが分かります（別項にも記しておきました）。次に多いのはいわゆる『欽定英訳聖書』(*The Authorized Version of the Bible*, 1611) からの引用です。シェイクスピアの、特に後期の作品の制作年代とこの聖書の制作年代がほぼ同時期、ということに注目して欲しいです。つまり、17世紀初頭という初期近代英語が英語の発達に及ぼした影響がいかに甚大であったかという証左にもなります。聖書の英語の重要性はどんなに力説してもし過ぎることはないのです。自分の崇める宗教がたとえ異教であってもこの英訳聖書だけは読んで欲しいのです。実に平明な英語で書かれています。それは当然のことなのです。すべての人の心が平安になるために書かれているのですから。当時の識字率は今日から見ますと比較にならないほど低かったのです。ラテン語が読め、理解できる人は極めて少なかったのです。どんなに無学な庶民でも読める英語の聖書の必要性が叫ばれるようになり、ときの国王James Iがイギリスの宗教界のトップ、約40名に命じてラテン語から平易な英語に直した聖書を作らせることになったのです。従って「欽定」の名が冠せられているのです。旧約と新約の両方の聖書がありますが、どちらも平易な英語で書かれています。イギリスの教会では大聖堂から小さな村の教会に至るまで必ずといっていいくらい、この聖書が祈りに訪れる信者の数だけは最低、揃えてあります。かつ旅行者を想定して余部もたくさん準備している教会も少なくありません。

　引用文の出典としては古くは古英語詩の*Beowulf*、散文の*Peterborough Chronicle*に始まり、中世になるとさらに作品は増えますので、その対象は広がることになります。当然予想されるように、大詩人Geoffrey Chaucerからのものが他を圧倒します。さらに時代が下って、Thomas Maloryからのものが多くなります。そして16世紀後半から17世紀初頭のシェイクスピアと聖書からの引用が続きます。そしてJohn Miltonからの引用も多く見られます。18世紀になると英文学とくに小説の全盛期に入り、幾多の作家からの引用が頻出します。Jane Austen, Daniel Defoe, Jonathan Swift, Henry Fielding, Thackeray, Thomas Hardy,… 枚挙にいとまがありません。ビクトリア朝に入るとCharles Dickensという巨人が登場します。この大文豪からの引用もこれまた膨大な数に上ります。当然のことながら詩作からの引用も多くなります。Wordsworth, Coleridge, Keats, Byron, Browning, Tennyson など綺羅星のごとく輩出した、想像

力豊かな文人たちの見事な英語からの引用には感嘆の声を上げずにはいられません。このビクトリア朝時代の文人の一人がLewis Carrollです。一人で多くのスペースを占めることになります。あの有名な「鞄語」（'portmanteau words'）と呼ばれる合成語は特別扱いで、「キャロルによる造語」と但し書きが添えてあります。それ以前は言葉をちょん切ることは神への冒瀆とされていましたが、Lewis Carrollが敢えてその「禁」を破ります。この大辞典に採録されるということは「市民権」を獲得したことになります。こうなると堰を切った水のように多くの文人たちが新しくこの鞄語を大量生産していくことになります。今日毎日のように生まれてきています。とくに情報産業や医学・理工系の学問の専門用語にその具体例を見ることができます。このOEDという大辞典はこれで制作が終わりということはないのです。ある版（現在は第3版が準備されています）の作業にひと区切りがついた段階で、すぐに次の版の準備がなされます。なぜならば、言葉も世の中の進歩に合わせてどんどん新語が生まれてくるからです。世界中の言葉が日々刻々と英語に流入してきています。英語という言語はとても鷹揚で、入ってくる外国語を拒むことをしません。これは英語の歴史の最初からの一貫した姿勢です。ここが母語を守ることに熱心なフランス語と大いに異なるところです。

　さて、この大辞典の制作に携わってきた多くの主たる学徒たちとは比べるべくもありませんが、筆者もわが国の大辞典の制作にそれなりに多くの時間を割いてきた一人ではあります。研究社の『新英和大辞典』（第6版）と同社の『英語語源辞典』（「大」の文字は冠せられていませんが、大型の辞典です）、さらには看護学や栄養学関係の大型辞典の編集あるいは執筆に学徒人生のほとんどを費やしてきております。37年に及ぶ現役生活において校務が終わる午後5時以降、いわゆる「アフターファイブ」にこの辞書制作の仕事に取り掛かることになります。週の大半は深夜近くまで研究室で作業をしてきました。従って、帰宅は大抵、午前様となりました。同時に岩波文庫の翻訳（3点6冊）も進めねばならず、神経の磨り減る学徒人生でした（2度に亘る海外研修は除く）。これもまた一つの生き方でしょうか。辞典や翻訳は不特定多数の方々が利用します。そういう意味では多くの方々の知の増殖あるいは涵養につながるのではないでしょうか。

　『新英和大辞典』では特に語源記述とそれぞれの語の初出年を突き止める仕事が主でした。もちろん、語義の決定、例文の確認作業なども当然しなければなりません。この辞典は「日本のオックスフォード辞典」という異名を持ち、90有余年の歴史があります。我が国で最も権威のある英和辞典という評価が定着しています。
　『英語語源辞典』はわが国初の本格的な大型辞典となりました。語源は当然のことながら『新英和大辞典』の語源欄と共通する記述が多いのですが、さらに一歩踏み込ん

だ記述になっております。そして語史に関わる記述も「売り」となっております。そしてこの語源辞典の一大特徴となっているのは、シェイクスピアの作品に現れる語は基本的にすべて採録されているということです。特にそれぞれの語義における例がシェイクスピアに見られる場合は必ず採録することになっております。『新英和大辞典』もそうなのですが、シェイクスピアの作品と聖書からの引用は欠かすことができないのです。もう一つ、意外と思われるかも知れませんが、ルイス・キャロルからの、特に2つの『アリス』物語からの例は採録することになっております。なぜかと言いますと、研究社の英語辞典は『オックスフォード英語大辞典』(OED) をその模範としてきているからです。語源辞典の英語版もありますが、研究社のこの『語源辞典』を上回るものは見当たりません。日本の学界の勝利なのです。すべての英語辞書は母語話者が作り上げるのが最上、というわけではありません。今や世界は同じ基準に照らして優劣の判断を下す時代となってきています。これはあらゆる学問の分野に適用されるようになってきています。「食うか食われるか」の二者択一の時代です。筆者は一人の'harmless drudge'としてこれからも新しい辞典の制作に関わっていくことになります。印欧祖語の解明につながるかも知れないインド・アーリア系言語の辞書製作のプロジェクトチームの一人として参加しております。学問的業績という点では報われること少なしなので最後の最後まで阿呆な人間です。

翻訳裏話

『カンタベリー物語』（岩波文庫）翻訳の下訳に携わって

　翻訳の仕事に従事して翻訳とは縦のものをただ単に横のものにする作業ではないことを痛感しました。ドイツ語から英語に、あるいはイタリア語からフランス語への翻訳は比較的スムーズにいくそうです。同族語関係にあるからです。これが印欧語族の言語から日本語への変換となると大変な作業なのです。完全に異質の言語ですから。

　それも時代が隔たると困難さはさらに増します。ジェフリー・チョーサーの『カンタベリー物語』は1387年から1400年の間に書かれました。「総序の歌」(*The General Prologue*)（858行）が最初に配置され、それに続き、カンタベリー巡礼行で旅の徒然を慰めるために29人の巡礼（実際には31人なのですが）がそれぞれ往路に2つ、復路に2つ、話をすことになります。ということは29の4倍なので116の話になるのですが、実際には24の話で終わっています。数字の上では未完に終わっていますが、詩人（チョーサー）が怠惰であったいうわけでは決してありません。この24の物語でほとんどすべての当時の世の中のことが描かれているのです。実際の巡礼の数にしてもそうですが、文学作品の場合は今日的な厳密な数字の整合性は無視されるべきなのです。

　順序として29人がばらばらに話すのではなく、それなりの中世時代におけるしきたりがありました。最初の話し手は騎士です。世俗の社会で最高のステイタスにあったからです。なお王侯貴族は巡礼には参加しません。治安の問題もありました。
　世俗の巡礼、宗教界に身を置く巡礼、下々の社会で生きる巡礼などがそれぞれのグループの中でそれなりに上から下への順で話します。大切なことはそれぞれのステイタスに相応しい文体でチョーサーは語らせることになります。high style, middle style, low style というふうに見事に言葉の使い分けがなされています。high styleで書かれた代表的なのが「騎士の物語」や「学僧の物語」などで、その英語は中世英語の華と言われます。これとは対照的に「粉屋の話」や「家扶の話」などの話は卑猥な内容が盛り込まれていて、今日なら発禁書になりそうなものです。つまり、いつの時代も「上」と「下」はある、ということです。詩人は当時の人々の生活を正直に鮮明に描いて見せてくれているのです。たとえ中身は卑猥なものであってもその言葉の使い方はまさに磨きに磨かれた言語芸術の結晶とも言えるのです。

　この24の話の中に散文が2つ含まれています。「メリベウスの話」と「教区司祭の話」ですが、特に後者はこの全体の物語を締めくくるに相応しい、まことに真面目な、散文としても高雅で力強い文体になっています。息詰まるような迫力さえ感じます。カンタベリー大聖堂に到着する直前の話としてこれ以上の内容はありません。

チョーサーはちゃんと意図的に話し手の順序を頭に描いているのです。

　この中世の一大絵巻物語の元になっているのはイタリアの大詩人、ボッカチオの『十日物語（デカメロン）』(*Decameron*) です。最初から一つの枠組みを設定しておいて、その制約内で話し手と話の数をあらかじめ決めておくのです。天が下新しきものなし、と言いますが、この大詩人にしても偉大な先人たちの作品をモデルにしているのです。あのシェイクスピアでも然りなのです。シェイクスピアの『トロイラスとクレシダ』はチョーサーの『トロイルスとクリセイデ』がその元になっているのです。有名な『ハムレット』にしても『ロミオとジュリエット』にしてもそれぞれ原典が存在するのです。こういう大元を無視して翻訳を進めることはできません。

　この翻訳はあくまでも桝井廸夫博士という世界的なチョーサー学者によるもの、ということをまず言わねばなりません。筆者はその下働きをしたに過ぎません。今を去る40有余年前、まだ便利な機械もありません。これといった研究書も少なかった時代です。ひたすら「手仕事」に頼るしかありませんでした。信頼に足る僅かの研究書を読破し、13巻から成る大冊『オックスフォード英語大辞典』(OED)（今日出回っているのは20巻から成る第2版）を毎日引きまくり、手指の腱鞘炎を患いました。何しろ1冊が大変重く、肩こりは持病となりました。散文を含めますと総18,000余行です。極端に言いますと、どの行にも難解な語（句）があります。一語一語の語義カードに書き写す作業からスタートします。全部で1万枚超のカードが出来上がりました。これで一通りの試訳はできます。今度はそれぞれの話の文体に意を注がなければなりません。日本語力が問われます。さらにギリシャ・ローマ神話なども随所に現れます。ラテン語も現れます。キリスト教の知識も必要となります。異教の話も出てきますので、マホメットの教えも必要となります。当時の政治・経済情勢、庶民の生活なども含めますと気が遠くなるような周辺の知識が要求されます。チョーサーその人の一生も熟知しなければなりません。こうして試訳に入るまでに少なからざる日々を要しました。

　ご存じのように岩波文庫は日本の知を形成してきました。他の文庫と異なり、格式（敷居）が高く、書店は売れ残りを返品できない仕組みになっています。訳者には「完全」を厳しく求められます。誤訳は許されないのです。いかなる言い訳も通用しません。

　基礎作業を終えて、さあ、試訳に入ります！『カンタベリー物語』は口誦による物語です。チョーサーが宮廷の女官たちに語って聞かせる、ということが大前提になっています。詩人自身の手になる原稿（写本）はありません。あくまでも写字生

（scribe）が詩人の語る物語を速記で筆記していったのです。今日、80予種の写本が残っています。つまり、出どころ（詩人の言葉）は同じでもそれを筆記する写字生によって微妙に異なってくるということです。写字生のふるさとは北国もあれば、ロンドンもあれば、北東部もあれば、南西部もあります。みんな自分の故郷の言葉に直して書き留めたということになります。こうして当時の方言事情が分かります。このような数ある手書きの写本の中の2つはほとんどチョーサーの発話通りではないか、というのがあり、その中の1つ、エルズミア写本（Ellesmere Manuscript）を使って試訳を試みました。装丁の美しさは見事です。手書きでこんなに美しく書けるものかと感心します。まさしく写字生はプロなのですね。写本というのは句読点はありません。言うなればどこまでも1つの文章なのです。従って、内容の理解力が試されることになります。シェイクスピアの劇作品にしても然りです。写字生のくせのある文字に慣れるまで一苦労です。今日の26のアルファベット通りに記されているのではありません。独特の装飾文字です。省略文字も含まれています。速記で記していくわけですから完全な綴りではない文字も少なくありません。一行一行を解読しながらの作業となりました。それこそ気が遠くなる、しかし今となっては楽しい作業だったと懐かしく思うことたびたびです。

　1970年4月1日にこの「一大事業」に着手します。筆者の広島大学助手1年目です。訳者は当時広島大学文学部長（最後は学長補佐）。大学紛争の余波がまだ燻っていたときで管理職の先生方の仕事量は半端ではありませんでした。1日の公務が終わったあとに試訳に取り掛かりました。翻訳は公務とは無関係ですので勤務中にはできません。午後6時あるいは7時くらいからスタートします。1日に進む量は10数行からせいぜい30行から50行くらいです。その日の試訳のために基礎作業でメモしたカードを訳者が確認され、筆者が音読を試みます。その話を語る巡礼になりきって。そしておもむろに訳者がゆっくりと語りの口調で訳出を始められることになります。なにしろ速記なので、記憶に鮮明なその日のうちに復習をしなければなりません。試訳を終えるのは大抵午後10時ごろでした。帰宅後字句の添削をします。それを妻が清書します。その清書文を訳者に翌日手渡しします。すると訳者は家に帰ってから推敲をされるわけです。推敲につぐ推敲の連続です。

　このような作業が5年続きました。夏休みも年末年始も無関係です。何かを成し遂げるためには何かを犠牲にしなければなりません。1日に数時間かけて僅か数行しか進まないこともありました。英語そのものの問題というより、解釈の問題です。それはちょうど、シェイクスピアの名作『ハムレット』の大変有名な第4独白の飛び出しの言葉：To be or not to be; that is the question. の前半部分の訳出の難解さとオーバーラップするような個所です。言語の高い壁が立ちはだかり、とても日本語に成り難い

のです。誓言が随所に出てきますが、「キリストの血（骨・腕）にかけて」云々が頻出します。直訳しますと、仏教国国民には分かり辛い個所が多々あります。「ああ・おお・うーん」云々と適宜、切り抜けざるを得なくなります。むしろこれらはまだ序の口かも知れません。背後にある文化の差が多き過ぎるのです。

　毎日の試訳が終わったあとの訳者の満ち足りたお顔を今でも思い出します。学者冥利に尽きるという感想をよく漏らされました。本当に学問を愛しておられるのだな、と胸が熱くなりました。私生活のかなりの部分を犠牲にされていることになります。この先生の夕食はこうして夜中の午前零時が普通でした。家族も大変だったです。

　24の物語すべてが（極端な言い方をしますと）音調が少しずつ異なりますので、その音調の統一にまた気を遣わねばなりません。地の文と会話文の訳し分けもあります。北部方言もあれば南部方言も混在します。ついでに言いますと、14世紀には既にロンドンの英語がイギリスの標準語となっていました。チョーサーは生粋のロンドンっ子です。物語全体はこのロンドン英語で書かれていることになります。

　そして、何よりも気を遣わなくてはならないのはこの物語が脚韻詩の構造をなしているということです。古英語は頭韻詩で語の頭の音を合わせるのを主としますが、脚韻詩は語末の音を大事にしなければなりません。言語の質あるいは壁がありますので、即、邦訳でも脚韻を合わせるというわけにはいきません。それでも可能なかぎり、合わせる努力はしました。ただし、2つの散文はこの限りではありません。それでもそれぞれの話の質に合った訳に仕立ててあります。

　実を言いますと、最後に訳出したのは全体の物語の最初に置かれている「総序の歌」なのです。チョーサーがもっとも力を入れたのはこの総858行なのです。小説の場合は特にそうなのですが、読者は最初の部分を読んでそのあとを読んでみようかな、あるいは読むまい、と思ってしまうものです。その辺をチョーサーも心得ていました。

　さらに極言しますと、冒頭の18行の試訳に最大限の時間を費やしました。古典英文学最高峰に位置する美しい名文だからです。音読すれば一目瞭然です。近代英語の萌芽が見られますので、たとえば10回も音読しますと、大体の意味は分かります。北国の人々が春を迎える喜びが分かるはずです。

　自然界の輪廻は洋の古今東西を問わず同じということが分かります。春の息吹を感ずると草木や鳥たちだけでなく、人間もまた心浮き浮きとして生の喜びを感ずるのです。人の活動は昔も今も変わることはないことが分かります。北国イギリスではこのように春の到来とともに英国国教会の聖地、カンタベリー（大聖堂）へと旅立っていくのです。第一義的には篤い宗教心からなのですが、実はもう一つ目的がありまし

た。それは物見遊山だったのです。違和感を持たれる読者もおられるかも知れませんが、少しも不埒なことではないのです。少なくとも中世においてはとくに「下々の」庶民にとって日常はただ生きていくだけでも大変な仕事だったのです。春の巡礼行だけが唯一の楽しみごとだったのです。時代も国も変わりますが、わが国の四国の八十八か所めぐりと似た部分がありましょう。各地のお寺の周辺での宿泊所で美味しいものを食べたり、土産物を買ったりと楽しい要素が少なくありません。カンタベリー巡礼の旅はロンドンからかの聖地までは当時は騎馬詣ででした。往路も復路も3泊4日でした。それぞれの宿場町の旅館に泊まり、仲間たちとその地のご馳走を食べたり、美酒を飲んで、歌を歌い、楽しい一夜を過ごしたことが歴史資料からも分かっています。巡礼たちにとってはしばしの命の洗濯になったのです。そして最後はこの大聖堂で心からの祈りを捧げることになります。あくまでも敬虔な気持で巡礼行に加わるのが鉄則でした。'with devout corage'(= 'with devout heart'「敬虔な心で」)とチョーサーは言っています。

訳者も筆者もカンタベリー巡礼を経験しました。と言ってもローカル列車を使ってでしたが。かつての巡礼たちが泊まった町は今でもあります。日本と同じく市町村合併でその場所を確認するのが難しい所もありました。何しろ600年以上も昔のことですから、当時の名前の宿はありません。その代わり、銘板が残っております。なお、この巡礼行の出発点となったロンドンのサザックには「ここがチョーサーのカンタベリー巡礼行の出発点」という記念碑があります。あのシェイクスピア劇場「グローブ座」の近くです。私たちは（予約を取り）この大聖堂でも最も聖なる場所に膝まずく許可をいただきました。あの大聖人、トマス・ア・ベケットが眠っている聖壇のある場所です。今でも殺害されたときの血のりが残っている、ということになっています。

恩師のこの大きな仕事、『カンタベリー物語』（岩波文庫、上・中・下の3巻）は英文学の古典としては金字塔的なステイタスにありすでに第20刷りまで売れ行きを伸ばしています。読書離れが進む今の時代にあってとても有難いことです。

なお、筆者にはあと2人の学徒との共訳があり、ともに岩波文庫に収められています。それはチャールズ・ディケンズの『アメリカ紀行』（*American Notes*）（上・下の2巻）と『イタリアのおもかげ』（*Pictures from Italy*）です（既述）。ディケンズが旅して足を運んだほとんどすべての地を跡付ける体験をしました。その場所は文庫本のなかに地図に示されています。作家の追体験をすることによって訳業もより真実味が増してくるような気がします。単なる観光旅行と異なり、充実感は計り知れないものがあります。共訳はそれぞれの訳者の持ち寄った日本語が微妙に異なりますので、その統一に一苦労します。それぞれが自分の試訳にこだわりたいからです。最後はうまく軟

着陸となりますが。そこまでに至る過程の、甲論乙駁、口角泡を吹かす議論がまた楽しいのです。

　こうして翻訳の仕事は苦しくも楽しい作業で、いったん始めるとこれでおしまいというわけにはいきません。単発の訳本も数点上梓してきています。

　そしておそらくは最後に（？）なるであろう、大作の訳の緒に就いたところです。岩波文庫に収められるのが夢です。あくまでも厳しい審査に合格しなければなりせん。18世紀初頭に書かれた小説で、英国小説の源流と言われるもので、難解を極めます。18世紀初頭のイギリスの社会事情などの周辺をいま固めているところです。ロンドンの歴史地図を丹念に見ながらの作業が続いています。300年前のロンドン市民の生活が見えてきます。ロンドンの「八百八町」を検分する必要があります。

　こうして古典言語の研究（最終的には辞典に収斂）と古典の翻訳という、二足の草鞋を履いて学徒人生の最後を全うするつもりです。

第Ⅲ部　教育学から見えた世界

二見剛史

Part III

The World Viewed from Pedagogy :

· The World Education Fellowship and I	123
· The Record of Participation in WEF	130
· Participating in Dutch Convention of WEF	146
· Moved by a Closer Connection with a University and Its Vicinity (Belgium)	150
· The Record of a Visit to Boston School of Showa Women's University	153
· The Spiritual Climate Developing a University: Elmira	157
· The 10-day Journey in Africa	158
· Thinking of WEF on Borneo Island	163
· Wisdom Gained in the Eurasia Continent	167
· Things Linking the World	170
· A Titbit Concerning the Exchange between Japan and China	171
· My Thoughts on an Eternal Peace	175
· An International Education in the Society of a Lifelong Study	177

The World Education Fellowshipと私

はじめに

　2003年、世界新教育学会の国内版を小生の在職校・志學館大学「コスモスホール」で開催させていたゞいた。霧島連山や桜島が見える約五万坪のキャンパスに千名の学生、人間関係学部と法学部から成る四年制大学、就職して四半世紀になる頃だが、WEF国際教育フォーラムin鹿児島の大会実行委員長を勤めさせていたゞいたことは生涯の良き思い出である。

　「21世紀の生涯学習（Lifelong Learning for the 21st Century）」が大会テーマであった。学びを続けながら調和のとれた人間になり、皆の力で素晴らしい環境を創ること、WEFの精神はそのまゝ生涯学習の哲学といえる。真善美聖健富が咲きかおるコスモスの花弁にこれをなぞらえてみたい。シニアは人生の折り返し点、しばし懐古の情に浸ってみる。

1. 労作教育の原体験

　世界に羽搏く人生を築きたい、それが私の夢であった。鹿児島市薬師町に生まれ、鹿児島幼稚園に1年と2ヶ月通ったところで大空襲、都会を引揚げて父祖の村に入った。父が師範学校時代小原國芳先生と同級生だったことから、幼い頃より玉川学園への憧れを抱いていた私だが、農村での原体験は労作教育そのものであった。当時の農家は米つくりから竹細工まで、自給自足の生活をしていた。七草に始まり花見、早上（さなぼり）、七夕、十五夜、豊祭（ほぜ）……小さな集落ながら伝承行事があり、学校文化を支えながら、地についた教育環境を整えていた。J.Deweyの言う"Learning by Doing"の実践を体得できる雰囲気であったといえよう。

　溝辺小学校5年生のとき、担任の法元憲一先生（後の日展評議員）から『学級新聞』の編集を一任された。年間33号（ほゞ毎週）のガリバン刷りの手形は今も書庫に保存されている。

　小中学校までは片道6粁、雨の日も風の日も雪の日も、往復3里の山越えをする中で、体力・気力を身につけたことが、その後高校、大学さらに、大学院へ進学してゆく際の原動力になったといえる。中学でも高校でも生徒会長に推され、多彩な活動舞台に参加できた体験が、その後、実社会での生活面に連動した源泉であるかもしれぬ。私は決して受験社会の優等生ではなかったようだ。

2. Ich und Du（我と汝）をめざして

　イチローが大リーグで活躍している。私にも「一浪」時代があった。勉強不足で志望校に入れず、悩んでいた時、これは天の声というべきだろうか、母校の加治木高校に九州大学の平塚益徳教授が来られて講演されたらしい。その時のお話に学校長の久

保平一郎先生が感銘され、わざわざ溝辺の自宅まで両親を訪ねて下さった。「二見君があこがれている小原國芳先生のことを良く理解されておられる方が見つかりました。九州大学に進学させたらどうですか。」昭和34年春の話である。平塚益徳先生の演題は「欧米人のモラル……特にイギリス人の道徳」だったと母校の百年誌『龍門』201頁に刻まれている。

　久保校長の勧めがなければ平塚先生との出会いは叶わなかったかも知れぬ。田舎出の一青年は昭和30年代を福岡で過ごすことになる。肥薩線経由で鹿児島と福岡を結ぶ学生時代が約10年続いた。その間に、専攻である教育史ゼミ生として、平塚益徳・石井次郎・井上義巳の3先生に師事しながら、卒論を書き、大学院に進学して研究生活に入っていった。

　昭和41年4月8日、父が急逝、77歳であった。当時、私は福岡市天神でビルの夜警備という泊り込みのアルバイトに精出しながら、大学院博士課程に在籍し、日本教育史研究を進めていた。パリのユネスコ本都に勤務しておられたこともある平塚先生は「空飛ぶ教授」よろしく、東京と九州を行ったり来たり、大学院在学中は集中講義に来て下さっていた。

　WEF精神の素地を形成する意味では、石井・井上両先生を中心に企画された「史哲研究会」の事務局的役割を与えられていたことが有効に作動したようだ。J.デューイも、ブーバーも学ばせてもらった。石井ゼミで"Ich und Du"の原書を輪読したことが思い出される。その一方では九州藩校史や吉田松陰・横井小楠・福沢諭吉・西郷隆盛・森有礼、さらに加藤弘之に至る近代教育史の草分け的人物の研究にも余念なき学生であった。

3. アカデミックな雰囲気

　国立教育研究所で『日本近代教育百年史』の編さんをはじめるので、九大からも呼びたいという平塚先生のご配慮により、昭和42年春、私は上京の機会を与えられた。その前年、就職（九大助手）・結婚と新しい生活に入っていた矢先のことだったが、一も二もなくそのチャンスを生かす決心をした。平塚先生の膝下で研究生活が続けられる。小原國芳先生の近くに住むこともできる。あこがれの東京生活、夢ふくらむ青春の日々を予想した。

　今、ふりかえってみると、国立教育研究所での新しい生活は、仕事内容としての百年史編さんを中心としながら、さまざまなタイプの方々と出会う日々であったと思う。WEFへの指南役は中森善治氏や天野正治氏だったようだ。お二方を介して輪が広がった。

　本務である『日本近代教育百年史』（全10巻）の編さん事業では「学校教育編・・・・高等教育」と「産業教育編・・・・運輸通信教育」の執筆者兼幹事という役割を担当した。

国立教育研究所は文部省の外局的存在と思われがちであるが、昭和40年代（1965〜1975）は、平塚所長の信念というべきアカデミックな雰囲気が充満していたと確信する。百年史をリードされた研究者の多くは東京大学出身であり、史料探索・実証において力量を示され、制度史としても、内容・方法への言及が的確であった。

4. WEF入会当時のこと

二兎を追う者一兎を得ずの譬話もあるが、本務である百年史執筆とWEF（世界教育日本協会）の活動に加えて、同郷会や同期会結成の準備など、多彩な生活に忙しかったため、今、ふりかえってみると、集中度に欠け、高さや深さの足らぬまま30代を過ごしてしまったと反省する。理想としては今頃、世界の教育界で縦横無尽な活躍ができたかも知れなかったのに、すばらしい方々に接しながら自信を持つことがなかなかできなかった。しかし小さな人生航路で、夢のいくつかは実現できたようにも思える。恥かしながら、WEF精神の内実として自己表現ができたことなどを書き出してみよう。青春二度と来たらずといわれるが、生涯学習社会を生きるシニアの意気込みを示すことも亦、WEFの仲間たちに対する友情というべきだろうか。謙虚に過去をふりかえる、それが人の道なのかもしれない。

WEF入会の日がいつだったか。日記を読み返すゆとりはないが、中森先生との出会いまで遡ることになりそうである。先に、先生の回想録を拝読したが、新教育の原点は「子供らを生かそう」というエレン・ケイの命題であるという件りに心ひかれる。

世界教育日本協会の機関誌『教育新時代』が創刊された昭和42年12月頃、私は横浜に居り、東横線で目黒の国立教育研究所まで通勤していた。昭和49年9月の第82号まで270数名が執筆されたそうだが、若輩の私も小論を掲載させてもらった。

○ 世界平和の使者を育てよう
○ ふるさとの夏の思い出
○ 新しい酒は新しい皮袋に
○ 古今東西世界第一を希求する教育
○ 仲間づくり
○ アジアへの理解

といった標題で執筆しているが、「アジアへの理解」（No。82）は初の海外研修・1974〜'75インド大会を目前にしての論考である。

1973（昭和48）年の世界新教育会議がWEFの歴史に灯を点じたことの意義をわれわれは忘れてならないと思う。「無から有を創り出す」という体験を直接間接にさせていただいたことを今静かに振り返っている。「新時代をひらく教育・教師は何をなし得るか、激動する社会と教師の役割」という主題の下、小原國芳先生の一世一代の大事業に、私は運営委員の末席を汚すことになった。展示部門の委員兼幹事を引受け、専門である教育史の力量を発揮する役割が与えられたが、正直な話、本業である国立教

育研究所編『日本近代教育百年史』の執筆作業で多忙な日々にあり、期待された内容を盛り込むことも不充分なまま東京大会に臨んだ。国際大会運営のノウハウを中森先生や土山牧民先生らの御活躍を見させていただく中で身に沁みて学ぶことができた。

　何回目かの運営会議で、私は「東京大会」と呼称することを提案したら、小原会長が「それはいい考え方だね」といわれたことを思い出す。東京大会の内容と成果は、翌49年秋『世界新教育会議報告書』として集約されたが、中森事務局長から「参加者の感想文」など国内外からの反響を分析する仕事を与えられ、報告書の中に収めていただいた。インド大会でイギリスから来たWEFの友人に報告書の感想を求めたら、"Marvelous"という答が返ってきた。「驚くべきこと」という賛辞だろう。

　小原先生を介してご縁を得たWEFの仲間づくりは、私の東京時代における宝である。二兎を追う苦しい研究生活の中で、「師道」の原点を体感できたことになるが、研究生活の中での実践は如何にあるべきか、自問自答させられる。国立教育研究所の重厚なアカデミズムと新教育運動における国際交流の雰囲気、その両者を融合させる原理はないものだろうか。WEFの精神とは、研究と教育を統合する実践的理論の構築ではないのか。WEF入会を契機に不思議な世界に突入したような気がした。Marvelousとはそんな奇怪な思いも含んだ表現なのではないかと思う。

5. 子どもらを生かす環境づくり

　教育学に限らず、研究者とか専門家とか呼ばれている人たちの仲間づくりはなかなか難しい。新教育運動の歴史を繙いてみても、理論と実践の両面を融かしこんだ清々しい世界の構築は容易でないことがわかる。WEFとはWorld Education Fellowshipの略称だが、そのFellowshipに込められた意味を、私たちは深く考察しなくてはならない。

　国立教育研究所主催のペスタロッチ・アーベントに小原國芳先生がおいでになられたことがある。その時「研究所からは子どもの声が聞こえてきませんね」と洩らされた一言を今でも覚えている。教育の世界に子どもの姿が見えないという指摘、寸鉄人を刺すとはこのことか。小学校長の父に育てられ教育界に入るための研究を始めた私にとって、小原先生の一言は心に響いた。

　百年史編集事業が終了し、日本大学に移ってまもない或る日、子どもが通う小学校からPTA会長の要請を受けた。関東在住の恩師・松元久子先生に相談してみたら、教育学研究を進める上で貴重な経験になると言われた。創立10年ながら児童数2千名、運動会での出番は1人1～2回程度、組合運動に熱心な教職員・保護者が可成りおられることを会長就任後知るわけだが、教育現場から学びたい一心で、ともかくも会長職を引受けた。下の子は1年10組だった。そこで、地主の方に土地を貸してもらい、「10くみひろば」をつくり、さつま芋を植え、秋には収穫祭、親子が一緒になり、担任の先生を囲んで、クラスのまとまりができた。この体験を通して、私たちは、家庭・学

校・地域の連携が如何に大事であるかをしっかり学びとったのである。（因みに、松元先生は溝辺小での恩師、東京に出て小学校長になられ、退職後の今も健在）

「PTA活動から先生がぬけだしたらPAになりますよ。」と誰かが教えてくれた。後日談だが、Uターン後、父の遺品の中に昭和24年発行のPTA手引書があり、当時は国際親善の意図もあって、PTAは「学校・家庭・地域・世界を結ぶ美しい橋」と表現されている。半世紀前から「グローカル」な発想で教育現場の民主化・活性化を図っておられたのかと感嘆した。WEF精神をPTA活動の中からも学びとった私である。

皇晃之先生・片山清一先生を正副団長とするインド大会から学んだことは大きい。『地球村ボンベイ』の編集は、西脇英逸先生・山口敬正先生と私3人に一任された。会場名にちなんで「BKKの集い」を結成している。その後、小学校現場代表で参加された山口先生と私は、岩田朝一先生のもとでWEFの事務局員として働いた。岩田先生は国際会議をリードしながら母校の小学校史をまとめる程の方であり、理論と実践、小原先生流の「反対の合一」を地でゆく名教育家であった。中森＝岩田ラインで地固めしながら、日本WEFを軌道に乗せて下さった功績は実に大きい。私が東京を離れる時は心のこもった送別の宴を催してくださった。

帰郷後、私は加治木高等学校でPTA会長を4年務めた。受験校だけに「学力向上」を大目標に掲げている母校だが、教師集団との交流にも心がけ、同期会・同窓会の運営にも連動してゆける。毎年、OBとして入学式・卒業式には後輩たちと校歌を唱っている。小学校現場のような動きは少ないが、高校教育で大切なものは何かを考えるためのヒントをこうした体験の中から学びとることができた。WEF精神の原点を母校PTAの中から探すとすればこんなキーワードになろう。"All for One, One for All"

6. 地球村の探訪記録

私は、自らを二流研究者と称している。世にいう大学教授に具備されるべき能力は未完成のまま現場に立っているように思う。それ故に、海外研修にも力を尽くしてきた。グローカルに生きぬく知恵を身につけられたら本望だ。WEFの仲間と世界を舞台に行動を共にした四半世紀の足跡を刻んでみよう。

　　　○1974〜'75　インド　　　　　　　　　『地球村ボンベイ』（発行）
　　　○1977　　　オーストラリア　　　　　　『南十字星の村々』
　　　○1982　　　韓国（ソウル）　　　　　　比較教育学会の仲間に同行
　　　○1984　　　オランダ（ユトレヒト）　　『風車のある村々』
　　　○1992　　　アメリカ（ハートフォード）　会報・新聞等に記載
　　　○1994　　　日本（埼玉県）　　　　　　大会報告書あり
　　　○1996　　　東マレーシア　　　　　　　『賛斗梵への道』
　　　○2001　　　南アフリカ　　　　　　　　『甦れアフリカの大地』

上記の出版物は国際大会終了後同行の仲間たちと編集したものである。総称して

「地球村シリーズ」という。私が参加できなかった大会の記録も何冊かある。岩田朝一先生に同行したのはアメリカ大会までだが、後に、先生の著書『WEFとの出会い』を見ると、記憶がよみがえる。日本支部も国際社会の中で貴重なる一頁を占めてきたと自負している。海外研修の中で広く深いWEFの仲間づくりが重ねられたことに心から感謝したい。

7. WEF精神はグローカル

世界新教育学会の機関誌『教育新世界』は昭和50（1975）年11月に創刊されており、すでに60号を閲している。これまで、私は7編の小論を掲載させてもらった。すなわち、

① 大学からの提言
② 小原國芳先生と父
③ 日中交流余話
④ 二十一世紀への贈物　（環境教育）
⑤ ボストン・昭和女子大学訪問記
⑥ 面から球へ
⑦ 21世紀の生涯学習

がそれである。

「世界は一つ・教育は一つ」One and only education for only one world をスローガンに掲げて前進してきた本会であるが、俗にいう「グローカル」の内実は何か、WEF会員のあるべき姿を描きながら私たちは生きてきた。WEF・Japan Sectionの拠りどころに寄せる思いは大きい。それだけに、WEF会員としての共通項が大切だと思わずにはおられない。

地球村という概念が今後大事にされなければならないと思う。私の海外研修体験から学びとったWEF精神はこの「地球村」であった。時代を超え、国境を越えて広がる世界市民の居場所「地球村」、そこにはグローカルの世界を想定してもよさそうだ。国際性と地域文化を組合せて、より良い教育環境を創出してゆく共同作業、それがWEFの仲間づくりであり、学習なのかも知れぬ。

私は、「地球村」的発想の基本にある精神を一般社会から学びとる仕事こそがWEFの使命だと思っている。在職中、志學館大学生涯学習センター長と鹿児島県文化協会長という足場を与えられて、大学と一般社会を連携する方法や内容を探した。

2004年9月18日、世界新教育学会と改称して初めての国内大会が玉川大学教育学部校舎で開催された。その折りに私は日本WEF賞を奥田眞丈会長から手渡された。会長が示された「発想の転換と基調の変革」を求めて、今こそWEF精神を発揮せねばならないことを再確認した有難い受賞であった。

おわりに

　WEFにご縁をいただいて半世紀、早くもシニアという人生の折り返し点に立っている私である。世界平和に寄与する人材を育成する過程で、社会の隅々まで"生きる力"が充満するような教育環境を創出するために、私たちは自己研修を重ね、共に励まし、喜び合う語らいの場を求めているのではないだろうか。

　ユネスコゆかりのパリに、先日地域（鹿児島県）の人たちと行ってきた。恩師平塚益徳先生が滞在されたパリ、エッフェル塔の近くにユネスコの建物も見えていた。WEF発祥の地ヨーロッパの風景を心に刻み、地球の裏側にあたる日本に帰って思うことは「面から球へ」From the Faces to a Sphere の持論を、自分なりに本気で実践したいという願望である。「道は近きにあり」とは孟子の教え、先ずは仲間づくりに一層励むことだと自覚している。

（世界新教育学会理事・志學館大学名誉教授）

WEFオーストラリア大会に参加して

1　はじめに──準備過程

　世界教育連盟（The World Education Fellowship）主催の国際会議は一年半ないし二年に一回の割合で開かれている。最近では一九七三年八月に東京、七四年十二月から翌年一月にかけてボンベイ、そして今回七六年八月にはシドニーが会場であった。東半球に位置している日本・インド・オーストラリアで連続開催されたことは、従来のヨーロッパ中心型のWEF活動が全地球的に拡大したことを意味する。私は、東京大会以来この活動に参加し、今回は日本支部の事務局メンバーの一人としてその準備に加わってきた。

　後述するように、東京大会の開催によって日本人会員の国際的意識が急速に高まったことは、前回のインド大会への参加状況に表現されている。すなわち、全国から22名の参加をみたが、帰国後、インドでの強烈な刺戟と感銘を原動力として「BKKの集い」が結成され、全員執筆による記念文集兼報告書『地球村ボンベイ』（A5判・96頁、一九七五年三月刊）を作成、その後、月報「WEF・BKK」を発行したのである。今回のオーストラリア大会参加者募集の結果は、47名中14名までがインド大会参加者の連続申込みである。一九七六年三月に「ボンベイからシドニーをつなぐ会」という名称で結団式が開かれたが、その後、BKKの月報は拡大メンバーを対象に続刊され、出発の八月までに十六号を数えた。その編集兼発行人は、東久留米市立本町小学校教諭の山口敬正氏（日本大学法学部卒業生）であった。なお、BKKとはインド大会の会場 Birla Kreeda Kendra に由来する。

　WEF日本支部の正式名称は「世界教育日本協会」であり、1976年現在会長皇晃之氏（玉川大学教授・文学部長）、事務局長岩田朝一氏（共立女子大学教授）のもとに運営されている。会員約八百名の大半が現揚の先生方であり、加入者はほとんど全国に亘っている。

　さて、参加予定者のためのセミナーは三回開かれた。第一回（三月二十一日）は前記結団式で大会の説明に加えて、追手門学院大学オーストラリア研究所教授山口三郎氏から「オーストラリアの教育制度について」と題する講演と、オーストラリア大使館提供の映画「島大陸」が上映された。第二回セミナー（五月二十二日）は渡航説明に加えて、オーストラリア大使館の参事官J・グラハム氏の講演「オーストラリアの教育（Education in Australia）」と、広島大学の河村正彦氏（前九州大学助手でメルボルン市郊外のモナシュ大学に二年間留学）のスライド使用による講演、そして、片山清一氏（目白女子短大教授）の講演が行われた。第三回セミナー（七月二十三日と二十六日）は京都と東京に会場を分けて開催し最終説明が行われたが、東京会揚では前回に引続いて片山清一氏の講演「世界理解への教育」の草案発表が入念に行われ、また、大会の期間中実施される国際文化交流の集い（インターナショナル・ラーニン

グ・イクスチェンジ）に関する説明（玉川大学教授沼野一男氏）と、歌唱練習（指揮・玉川大学助手石橋哲成氏）で雰囲気を盛り上げた。

なお、第二回セミナーの前日、特別講演として河村正彦氏を日本大学に招待し、「オーストラリアの高等教育と社会その歴史的特質と高等教育改革の動向」について話を承ったことを付記しておく。

参加人員は最終段階で47名となり、現地参加者を加えて日本代表団は丁度50名となった。

2　大会の日程と内容

会期が八月二十四日から三十日までの一週間となっていたので、観光旅行を前半に組んだ。旅行先はニュージーランド北島とメルボルン、キャンベラである。大会開催のスポンサー・カンタス航空の要望もあり、参加者を二組に分け、日本航空とカンタス航空をそれぞれ利用することになった。日本航空グループは皇晃之団長以下24名、カンタス航空グループは西脇英逸副団長以下23名である。カンタス・グループは家族同伴者・女性全員から成り、日程にもやゝゆとりをおいて旅の安全を期した。観光旅行についての印象は後節にゆずり、まず、会期中の諸問題から列記してみよう。

(1) 学校視察

七日間の会期のうち前半の三日間は学校や施設の見学が計画されており、約30ヶ所の見学コースから最低三ヶ所を選んで見学することとなった。それらの実態を観察した上で後半四日間の会議に臨んだわけだが、午前は全体会、午后は分科会、夜は国際親善の諸行事が行われ、かなりきびしい日程であった。宿舎は，休暇中の大学の寮が開放され、全員に個室が提供された。大学構内にあるため何かと好都合であった。

まず、学校視察であるが、次のようなコースが用意されていた。

八月二十四日（火曜日）
1. Playgroup Association
2. Crowle Home
3. Epping Boys' High School
4. Denistone East Primary School
5. Pennant Hills High School
6. Normanhurst Primary School
7. Asquith Boys' High School
8. North Sydney Girls' High School
9. North Sydney Demonstration School
10. Alexander Mackie College of Advanced Education
    （→ Sydney University, Department of Education）
11. New School（→ Sydney University）

12. Northern Districts Education Centre

八月二十五日（水曜日）
1. Lindfield Demonstration School
2. Chatswood High School
3. Ryde East Public School
4. Ryde High School
5. Marsden High Sehool
7. Carlingford High School
8. Cheltenham Girls' High School
9. Chiron College
10. Sydney University, Bachelor of Education Program
11. Kuring-gai College of Advanced Education
12. Westhead School

八月二十六日（木曜日）
1. Currumbeena School
2. New School
3. Sydney University Bachelor of Education Program
4. Karonga Special School
5. Westhead School
6. Technical Education Centres
7. Visit with Students from Chiron College - Balmain at Lane Cove National Park

　私が見学したコースは初日がアレキサンダー・マッキーカレッジ・オブ・アドヴァンスト・エデュケイションおよびシドニー大学教育学部、二日目はウエストヘッド・スクール、三日目がニュー・スクールであった。見学コースの設定については、到着前、日本人参加者全員の希望調査を行ない、できるだけ要望にそった見学ができるよう交渉することになっていたが、到着してみると、すでに大会事務局の方で人員の割りふりまでなされており、見学コースもかなり多彩に組んであるため、結局参加者の自由意志を認めてもらうという条件で、好きなコースを選ぶこととなった。3日間共、バス数台を用意して、希望の見学先に案内してもらった。コースが多種なだけに、受入れ体制や教育の内容も多彩であった。わずか三つのコースを見学しただけでオーストラリアの教育状況について全体的評価を試みることは避けたいが、いくつかの特色を紹介することにしよう。

　現在、オーストラリアの学校制度は就学年齢満六歳で小学校六〜七年間、中学校五〜六年間を経て高等教育機関に接続する。むろん、小学校の下に幼稚園（幼児学級）が置かれている点は他の国々と同様である。高等教育機関は①大学②カレッジ・オ

ブ・アドヴァンスト・エデュケイション③テクニカル・カレッジの三つに分かれ、それぞれ特色をもった制度として定着していた。②は教員養成学校といいかえることもでき、入学者数でみると、大学十五万人に対し、十三万人とほぼ同数で、総合的な三年制大学へ次第に転換する傾向をみせているという。③については全体会議（二十七日）の講演内容のところでもふれることになるが、イギリスの継続教育と同義で、年齢にかかわりなく約六、七万人もの入学者を見ているという。

　さて、初日視察先のアレキサンダー・マッキー教員養成学校であるが、美術系統を専門分野としており、版画・きりえ・絵画・彫刻・金工・染色等の教室が所せましと置かれていた。技術の水準はかなり高く、学生の作品は学生展覧会等で展示し大半は即売されるのだという。キャンパスは２ケ所に分かれていたが、将来広大な敷地に新築移転する予定で、その完成模型を前に詳しい説明が行われた。学生たちとのディスカッションの時間も用意されていた。視聴覚教室に案内されたとぎ、機械類のほとんどが日本製品であることに一驚を覚えたが、その利用方法においては、日本の学校よりもむしろ進んでいるのではないかと思えるほどで、通信技術を教育普及の原動力としているお国柄であることを改めて認識した。

　午后、シドニー大学では教育学部に案内された。休暇に入っていたため学生たちの活動を直接見聞することはできなかったが、担当教官から詳細な説明があって、教えられるところが多かった。ここの特色は、大学と現場との協力体制が確立していることである。日本と異なり、広大な国土に加えて、移民のための教育、とくに語学教育の方面などで難問を多くかかえている現在のオーストラリアでは、大学で学んだ事柄がそのまま教育現場に生かされるという保証はない。そこで、教育学部では、大学で約3年間勉強して教育に関する基礎を学ぶと、その次の年度からは、毎週2日（月曜と火曜）を実習にあてていた。実習校は同一学校の同一学級となっており、そこで授業の見習い実習を行なう過程で生じた種々の問題点を残り3日（水・木・金）の大学ゼミナールで論理的に討議しあい解決策を見出そうという方式である。この試みは1970年代に入ってから開始されたもので、充分な成果をあげているとは必ずしもいえないが、教師教育の在り方に一つの方向を示している点で注目に値する。シドニー大学は日本の東京大学以上に古い伝統をもった大学であるが、その一角から時代に先がけた試みがなされていることに深い感銘を覚えたのは私一人ではあるまい。ちなみに、オーストラリア大会の実行委員長レン・ケアンズ氏はシドニー大学の専任講師で若冠三十一歳の新進であった。

　他のグループを待つ間、シドニー大学の構内を散歩していると日本人の数名に会った。その中の一人は北海道大学の方で、万国地質学会がシドニー大学で開催されたため約50名の代表と共に日本から出張してこられたという。あとで分ったことだが、日本大学からも文理学部の立見辰雄教授がその大会に参加されたのだそうである。

　二日目は事務局側で指定されていたコースには参加せず、フリー・スクールの一種

Westhead Schoolの時間割

	group 1	Group 2	Group 3	Group 4	Group 5
AM 9:00	music	\multicolumn{4}{Oral Expression}	
9:30	Group Maths.	Oral Reading and Written Expression	Oral Reading and Written Expression	Group Maths.	Mental Arith Work cards
10:00	Play Craft Construction	Group Maths.	Craft	Spelling Language	Group Maths.
10:30	Oral reading	Craft	Group Maths.	Oral reading Maths.	Group Spelling Language
11:00			Break		
11:15	Outside play	Group Spelling Writing	Free material	Group writing Written expression	Mon. Tue. Wed. Craft Thu. Natural Science Fri. Written Expression
11:45	Pre-writing	Free material	Group-Spelling Writing	Mon. Tue. Wed. Craft Thu. Natural Science Fri. Written Expression	Group writing Written Expression
		Music and Movement		Physical Education	
PM 1:30	LD Mon. UD Natural Science	LD Tue. UD Social Science	LD Wed. UD Reading	LD Thu. UD Social Studies	Fri LD UD
	Reading	Art and Craft	Poetry		Games and Sport
2:00	Music	Percussion	Art and Craft	Drama	Library
2:30		Art			

- 134 -

とされるウエスト・ヘッド・スクールを訪問してみた。シドニー市のほぼ中央にあったが、周囲の美しい街並みとは対照的に、まことにみすぼらしいたたずまいであった。古い一軒家を借り受けたこの学校には現在17名（男児6・女児11）の生徒がいたが五・六歳児から十五歳児までの混成で、教師は二名（男．女各一名）だった。水曜日のため二人とも見えていたが、月火水担当（女性）と水木金担当（男性）に分かれるため、水醒以外の日は一人の教師を中心にすべての教育が行われるのだという。20余りの小部屋には左記のようにそれぞれ名称がついていた。

Library — Dress up room — Little kids study — Big kids study — Music room — Bathroom — Westhead room — Science room — Woodwork room — Craft room — Lunch room — Pottery room — Preparing room — Kitchen — Halls — Dark room — Inspectors

　まず、案内されたのは図書室であったが、六畳ぐらいの小さな部屋のまわりに子供向けの本が分類して配列されていた。先生が見学者のわれわれにこの学校の教育方針を説明してくれたが、その間、生徒たちは自由に寝そべりながら本を読んだり、話をきいたりしている。中には小学生の年齢と思われるのに煙草を吸っている子もいる。先生は別にとがめもしない。あとで「煙草は健康によくないのだよ」と注意してみたが、一向にききいれる風でもなかった。音楽室に入ってみて驚いた。二畳ぐらいのスペースに置いてあるのは、プレイヤー一台とギターが一台だけである。美術教育には力をいれているらしく、各部屋とも色彩豊かな種々の模様で塗りかためられていたが、生徒の思うがまま、なすままに扱かわれている様子であった。大工道具は一通り揃っていたが、木工の域にとどまっていた。時間割だけは一応決められていて、毎日朝九時から午后二時半まで、五つのグループに分けて進めるのだという。わずか17名の生徒であるが、教師1名でそのすべてを指導できるものではなかろう。たまたまとびこんだ部屋では数名の生徒が自主学習をしているところだった。「日本を知っているか」という問いには全員が「知っている」と答えたが、地図の上ではっきり示すまでには少々時間がかかった。

　中庭（Yard）は20メートル四方あるかないかであった。ジャングル・ジムのような木製の遊び場が設けてあるほかは何にもなかった。生徒たちが音楽にどの程度の反応を示すだろうと思って持参していたハーモニカでオーストラリアの歌を数曲奏でてみたが、遊びに夢中の子供たちには何の反響もよびおこさなかった。「オーストラリア支部では何の意図があってこの種の学校を見せてくれたのだろう」という疑問が何となしに起ってきた。

　三日目も割当て予定を変更して、ニュー・スクールを訪問した。一般の学校が教育施設といい、教育内容といい、きわめて立派であることを仲間の幾人かから聞き及んでいたので、私は前日からの疑問を解くためにも「新学校」なるものの本質を確認しておきたくなったのである。予想されることながら、そこは、前日と同種の学校で

あった。かつてニューサウスウエルズ州のロイヤル・アグリカルチュラル・ソサイエティのレクチャー・ホールだったという広いホールを借りきって経営されていたこの私立学校では、15人の生徒が学年の区別もなく自由に活動していた。教師は公職を退いた中年過ぎの女性で染色技術に長けているらしく、見学時間中、われわれに説明するという素振りもなくひたすら、染色の指導に専心していた。昼食後屋根裏部屋で映画会をやるというので期待して上ってみたが、お化け屋敷のように壁のおちた汚ない小部屋で写された映画なるものは八ミリフィルム2本だった。女教師は、個別の指導や給食の世話まで一斉の面倒をほとんど一人で行なうということで、その日は別に生徒の父親が一人、ボランティアとして来校していたが、二人の話を総合すると「公立学校があまりに規則的で画一的なので子どもの個性や能力を正しく育てたいという意図でこの学校を始めた。この種の学校はシドニー市内に現在9校ある。少人数教育のため経営上の難点を生じ、父兄は金銭的にも労力的にも多少の負担を強いられている」ということであった。

　われわれ参観者の感想は決して一つにまとまらなかった。新教育・新学校が既成の学校概念をうちやぶること、とりわけ画一的な教育方法に満足しないところから発生することは従来の歴史に明らかである。オーストラリアの教育界でこの種の学校が一応の存在理由を認められ、ある種の好意的評価を与えられていることは、フリースクール運動をすすめているというアメリカの学者や、私どもに同行したオーストラリア人自身の発言からも察知しえたところであるが、教師や親たちの愛と信頼をもとに営まれているとはいえ、その外観、教育方法、内容等を総合してみるとき、私にはどうも合点のゆかないところが多かった。あとで、大会委員長のケアンズ氏に感想を求められたとき、思わず「汚ない学校ですね」と口をすべらせてしまったが、外観だけでなく、教育内容についても貧弱なものを感じないわけにはゆかなかった。詰込主義の欠点を補うことができさえすれば教室の汚れなど別に問題ではないというのだろうが、広大な自然に恵まれたオーストラリアの「新学校」は私の予想をまったく裏切るような学校でしかなかった。

(2) 開会式（Opening Ceremony）

　3日間の視察を通して、会員相互の認識を深めた時点で、八月二十七日、いよいよ開会式が行われた。会場はマックオリー大学中央部にあるシアター（大講堂）である。舞台には大会のシンボルマークと大会テーマが写し出され、シャーWEF総裁、ヘンダーソンWEF議長、ウォーレンWEFオーストラリア支部長、ケアンズ大会委員良に加わってオーストラリア政府文部大臣ジョン・キャリック氏とニューサウスウエルス州の文部大臣エリック・ベッドフォード氏が席についた。今大会の参加者数は、約250人で半分が外国人であった。国籍別では日本が圧倒的に多く、二位米国（25）、三位英国（5）を引き離していた。続いてフィジー、ニュージーランド、カナダ、韓国、フィ

リピン、インド、フランス、西ドイツ、ベルギー等のメンバーが正式に登録していたほか、インドネシア、エチオピア、トルコ、ベトナム、タイ、ウガンダ等からの参加者もみられた。150以上もある世界の国々からみれば、その一割弱にすぎない参加国であるからWEFの現状は決してグローバルとは言えまい。しかし、民間の力で国際会議を組織するとなれば、この程度の参加規模にとどまるのは止むをえないところであろう。われわれ日本人は「海外からの来訪者」(the overseas' visitors) の約半数を占めるということで、どこへ行っても歓迎されたが、この日も、開会式場の最前列の席が二列にわたって日本人のためにとリザーブされていた。

「WEFは教育に関心をもつ人々の組織であり、決して教師のみに限定するものではない。……教育への関心が世界的規模で拡大しつつあるとき"Living Education – here, now"という大会テーマは時宜を得たものであった」という主旨のヘンダーソン議長の言葉に続いて、両文部大臣から内容のある長い挨拶がなされた。ちなみに、両大臣は政界ではライバル同志であるそうだが、オーストラリアで初めてのWEF国際会議というわけで、力のこもった演説合戦となったようだ。

E・ベットフォード氏は小学校での教職経験をもっている人であった。ユネスコやOECDの報告書にも言及しつつ世界的背景の中で教育の重要性を説いた後、オーストラリアが最近五ヶ年間にかなりの変化を見せていることを述べた。現在改革の一段階として、教師や地域代表ら9名からなる委員会を組織し、方向づけに努力しているそうである。「教育の未来は学校と家庭の連帯の中にある」と結ばれたのが印象的であった。

次に、J・キャリック氏は、M・フレーザー首相の代役で馳せ参じたことを断った後、教育の目的・方法・内容等につき、オーストラリアがかかえている諸例を引出しながら聴衆に呼びかけた。「教育の真の目標は、個人がそれぞれ力の限りを尽すことができるような環境を創ることである」という前提に立って、話が展開されたようだが、とくに感銘をうけた点は、労働と教育の関連についてである。地域社会での生き方を教えることと並んで、生活の資をかせぐための技術を教えることがいかに重要かを緊急に考えねばならないのではなかろうかと力説、最近大量の移民をかかえている国情にもふれて、オーストラリアの将来に教育が果たすであろう役割が説かれていた。

開会式は両文部大臣の挨拶のみで終了したが、形式にこだわらず、現実の教育問題について文部大臣みずからの見解が述べられたことは、外国人である私たちにも清々しいものを残したようだ。翌朝の新聞「オーストリアナ」には皮肉にも「学校制度は死んでいる」の見出しでキャリック文相の演説内容の要約を中心に報道されていた。

(3) 全体会議（Plenary）

大会のテーマ「生きている教育―今、ここに」を支える柱として四つのサブ・テーマが設けられ、各テーマの内容を検討するためにそれぞれ1日宛が当てられていた。すな

わち、

    27日 オーストラリアの教育は生きているか。(IS AUSTRALIAN EDUCATION ALIVE)
    28日 学校ならびにそれに代わるもの (SCHOOLS AND THEIR ALTERNATIVES)
    29日 地球理解のための教育 (EDUCATION FOR GLOBAL UNDERSTANDING)
    30日 少数者のための教育 (EDUCATION OF MINORITY GROUPS)

である。この4日間は、毎日、午前が全体会議（会場はシアター）、昼から午后にかけて分科会という日程で講演と討議が積み重ねられていった。

全体会議では、テーマの論点について概観を与えることを目的とし、特殊な領域に関しては全体とのかかわりにおいてのみ触れることとされた。主なテーマ解説（講演）者はB・コンネル（豪）、A・グラウバァード（米）、K. タイ（米）、片山清一（日）、A・グラスビイ（豪）、L・デスジャレイス（加）の各氏である。以下、講演内容の要旨を簡単にまとめておきたい。

八月二十七日（金曜日）

「オーストラリアの教育は生きているか」という命題に対して、コンネル氏は、①教育組織の自由化　②カリキュラムにおける知的分野と社会的表現の分野とのバランスをはかること　③カリキュラム決定の自由化（中央集権化への反省）等の諸分野から早急に改革していくよう提案した。このあと補足演説がT・コーエン氏とH. キング氏からもなされたが、キング氏によるTAFE（The Technical and Further Education 職業教育機関）の説明は印象深かった。先にもふれたが、オーストラリアでは中学校卒業後、大学、教員養成学校、TAFEのいずれかに進むよう学校制度がつくられている。TAFEは、イギリスの継続教育（Further Education）と同義といわれ、十六歳から老人にいたるまで広く開放された制度である。そこには、中学校の途中で学業に失敗した者でも入学できる。最近、社会的に高い評価が与えられるようになったが、公費援助は十分でない。生涯教育の面にTAFEが果たす役割をもう少し認識してゆきたい、という趣旨であった。

オーストラリアの高等教育機関入学者の比較（1975）　　　　単位：人

	計	パートタイム	フルタイム	エキスターナル
ＴＡＦＥ	671,013	575,852	38,139	57,022
大　　学	149,414	42,511	97,624	9,279
Ｃ　Ａ　Ｅ	125,850	38,773	78,761	8,316

注1　Hugh King氏のレジメではtertiary phaseとして、TAFE (Technical Colleges)、Universities、CAE (Colleges of Advanced Education) の3種がおかれている。
　2　入学者数では、TAFEが断然多いが、同一年齢層（大学入学年）で比較すると、大学やCAEの方が多くなる。

八月二十八日（土曜日）

"Free School Children"の著者として有名な新進グラウバード博士の講演が行われ

た。まず、アメリカにおける学校改革運動を歴史的に紹介する中で、現在のオルターナティヴスクール運動について概観された。Alternativeという語そのものが、現在日本語に置きかえることのきわめて困難な概念であるため理解できない点が多いが、大要は次のとおりである。

アメリカでは、1960年代から市民権運動や戦争反対運動と結びついてこの種の学校が設けられていった。したがって、自由や権力への反抗というような点を基本的思想としていた。学校は小規模で、教師、父兄、生徒の協力（私立）の下に発足し、公立ではオープン・クラスルームという形で現われたりした。マサチューセッツ州ケンブリッジ（人口九万五千人）はハーバード大学のある町だが、学校教育は伝統的に保守的傾向を強く帯びていた。そこに私立のフリー・スクールが発足し経済的条件と闘いながらとにかく四年間存続した。最近ふたたびオルターナティヴの教育運動が進められ多くの試みがなされつつある。たとえば、ケンブリッジのAlternative High School、ハーバード大学とタイアップするPilot School、その他、CITY（Community interaction through Youth）Cluster School, Group School, CAPS（Cambridge Alternative Public School）およびCAPSに入れない子どもたちのためのオープンスクール等である。

彼は、これらの実態を説明し、最後に「より正しい社会の実現こそがオルターナティヴ・スクールの最善のものである」と結んだ。それは、富の偏在、経済上の不均衡の中で教育改革を推進しなければならないアメリカ社会の実情を訴える内容のものであった。

八月二十九日（日曜日）

地球理解のための教育について日米両国の会員から見解が述べられた。

K・タイ氏は、人類の現状について二つの見方があると強調した。すなわち、自己破壊への道を徐々に歩みつつあるとする見方と、真に相互依存、地球的理解・協力への道が開けつつあるという見方である。教育の役割が後者の道であることは論をまたないが、その方策として、地球理解のためのカリキュラムが必要であること、学校内部の雰囲気を改善する必要があることを氏は要請した。

続いて、片山清一教授が日本語で講演された。長文の英文原稿があらかじめ配布されており、当日朝までは英語で行われる予定であったが、時間の都合で急拠日本語でやや短縮しながら講演がなされたのである。（講演の模様をテレビ局が録画したのは、全日程を通して片山教授のときだけであった。）まず、人類全休の問題として解決が要請されている危機的状況を分析され、日本の立場を戦後の経済発展との関連から説明したあと、地球的理解の必要性とそのための提言がなされた。講演内容は世界教育日本協会機関誌『教育新世界』第三号（昭和五十一年十一月）に全文収録されているので、ここでは繰返さないが、重要な部分のみを要約すると次のようになる。

ユネスコ憲章に「人の心の中に平和のとりでを」と宣言され、世界の各国に国際理

解の教育をすすめてきている。しかし、その根底にはまだ国家的見地から考えたり批判したりしたものが残されており、また、理解の仕方も知的性格にとどまって感情的情緒的な域まで到達していない。「地球的理解」に立てば、エネルギーの開発が環境の破壊をもたらし、一国の公害が全地球の汚染へとひろがることを認識しえよう。一人の過分な富の所有は地球上のどこかに住む多くの人たちの過度な貧困を招いているのだという理解、人類だけが繁栄すれば万事良しとするのでなく、全自然に対して温かい感情をもって接してゆける態度が望まれる。日本人は、古くから日常生活の中で「もったいない」「ありがたい」という言葉を使ってきた。われわれは、今後世界の地球人として生きてゆくために、この二つの伝統的日本語を若い人たちに理解されるよう教育してゆきたい。それが地球的理解への道である。最後に紹介したいのはWEF日本支部の運動スローガン「世界は一つ、教育は一つ」（One and only education for only one world）という言葉である。これは前会長稲富栄次郎博士の遺言でもある。

八月三十日（月曜日）

　最終回の全体会議ではグラスビー氏がオーストラリアのアボリジニ（原住民）の教育、デェスジャレイス氏がカナダの少数民族の問題を中心に講演した。グラスビー氏は1972年の労働党内閣で移民省の大臣を勤めた人、善隣協会（The Good Neighbour Council）を組織して実践活動にも尽力している。なお、この日午后のフォーラム（全体討議）で、アボリジニの女性からアボリジニの社会的地位の向上を強く訴える意見が出され、原住民教育がかかえている悩みの深刻さを想像させた。

　マイノリティーの意味は少数民族とは限らず、社会的弱者一般の問題、なかには男女同権の思想なども含めて、広く社会平等・人類共存の立場から考察するものであることが全体として理解された。

(4) 分科会（Workshops & Discussion Group）

全体会議のあと、それぞれのサブテーマに即して小集団討議のためのテーマが毎日用意され、会員は自由にその中のどれかを選んで参加することができた。分科会の名称（英文）は左記のとおりである。

A　八月二十七日（金曜日）
　1. Is Australian Education Alive ?
　2. Issues in Adult Education
　3. Innovative Education
　4. The Roles of Parents, Community and Students inEducational Decision –Making
　5. Is Teacher Education Alive ?
　6. Is Australian Education Alive–In the Primary School
　7. Developrnents in Tertiary Educatlon

8. Pre-school Care and Education
9. Technical and Further Education-Is it alive ?
10. Relationships between Home and School.
11. Developrnents in Tasmanian Senior Secondary Education-The Community College Concept
12. Aboriginal Family Education Centres-in Action1
13. School and Community Resource Centres
14. The Film and Television School-North Ryde

B 八月二十八日（土曜日）
1. A Case Study of Free Schools
2. Open Education and Alternatives –in Education
3. The Westhead Experience
4. Educational Standards and School Alternatives
5. An Alternative School within an Existing School System
6. Issues in Adult Learning
7. Open Space Teaching in South Australia
8. Successful and Unsuccessful Atternpts at Democratic Education in U. S. A.
9. The Global Dimension in Curriculum
10. The Role of Media in Education
11. Creative Alternatives in Teaching Non-violent Resolution of Conflict
12. An Educational Innovation-Community Colleges in South Australia
13. Facing the Future in Education-Can the School Survive ?
14. New School : A case study, in the Establishment of a Free School in Sydney

C 八月二十九日（日曜日）
1. Education for Global Uuderstanding
2. lssues in the Research into Intercultural Education
3. Strategies in Intercultural Education
4. Bafa Bafa-Simulation in Intercultural Understanding
5. Education without Global Understanding-The price of material affluence ?
6. The Role of UNESCO in Global Understanding
7. Nationalism and Internationalism in Education

  8. Education and the Law of Nations
  9. Intercultural Understanding and Misunderstanding
  10. Moral Education in Japan'
  11. Constants and Variables in Human Experience
  12. Peace Education, Peace Research and Irenology
  13. The Role of Rotary in Global Understanding

D 八月三十日（月曜日）
  1. What is meant by Multi-cultural Education.？
  2. The Role of Ethnic Radio in the Education of Migrant Groups
  3. Community Relationship in Australia
  4. Issues in Policy Dicision-making of Education for Minority Groups
  5. Vocational Education for Aborigines
  6. Drug Education and Rehabilitation
  7. Migrant Education for School Children
  8. The Education and Re-educatien of Paraplegics and Quadraplegics
  9. The Social and Economic Integration of Migrants in Australia
  10. Corrective Education
  11. Maori Education, Family Educalion and EarlyChildhood Education
  12. Aboriginal Family Education Centres
  13. Women and Education

　各分科会にはリーダーとチェアマンとが1名宛配置されていた。ちなみに、約100人のうち外国人はリーダーが10名（米国5、英国2、日本2、カナダ1）チェアマンが7名（米国2、英国2、西独1、インド1、ニュージーランド1）で残り約80人は全部オーストラリア人で運営されていた。しかも圧倒的にニューサウスウエルズ州の会員であった。日本支部が提案した分科会とは前記C7（片山清一教授）とC10（西脇英逸教授）の二つで、私は後者の方に参加した。

　前記テーマに明らかなごとく、各分野の問題を出しあいながら主題への検討を進めてゆくこの分科会方式は多くの収穫をもたらしたようだ。討議だけでなく、文化財の紹介を兼ねた集会も中にはあったようである。私が参加したD11の「マオリの教育」に関する分科会では、ニュージーランドからやってきたマオリの人たちが民族衣裳で彼らの儀式を見せてくれたりしたが、英語教育はよく徹底しており、逆にそのことで世代間のギャップを生じているということだった。民族の伝統を伝えるのに、書かれた資料がなくほとんど口伝でなされることが現在の聞題点の一つだという説明もしてもらった。

(5) 国際文化祭（International Learning Exchange）

二十九日　午后、会場をノースライドハイスクールに移して国際文化祭が開催された。生徒たちのブラスバンド演奏でくつろいだあと、展示会を見てまわり、最後に映画「玉川学園の教育」（英語版）をわれわれも一緒に見せてもらった。展示会は約20教室を国別ないし州別に工夫して各種の出し物が陳列されていた。サウスオーストラリアのオープンスペイスをはじめ韓国の美術、インドネシアの教育機器なども見られたが、日本紹介の部屋も予想以上によくアレンジされていた。その設営に関する苦心談については、玉川学園の『全人教育』第330号（昭和五十一年十二月号）に沼野一男教授が綴っておられるが、玉川学園をはじめ遠くは北海道からも持参してきた日本の子どもたちの作品（書・かけ軸や絵）を三方に並べ、書道と折紙の実技指導を中心に日本の紹介が行なわれた。東久留米市立本町小学校の子どもたちが描いた絵五十枚がもう一方の壁一ぱいに展示されていたのも良かった。とにかく、日本会場は参観者で一時は身動きがとれない程の盛況であった。作品の残りはそのまま寄贈して帰国した。

(6) その他の諸行事

　会期中の日程としては他にも重要な行事が組まれていた。たとえば、①ワインとチーズの夕べ（26日夜）②港めぐり（27日夜）③オーストラリアの夕べ（29日夜）④年次総会（30日午后）などの公式行事のほかに、連日オーストラリア会員の家庭に招待してもらった。また、日本人学校見学をわれわれの方で計画したりした。

　これらのうち、②と③に言及しておきたい。港めぐりは、夕方から夜十時過ぎまでシドニー港を四時間以上もかけて周航しながら談笑し、唱い、踊り、食事をする懇親会で、すばらしい夜景を楽しむことができた。なお、これより先、州文部大臣の招待によるレセプションが州政庁三十二階で行われ、各国代表（日本からは約10名）が文部大臣に挨拶する機会があり、私もその末席を汚してきた。

　オーストラリアの夕べは宿舎内の広間で行われ、有名なフォーク歌手アレックス・フッドがこの地のフォークを数多く披露してくれた。途中、日本の歌をすすめられたので、全員で「荒城の月」、「花」、「さくらさくら」等を合唱したが、これが契機となり、各国各地の歌が続々にとび出し、すばらしい文化交流の夜会となった。

　日本人学校は、会期中の一部を割いて希望者だけで見学した。

3　旅の印象

　赤道を越えて夏の日本から冬のオーストラリア・ニュージーランドを訪問するというので、携帯品の中に皮の手袋や風邪薬まで用意する周到さで出かけたが、旅行地最南のウエリントンで夜南十字星を眺めに外出した時寒さを感じた以外は終始快適に旅をすることができ、かつ全員無事に帰国できた次第である。両国の風物や人情についての描写は別の機会にゆずろう。

東京からシドニーまで直行（九時間半）のあと、ニュージーランド航空に乗りかえて、まずウエリントンに降りた。翌日午前中は市内見学をして博物館を見学、太平洋に群がる島々から集めた品々のコレクションやマオリ文化の数々に心を打たれた。Windy Wellingtonの異名があるのにわれわれが訪問した日は風ひとつなく熊本出身のガイドが案内をしてくれた。

　午后パーマストンノース経由で空路ロトルワへ、はるか左手遠方に富士山によく似たエグモント、下手に緑の牧場、雪どけ水の流れている川などを眺めながら北上した。ロトルワでは有名なマオリ族の部落ワカレワレワへ、蒸気が吹き上げる熱土の上、折しも間歇泉が歓迎の水砲を噴き上げた。

　街で買物をしていたら、一日先に東京を立ちオークランドの見学を済ませた片山先生たちのグループと合流、その夜はホテルで50名の大夕食会（ドッキング・パーティ）を開いた。マオリの踊りを楽しんで、三々五々ニュージーランドを語りあう。オークランドでは文部省のはからいで学校見学が有意義に行われた由、生徒たちが「さくらさくら」を歌ってくれたそうである。翌朝、牧場で羊ショーを一緒に楽しんでから別れた。

　二十一日は終日バス旅行だった。途中、ワイトモで休憩、鐘乳洞の水音をきき、星座のようなダイヤモンドのような土螢の光を眺めていると、時空をこえた神秘な世界を感ぜずにはおられなかった。オークランドのホテルでは教育関係者二人（通訳は日本人）を招待、ニュージランドの教育について懇談する時間を設けた。この日は玄関ロビーで野間教育研究所の阪本敬彦氏と偶然の再会、世界狭しの実感を得た。

　オークランドからシドニー経由でメルボルンに着いたのは二十二日午后三時過（時差の関係で昼食を二回もとる）であった。市内見学の時間が限られてしまって残念だったが、フイツロイ公園に下りて、キャプテン・クックの家をみたり、結婚式帰りの若いカップルと一緒にオーストラリアの美しい花々を楽ませてもらった。夜、玉川学園高等部に一年留学し現在モナシュ大学に在学しているフィオーナさんが恩師山口高弘先生を彼女の家に招待するというので、誘われるまま武村昌於氏、石橋哲成氏らと私も同行することにした。家族総出の大歓迎にお礼にと四人で日本の歌をうたったりした。庭に出ると桜が咲き南十字星が頭上に輝いていた。

　二十三日は首都キャンベラを半日見学した。まず、エインズリー山展望台から人工首都のパノラマを眺め、戦争記念館を見学、第二次大戦関係の展示室には旧日本軍の遺品も陳列されている。広場には特殊潜航艇が置かれていた。バーリー・グリフィン湖に噴き上げるキャプテン・クック噴水（140m）を左手にしながら牧場へ向かった。ここでバーベキューの昼食、ブーメランの投げ方を教わったりする。キャンベラ空港を出たのは午后四時十分であった。

　シドニーでは、日本人参加者のために来日歴12回の知日派ラマクラフト氏を責任者として、通訳や現地滞在の日本人を動員し最大限の配慮を示して下さった。その詳細

は筆舌に尽しがたいものがある。

　最後に、私個人の訪問先を中心にシドニーの風物について書き添えておこう。マックオリ大学は約四万坪、敷地としてそれほど広くはないはずだが、起伏があり、周囲に大きな建物がないためか広々としていた。朝夕時折は散歩した。同大学の図書館にはアデレイドで高等学校の教師をしている水島明義氏と訪問、日本研究の状況などを視察した。

　家庭訪問をしたのは、ラマクラフト氏宅（皇晃之・岩田朝一・高木太郎先生に同行）が最初で、次に、マックオリ大学教授のフィリップ氏宅にバス一台で出かけた（日本から10名）。フィリップ氏には益井重夫先生（日本支部副会長）から依頼されていた名刺をお渡しする。岩田先生の教え子に当たる方の家には山本先生と一緒に同行し、奥様手造りの魚の刺身や米飯をごちそうになった。また、七高出身の文明評論家、新崎盛紀氏の紹介で三和銀行支店（オーストラリアスクェアー41階）も訪問してきた。

　市内に出たのは学校視察の帰途と夜1回である。オペラハウスから雨の中を留学生たちの自家用車に菊地勲氏、小西純氏らと便乗させてもらって大学まで帰ったこともある。タイとベトナムから来た留学生だった。また、コアラ動物園には日本人学校訪問の帰り道に立寄った。東京の銀座にあたるキングス・クロスの噴水も忘れられない。

　会議終了の翌日、空港出発が夜になるので昼間はブルーマウンテンに行った。ヨセミテを思わせるような大渓谷で見ごたえがあった。オーストラリアの見どころは大自然の景観であることを、最終日になって、改めて認識させられる思いだった。シドニー空港にはケアンズ氏一家がわれわれを見送りに来てくれた。

　　　　　　　　　　（『日本大学教育制度研究所紀要』第8集　1977 p.p.199-230）

WEFオランダ大会に参加して

　1984年、世界教育連盟（WEF）の第32回大会がオランダのユトレヒトで開催されるのを機会に、ベルギー・東西ドイツ・チェコスロバキア等、中部ヨーロッパを視察してきた。八月中下旬の15日間だったが、天候に恵まれ、事故もなく、快適な旅であった。

　大会のテーマは「芸術を必要とするのは誰か―国際理解と平和のための教育」というわけで、芸術を通しての文化交流を意図した国際会議であった。通例だと討論や意見交換が主流を占めるのだが、芸術を紹介しあうとなれば、どうしても視覚や聴覚に訴える設営となる。日本の場合、書道・児童画・茶道・折り紙などについての講義や実演を用意し、その際、舞踊やスライド紹介も折込んだという次第である。当然、教室の飾りつけが必要条件となる。会場到着後私たちがとりかかった第一の仕事はその設営だった。

　決して豪華とはいえないが日本紹介にふさわしい品々を陳列してみると、会議開始が待ち遠しくなる。十二日夜開会式のあと、翌十三日からは朝から夕方に至る間、5ないし8の部会に分けて小会議が繰りひろげられた。また、夕食後（二十二時頃まで）、映画やツアー（運河めぐり）、お祭（交歓会）等が連日用意されていた。参加者総数約300名のうち日本からは30数名の代表を送り込んだわけで、16か国中最大である。しかも老若男女各地各膚の教育関係者の混成部隊でもあった。

　参加者は興味に応じて分散し、種々の角度から芸術を鑑賞・討論するわけで、日本が設営した部会にも終始多くの出席があった。特に書道に関する講義と実演は会場いっぱいに展開され盛況だった。インドの展示や舞踊にも人気が集まっていたようだ．．公用語は英語である。全体集合も何度かあり、討論のほかに、文化交流と称すべき機会が企画されていた。

　私が感銘したのは、どの国も女性が堂々と発表していたことである。日本からも幼稚園勤務の若い女教師たちが活躍された。中学三年のとき短期の海外滞在をした経験が、ものおじしない国際人に仕立てあげた原因と見受けられる。日頃は外国語と無縁な生活をしている私など、これぞ英会話練習の好機と思って努力することにした。不思議なもので、雰囲気に慣れてくると、人間同志心は通じあうものらしい。「世界は一つ、教育は一つ」（one and only education for only one world）を合言葉に築かれている本会の意義を再確認した。

　宿舎から会場への道すがらドームタワーの700段を登って屋上から眺めたり、本屋でヨーロッパの地図等を買ったり、街角でビールを飲んだりスーパーマーケットで買物をしたりだったが、オランダでは結構英語が通じる。西周や津田真道が留学した頃のオランダはどうだったのか、江戸時代のヨーロッパにも心を寄せての一週間だった。

　会議終了後、西独に一泊しバスで東独に入国、幼稚園創始者フレーベル生誕の地を

皮切りに有名人の遺跡めぐりに入る。オランダ・ベルギー・西独等、教会を中心とした集落をぬって延々と広がる農村風景が、東独・チェコスロバキアに進むと平原からやがて山地に変化する。つまり、エルフルト・ワイマール・マイセン・ドレスデンとバスで来て、鉄道での山越えをしながらプラハに着いたわけだが、この間5日以上を要した。

　ワイマールはゲーテやシラーやバッハが遊んだ所であり、プラハでは公立幼稚園やコメニウスの記念館を訪問できた。どの街も重厚な石造り、豪華な彫刻が施してある。都市近代化の基礎に文化財保護の伝統が根づいているようだ。たとえば、モルダウ河の大橋には鹿児島ゆかりのフランシスコ・ザビエルはじめ10数基の石像が立ち並んでいる。私はふと、甲突川5大石橋保存問題を思い浮かべた。

　話は尽きないが、旅は他火とも言われるように、他郷の良さを直ちに感得させる。海外研修は国際化時代に向けての清涼剤といえそうだ。

（『実践学園新聞』第30号　　昭和59年10月20日）

〔WEF再考〕

　ユトレヒト大会は従来の型を破る独特な雰囲気を醸し出していたせいか、私にはWEFの原点を確かめるための貴重な機会となったように思う。多分、それは大会のテーマに起因していたのかも知れぬ。すなわち「国際理解と平和のための教育における『芸術』の重要性」を探究するという研究課題が掲げられていたことである。会場はユトレヒト名所・ドームタワーの近くにある三階建ての狭っくるしいアカデミー（舞踊芸術専門学校とでも翻訳するのだろうか）を選んで、いかにも芸術的に装飾を凝らしてあった。さりとて、豪華な門構えもなければ厳しい看板もない。遠来の外国人参加者を特別扱いで饗なす気配などさらにない。文部大臣や市長によるレセプションなど全くない。このような設営に対し、東京大会やソウル大会等を念頭に参加した者にとっては期間中ある種の物足りなさが感じられたことは確かであろう。私もその一人であった。

　大会の様子を少しく続けよう。日付変更線を越えてヨーロッパ入りした私たちは12日午後、会場に到着、3階12番教室（Red Room）に案内された。ガランとした教室、その殺風景な空間をともかくも日本から持ってきた作品等で飾り、明日以降の講義や討論、文化交流の場につくり変えなくてはならないのだ。幸い展示用の木材が用意してあったので「トントントン」そこは労作教育の体験を生かして飾りつけにとりかかった。西村先生直筆の掛軸・色紙等を中央に、玉川学園や加藤先生・有川先生たちが持参された子どもたちの作品を大会事務局の方で予め用意された浮世絵を囲むよう

にして左右に並べてみた。そして、茶道や折紙のコーナー等々、日本紹介と銘うつからにはこの程度では相すまぬわけだが、とにかく短時間で一見豪華に設営できたのだから自ら満足としなければならない。あとはこの場所をどう生かし研究課題に副って責任を果たしてゆくかであった。

藤井先生による玉川学園の紹介、西村先生による書道の講義と実演，稲富先生の茶道、溝淵先生ほかによる折紙、連日それぞれに好評を博していた。また、加藤・山本・八木・溝淵四氏の法被姿は参加者を踊りの輪に誘う魅力に満ちていた。

芸術が醸し出す雰囲気は，民族や言語の違いをのり越えて新たな共感を喚起させる。今回はアジアや西欧諸国に加えてアフリカや中米等からの参加者が多く見られた。私も会場の目ぼしい所はカメラに納め、資料を収集してきた。出来るだけ新しい会員の方々と対話につとめたが、ボンベイ大会の感激を思い出してか、インド支部による舞踊や展示には新たな感動を覚えた。

大会の雰囲気は徐々に高まり、17日の大集会に至って最高に盛上ったようだ。各国が代る替る登壇するわけだが、日本も数曲歌った。その一曲は藤井先生の即興による「皆様コンニチワ、ユトレヒト……、エブリボディハッピー……、シーユウアゲン……」。これを輪唱にして会場全体で楽んだのである。その夜は午前零時を過ぎても祭りは終わらなかった。最後は有川先生と二人、夜中に約半時間の道程を歩いて宿舎に帰ったが、私の心は地球市民の喜びで満ち溢れていた。

18日（最終日）の総会では次回開催国の選定をめぐって意見が取り交わされた。全体として中米のコスタリカを支援するグループの発言が強く、WEFの地理的ひろがりを期待する立場から私も賛意を表している。

大会全体を通じて感じた点を述べると、第一は、どの国も若い人たち、また女性たちの積極性が見られたことである。日本も玉川出身の若者たちが大活躍で面目を施したが、東京大会後10年、そろそろ世代一新への胎動を期待したい。第二は語学力の問題である。私自身改めて努力の不足を反省した。耳では解りかけても口から出てこないもどかしさ，文化水準に上下はないのだから、日本も堂堂と世界に乗り出して良いのだが……。オランダの街角に英語の看板は少ないが、オランダ人は自国語のほかにドイツ語や英語を日常的に使いこなしている（大会後の視察旅行ではドイツ語→英語→日本語の通訳も見られた。東ドイツやチェコスロヴァキアで英語を話せる人は少ないようだ）。WEFという世界的遺産を大切にするために日本支部が早急にとり組まねばならぬ課題は語学に堪能な若い会員を前面に出していくことだろう。

結論として申し上げたいのは，WEFの原点がフェローシップであることの再認識である。地球上各地各層の平和を愛する教育者たちが心を通わせながら、21世紀に向かって前進することなのだ。質素な設営ではあったが、芸術を介して新しい交流の輪をひろげようと努力されていた大会当局に謝意を表しつつ、全員無事帰国できた喜びを記して筆を擱きたい。

〔大会中のひとコマ―感動の時―を再現〕

強烈な印象受けたパントマイム

　少年期に世界一周の夢を描きながら出郷した私ですが、Uターン後の若き日、世界新教育学会オランダ大会（於ユトレヒト）で強烈な印象を味わっています。それは夕食会で披露されたペーターさんのパントマイムです。「紀行文集」の中で横浜の加藤一雄先生（先々月他界）が次のように報告しておられます。

　「"ヒロシマを忘れるな"というテーマ音楽に乗って、表情は青白い被爆者の顔になる。二つの手をだらりとさげ、左の手首と、右手の指の筋肉がけいれんをおこす。青い目がうつろにくぼみ、2歩3歩あるくと膝が崩れる。ケロイドで顔がひきつったように、うめくが、声にはならない。会場は、シーンと静まりかえった。・・・・音楽が消えた。しかしまだペーターさんは何かにすがるような目で両手を広げ、闇に向かって訴える。"戦争はいやだ！""原爆は、もうごめんだ！"」

　戦後71年目にやっと訪れた米国大統領の行動・発言が大きく報道された2016年夏でしたが、30年以上前、ヨーロッパの友人はパントマイムでこんな演出をしてくれていたのです。地球市民たちのささやかな集いのひとコマを、今も静かに思い出しています。

（南日本新聞「ひろば」　2016・9・10））

大学と地域の連携に感動ーベルギー訪問記

1

　私たちがフランスからEUの同盟国ベルギーに入ったのは、2004年10月17日。国境を越えるのにパスポート提示は不要だった。入国の目的はブラッセル自由大学のサテライトキャンパス訪問、ヴィロワン・エコミュゼ（Ecomusee de la region du viroin）と呼ばれる文化施設を一日かけて視察した。

　本拠地トレーニュの町は、北フランスのルーバンと南ベルギーのナミュールという町の間にあり、サンプル川とミューズ川に挟まれた山岳地帯の一角だ。国境の町だけに、特色のある歴史を刻んでいる。フランスとオランダの強国に挟まれて政情不安定な地域だった由、兵士による掠奪で村人たちが苦しめられた経験から恒久的な建築物が建てられるようになったのは17世紀頃、やがてシェルター的な防衛性から人々が住む上での快適性を重視するような建築へと脱皮してゆく。私たちが訪れた建物は本部のある城塞施設（その中に「田舎生活とテクノロジーの博物館」が開館されている）と「環境研究センター」や「農業機械の博物館」が置かれている駅舎であった。その間僅かに800m、石畳の坂が印象的、静かな国境のムラといった雰囲気の中を歩いた。

2

　そもそも、ULBことブラッセル自由大学がこの地域に関わるようになったのは1972年、トレーニュの駅舎を大学が買い取り、環境研究センターという付属研究機関にしたことに始まる。ちなみに、ULBはシャルルロワやエラスムにも博物館施設をもち、広く学際的「地域研究」を展開している。

　1980年代に入り、大学の民俗学研究者たちが対象をヴィロワン地域全体（トレーニュも当然その中に入る）に広げて、村人の証言を記録し、生活（農業ほか）のための道具や文化財を収集し、展示会を開催したりした。城塞を大学が買収したのは1982年である。エコミュゼの拠点がこの時定まった。89年には城塞の馬小屋の一部を常設展示場「田舎生活とテクノロジーの博物館」として整備し、文化省も公認する。ヴィロワン・エコミュゼへの名称変更は1996年である。

　エコミュゼはもともと無収益団体なので、こうした文化事業に対しては国から援助金をもらえることになっている。年間予算は20万ベルギーフラン程度で決して高額ではない。設立母体のULBも援助金を出し、コンピュータ関連の備品を設置している。地元住民を加えた職員の中には研究者はもとより技術員やアニメーターもおり、普及教育活動を行っている。EUと国が、文化的プロジェクトに応じて失業者を雇用し補助金を出しているのも面白いと思った。年間給料は1人約125万ベルギーフランだというが、その95％は国および地方政府からの補助金なのである。開設当初はエコミュゼと住民との間で距離があり、まるで先生と生徒の関係であったらしいが、地域の人々と

エコミュゼ祭を毎年開催したり、アソシアシオンの理事会の半数（4名）が地元の教師や町役場の人であるなど、運営上の工夫が見られた。

　訪問者は年間8千～1万人とされるが、入場者の7割は子どもたちで、住民は年1回くらいの割合で来ているという。生涯学習セミナーとして観光を兼ねた文化観光ツアー等も企画されているらしい。山間のエコミュゼも次第にオープンマインドな地域に変貌しつつある。

3

　私たちの見学コースは、まず、本部施設の展示会場でルメール女史（IE MAIRE Vivianne–Animatrice）からそれはそれは入念な説明を拝聴した。通訳はジャン・シオン氏の令夫人成子さん（鹿児島県出身）である。私の研修ノートには5頁にわたるメモが残されたが、この場所は1529年に建てられた修道院であり、自給自足の生活を営む工夫の中で、再建資金づくりのためにビール産業を興したこと、チーズも作った話など興味をひかれた。ビールは蜂蜜の香りがするすばらしい味という。

　説明は一貫してキリスト教史であり、ロベール、ルター、さてはジュリアス・シーザーやナポレオンの名前なども出てきて、西洋史の講義を拝聴している気分だった。私の教育史概説の講義等でとりあげている内容も出てきて、若くて有能な女流研究者のエコミュゼにかける熱意がひしひしと伝わってきた。昼食は施設近くのレストランで彼女を囲んで和やかな国際交流の時間となった。

4

　午後は、小雨の中ではあったが、駅舎を活用した施設を見学した。私たちは鹿児島県霧島市にある嘉例川駅のこし方ゆく末を研修の課題にしていたので、駅舎が大学のサテライト施設に転じていることに感動した。環境研究センター長はULBの生物学者、大学では研究コースとして「グリーンクラス」と呼ばれている野外学習を設けているという。志學館大学の「野外体験実習」にこうした内実を応用できないものだろ

うかと思うことであった。学生たちはこの駅舎跡に宿泊し研究を重ねているという。現在は生物学が主体だが、時には地理学等の研究者も足を運んで共同研究をするらしい。統合的な環境研究の企画も近いことだろう。

センターに隣接して「農業機械の博物館」があった。駅の施設を現在に生かしている。倉庫らしき空間に大小さまざまな農業機械・道具が所狭しと並べられていたが、解説パネルは写真入り、早速、帰国後、嘉例川駅の「小さな博物館」にも応用したいという話になった。この建物はエコミュゼのプログラムに参加する子どもたちの宿泊施設として改修するらしく、収蔵品は本部のある施設に統合されるという。

5

私のベルギー訪問は2回目であった。1回目は1984年、WEF (The World Education Fellowship) 第32回オランダ大会（於ユトレヒト）出席のあと、ドイツ～チェコへの旅の途次に入国、ヴィクトル・ユーゴーゆかりの広場で小便小僧の小さな博物館を見た時。ベルギー万博直後のエネルギーを感じた旅の思い出がよぎる。

あの頃から数えて丁度20年、日本もそうだが、ベルギーでも環境問題、文化財保存等への努力がなされてきたわけである。今、大学（研究施設）と地域（自然）との連携がグローカルに進行している。日本でもそうした動きが出てきたわけだが、今回、ULBの取り組みを直接見聞してみて、世界の最先端を訪れた思いであった。

（隼人エコミュージアムの会[代表岩橋恵子]編
『フランス・スタディツアー2004報告文集』
2005年4月刊）

ボストン昭和女子大学訪問記

　WEFハートフォード大会の前座をボストン視察にあてたことは、われわれ一行に大きな収穫をもたらした。その一つが昭和女子大学ボストンキャンパス訪問である。レギュラーメンバーの一人・中山昌先生の熱心なお勧めを承け今回の日程に加えることとなったらしい。成田を発ってから三十数時間をかけての渡米、しかもその日（1992年八月十四日）のうちにボストン入りしたのだから、この街が私たちにとって身近に感じられない筈はなかった。昨日からそこに居たような錯覚である。

　ボストン市はマサチューセッツの州都で、人口は57万人だが、近郊を含めると280万人の大都会であり、州人口の半分に達するという。1620年にイギリスからアメリカにピリグリム・ファーザースを運んだ船"メイフラワー号"を蔵する街中には五月ならぬ八月の花々が咲きみだれていた。イギリスの町ボストンから採った名称で、ニューイングランドのハブ（中心）とも言われる。ハーバード大学、マサチューセッツ工科大学（MIT）といった世界に冠たる高等教育機関約百校を支えるかのように、図書館・博物館・美術館等々が随処に設けられ、国を代表する約30の優秀な病院も置かれている。ここ数年、日本企業の進出が目覚ましく、ハイテク産業を中心に百社を越える盛況で、一万人を越える日本人が来ているという。このような背景のもとに数年前、ボストン昭和女子大学の登場となった次第である。

　学術都市ボストンは杜の都であった。昭和女子大学のキャンパスは都心から六粁ポンド通りの一角にあって敷地が約五万坪、緑の中にゆったりとしたたたずまい。かつて元孤児院が売りに出されたとき、レジャーランドとして再開発する話も出たが、地元の住民パワーで学園誘致となり、昭和女子大学が約百億円で落札、大改修を施した。本部事務室のほか教室棟10教室、寮棟10、研究室等14室、ゲストルーム7室、茶室2室、海外教育調査室、保健室、カフェテリア、バレーコート・テニスコートと続く。300名収容の講堂にはパイプオルガンも置かれている。建物面積は4000坪を越す。宿泊能力を聞いてみると、最大人数250名（18室×10寮）といわれた。管理棟（本部事務室）の正面玄関に入ると「思索と創作」と題する女性像が据えられ、その脇に「モス・ヒル宣言」が英語版と日本語版で掲げられていた。

　「モス・ヒルという名のこの丘の上に立って、広い世界を見渡し、この丘でアメリカを学び、この丘で日本の未来を探り、この丘で東洋と西洋、日本と世界の新しい融合点を発見するような人材となり、進んで人類の向上発展に貢献する女性となりなさい
　　　一九八八年四月三日　ボストン昭和女子大学長人見楠郎」とある。

　正式名称は Women's Institute Boston 、これまでわが国の大学では無かった新しい留学制度を実践するキャンパスとして、国の内外から注目され、期待が寄せられているボストン昭和女子大学、レンガ造りの十数棟が整然と並んでいた。案内役は副学長の酒巻晴行氏である。教職員約100名（非常勤60名を含む）が、常時250名の学生

を指導されるわけだから、いかに行き届いた教育ができるか想像に値する。あいにく、訪問の日（八月十五日）は、フィールド・トリップで学生たちはナイヤガラ滝などに旅行中のため静かなキャンパスだったが、「女性文化の帆をはりて海路はるけく漕ぎでたり」という昭和女子大学精神が満ち満ちており、オールイングリッシュのキャンパスライフにふさわしい生活環境が整えられていた。と同時に、東西文化の接点も感じられ、たとえば茶室での記念撮影では、今自分がアメリカに居ることを忘れさせる一瞬だった。

　さて、酒巻先生の御説明をメモしながら、更に、拝領した資料等で確認してみると、ボストン研修の内容は概ね次のようになる。

　まず、目的は「豊かな語学力と国際的な教養を培い世界に通用する女性の育成」である。前期（Spring Semester）には短大の英語英文学科、後期（Fall Semester）には学部の英米文学科の学生が主として参加し、それぞれ四ケ月、17単位（必修）を与えられる。費用は一人148万円だという。常時230人の学生を受入れることになるので、夏休みにはサマーセッション（30〜40日間）も企画され、他学部からの希望者を含めて研修する。その場合の費用は約半額の70万円という。1988年開講当時は、短大は二年生、学部は四年生を主対象にしていたが、回を重ねるごとに改良が加えられ、1992年度を調整期間にして、学部生も二年次の夏から研修できるようになるのだといわれた。

　次に、授業科目を見ると、Academic Programとして、①Listening & Speaking　②Selected Topics　③Writing　④American Culture Studies Ⅰ　⑤同Ⅱ　⑥同Ⅲ　⑦American Life Experience　で組立てられている。この他に特別講義（Special Lecture）があることは後述のとおりである。各クラス10〜14名規模の少人数で、常勤15名・非常勤34名から成る教師陣が、ていねいに教育していく。

　①では、発音指導を集中的に行い、聴き取り能力を高めるわけだが、音楽、寸劇、詩などを教材としたり、テレビ・ラジオを用いながら、個人・ペア・グループによる発表能力を養う。②では、時事問題や生活習慣・文化等を題材にして、環境問題や教育、差別問題、家族のきずななど、幅広い主題設定の下で、学生や教師の間で活発な議論を行う。③では、アメリカ生活の体験を通して考えたこと、感じたことを日記風にまとめたり、レポートとして書きあげる中で、英語の文章構成や表現方法を的確に身につけさせるのだという。講座終了時には、童話の本や学級新聞、自伝や日記などに書いた記事の中からエッセイとして個性あふれる作品をまとめて持ち帰ることになる。

　以上の内容なら、どこの語学研修でもなされるだろうが、ボストン昭和女子大学ならではできないと思われるのにアメリカ文化講座がある。④では、アメリカ人の生活様式や国民気質への理解を深めるために、宗教・政治・人種同化・移民・教育・家庭・ビジネス・スポーツ等をテーマとしたディスカッションや調査や取材（地域住民

とのインタビュー）をする。これは、日米間の文化を比較検討させる場として貴重である。⑤はいくつかの選択科目で構成される。年度により変化があるようだが、われわれが拝領したパンフレットに並べてある科目は次のとおりであった。

　（ⅰ）American Lifestyle　　　　（ⅱ）American Literature
　（ⅲ）American Newspapers　　　（ⅳ）American Women in the 90s
　（ⅴ）Children's Literature　　　　（ⅵ）New England Literature
　（ⅶ）Cross−Cultural Studies　　　（ⅷ）Traditional American School Music

　文化や歴史の諸相を文学や音楽、新聞等を介して理解させる授業、そこに無理なく入るためには東京キャンパスで学んだ予備知識が役立つというものだろう。たとえば（ⅵ）だと、ニューイングランドの文学遺産となれば、エマーソン、ソロー、ホーソン、メルヴィル、オルコット、ローウェル、フロスト、ケルアックといった作家の作品が扱われている。ボストン近郊の文学遺跡を学生たちが訪問していく姿が目に見えるようだった。

　こうした動きを本格化した科目が⑥で校外研修とでも表現すべきだろう。（ⅰ）毎週金曜日にボストン周辺を訪れるウィークエンド・トリップと（ⅱ）ロング・フィールド・トリップと称して東部の主要都市（ニューヨーク、フィラデルフィア、ワシントン等々）を中心に、学生自身が直接自分の目で確かめながら歩きまわる楽しい授業である。東京での事前準備が役立つと予想される。パンフレットには、ボストン美術館やボストン大学、ニューヨークやワシントンの風景、フィラデルフィアにある自由の鐘、さてはカナダ側から眺めたナイヤガラ滝などが、学生たちの喜びに満ちた表情と共に写し出されていた。

　⑦については、（ⅰ）American Cooking（ⅱ）Quiltmaking（ⅲ）Photography（ⅳ）Video Journalism（ⅴ）Chorus（ⅵ）Volunteerism, the American Spirit of Giving（ⅶ）American Folk Art が用意されている。衣食住に関するアメリカ文化を地元の住民とも接点を保ちながら体験していくことは貴重な研修内容である。④⑤⑥と同様、プログラムの中から選択するわけで2単位分が与えられており、①〜⑥までの小計15にあわせ17単位が研修としての必修単位になるわけである。

　オール米人教師による四ケ月15週間の授業内容はまことに多彩である。特別講義・特別プログラム等に目を転じるとしよう。① St, Michael's College - Showa Boston Cooperative Program　② Resident Tutor Evening Programs　③ Local Schools - Showa Boston Exchange Programs　④ Japanese Culture Demonstration Programs があるが、中でも注目したいのはセント・マイケルズ・カレッジでの受講である。カナダとの国境に近いバーモント州ウィヌスキーにあるセント・マイケルズ・カレッジには、学生たちも一週間ずつ入寮し、各種のアカデミック・プログラムに参加する。聖エドマンド協会により1904年設立されたカトリック系大学で、フランス文化を背景にもった地域でもあり、人間文化の発展・人間自身の高揚を通して、世界の平和・調

和の精神を理想に掲げた両校の提携は、学生たちを介して日米親善に大きく役立つことであろう。

　青春の一頁に用意されたアメリカ・ライフ、学生たちにとって、それは決して生やさしいことではなかろう。しかし、居を移して直かに英語の世界を体験するわけだから、そこをクリヤーした者にとっては新たな自信が湧くにちがいない。アメリカの家庭生活を経験するホーム・ビジット、あるいは他校との交流（スクール・ビジット）があり、日本ソサイエティ等が主催するコンサートやパーティー、ボストンで行われる文化行事（ボストン・マラソンもその一つだろう）等に参加する機会も多いという。一方、昭和フェスティバル（文化祭）には、お世話になった人々や地域の方々をキャンパスに招待するわけだが、両国共通の文化内容に加えて、書（漢字・かな）や折紙の実演、日本舞踊、ハッピをつけての盆踊り、さては柔道のデモンストレーションなどが披露される。やきとリバーベキューも人気があるという。七月七日の七夕祭も交流に一役買っているようだ。純日本茶室「山査子庵」での茶会はその圧巻というべきだろう。日本の礼儀作法がすべて採り入れられているという茶道、その伝統文化を大勢の市民に伝える茶会の様子が想像される。因みに、「さんざし」とは州花「メイフラワー」の和名だという、茶道教室には塩月弥栄子女史も見えるといわれた。

　昭和女子大学の歴史は1920（大正九）年の日本女子高等学院創立に始まっている。詩壇と言論界で活躍された人見圓吉を創立者とし、学母と仰がれた緑夫人と共に、女子教育に道を拓いた。戦後設置された日本女子専門学校を昭和女子大学に改めたのは1949（昭和二十四）年である。「創立者が播いた理想の木の実が、芽生え育って美しく花開き、豊かな活力が絶ゆることなく溢れて止まぬ」キャンパス、そこには新世紀の大空を翔ける若鳥が育っている。その一翼を担っているのがボストンキャンパスといえるだろう。「安全で効率のよい総合的な海外研修」のモデルをつくりいち早く実践しておられる大学の姿に満腔の敬意を表したい。

　渡米初日の視察先がこのボストン昭和女子大学であったことは、今回の海外研修旅行に新しい発見と自信を与えた。若い世代に励まされながら、われわれ一行も2週間の日程を着実に熟すこととなる。ボストンだけでも、その日の午後はMIT、ハーバード大学、ボストン美術館とまわり、WEFハートフォード大会後もペンシルバニア州立大学やエルマイラ大学等々の学校訪問を実行するわけだが、初日の体験がアメリカ文化に対する眼識を培っていてくれたと思う。一行の末席を汚した娘・友子（加高卒）に感想を求めてみると、「食堂で一服させてくださった折、キッチンにおられた黒人女性にわが家手造りの和紙人形しおり（ブックマーク）を差しあげたところ『ありがとう。日本の文化はすばらしい』と大変喜ばれた。その表情には真実の心があらわれていた。昭和女子大学の学生たちは羨やましい」ということだった。日本とアメリカの現実はきびしいものがあろうけれども、昭和女子大学の実践は、新しい融合点を発見するような人材を必ず輩出させると確信する。本当によい訪問だった。

(なんにち評論)

大学を育てる風土：エルマイラ

　1992年の夏、私はアメリカ東部の小さな町エルマイラを訪問した。ボストンから西へ約900キロ、ワシントンの真北に位置するこの町に、アメリカで最初の女子大学が開かれたのは1855年、日本はペリー来航でごった返していた時代である。

　当時、この町には鉄道が通っており、大学建設地に適していたわけだが、それより「女性にも高等教育を」と願う進歩的な人々が居住していたことが女子大学誕生の原動力だろう。

　大学発起理事会メンバーの一人に、富豪ジェービス・ラングドンがいた点も注目される。エルマイラ大学に学んだ娘オリビアが、文豪マーク・トウェインと結婚したのは1870年であった。天真らんまんな夫、教養と宗教心に富む妻による二人三脚は、新居のあるコネチカット州ハードフォードと妻の実家があるニューヨーク州エルマイラを往来しながら、ヒューマンなユーモアあふれる名作を世に出してゆく。

　マーク・トウェインは、一年のうち数カ月を創作に打ち込み、余暇は旅行や社交生活で過ごす生活リズムにあったというが、妻オリビアも隣家に住む年配のストウ夫人に導かれ、装飾芸術協会で活躍、ハートフォード芸術大学設立運動にかかわっている。

　ちなみに、ストウ夫人とは、全米に奴隷制度撤廃への良心を覚めさせた「アンクル・トムの小屋」(1852年) の著者であり、南北戦争はこの本が引き金となっている。

　エルマイラ大学は、紫と金色をスクール・カラーに、リベラル・アーツ・カレッジ (四年制私立大学) として、多領域の専門科目を備え、全寮制だった。

　開架式の図書館内部には、現代彫刻を置くスペースがあり、緑豊かなキャンパス空間に、カーネギー・ホールや同窓会館等がゆったりと建てられていた。そして、小さな池の近くには、かつてマーク・トウェインが原稿用紙に向かっていた八角堂の小さな書斎も移築されていた。その質素な一軒家は、ハートフォードの豪しゃな邸宅とは対照的だったが、聞くところによると、「トム・ソーヤの冒険」や「王子と乞食」などの名作は、この書斎で生まれたらしい。構内を大きな道路が貫通しており、地域社会に対しても、完備した大学の諸施設を、水準の高い授業も公開して諸情報の発信基地として機能させている。同大は、幾多の変遷をたどりながら、1969年には共学制を敷いた。学生数はおよそ二千人だそうである。

　アメリカの小さな歴史を実地に学びながら、私は、ふと、わが故郷鹿児島に思いをはせた。マーク・トウェインならずともたとえば、椋鳩十や島尾敏雄等の文学を含め、大学を育てた地域文化の重みに対し、われわれは、もっと関心を持ち続けたい、という思いがムラムラと起こってきた。風土は結局、人々の努力によってつくられるものではないだろうか。

(『南日本新聞』 1992 (平成4) 12月28日)

アフリカ10日間の旅

　WEF南アフリカ大会に参加し、あこがれの喜望峰に立って
きた。夢の10日間を日記風にスケッチしてみたい。

2001年4月21日

　午前10時40分、鹿児島発JASで羽田に飛び、リムジンバスで成田へ移動。18時30分、CX機上の人となったのは奥田総裁、川崎さん、岩間さん夫妻、西村・坂東・松山・中川の各氏そして二見、計9名、各シートにテレビ付き、放送は英語と中国語。機内食のとき紅白のワインを貰って酩酊、真夜中の香港で乗りかえる。

4月22日

　SAのサービスはまずまずというところ、搭乗客の中に日本人も相当数いるようだ。地球の回転速度に比べ、ほんの少しだけ早目に飛行しているのだろうか。貴重な"宇宙"体験である。午前5時頃、2回目の機内食、日の出が美しい。約翰尼斯堡（ヨハネスブルグ）空港は高原にあった。「Altitude 1615m」と表示されている。広い森の中、ちょっと私の郷里・鹿児島の溝辺空港にも似ている。

　入国して荷物を待つこと小1時間、岩間・坂東・松山・二見の分が香港で置き去りにされたらしい。幸い、大事なものはショルダーバッグに入れていたが、着替えもなし、髭そりもなし、――そのおかげ？で、生まれて初めて髭をのばすことになる。

　11時15分サンシティ空港へ、カヤぶきのしかし豪華で立派なアフリカらしい建物だった。バスでホテルKwa Maritaneへ。部屋は109号室、広々としたスペース。芝生の庭へ続いていた。

　疲れがどっと出て仮眠をとっていたら寝過ごしてしまった。日本人第1陣はコンファレンスセンターへ出発したという。幸いシンガポール経由で到着のルーメル先生が残っておられたので、二人だけの夕食、じっくりと教育論を交わす。

　先生は84歳、上智大学名誉教授で現在日本モンテッソーリ協会々長。ケルンに生まれ、ボン郊外で育ち、来日後、東京～広島～兵庫～東京と暮してこられた。原爆後遺症認定で医療費は目下不要とのこと。ご兄弟も70～90歳でドイツにおられる。小原国芳・稲富栄次郎・平塚益徳・岩田朝一・中森善治・天野正治・長友正・相良敦子といった各先生方の名前を出しあいながら話がはずんだ。先般の東京大会で江島正子女史と二見が司会をしたとき、先生が助言者となってくださったことも思い出していただいた。

　前夜祭には出席できなかったが、ルーメル先生とじっくり語ることができて何よりだった。会場の松山さんから電話もいただいたが、夜の一人外出はしない方がよいと

判断して無理はしなかった。

4月23日

　大会第1日、受付けは用意周到、鞄には、「SUNCITY23–27 APRIL2001」が刻印されている。プログラムを見ると、発表者157名中87名が南アフリカのメンバーだ。その意気込みはすごい。

　Education Linking the Planetを大会テーマに厳粛なる開会式、奥田総裁、大会実行委員長、主催大学副学長らの挨拶。基調講演はドン・ベック博士、How should who teach whom to learn what ? という演題でなされていた。北テキサス大学の教授の話によると、1981～98の約20年間に彼は62回もヨハネスブルグを訪れたという。

　かくして会議は始まった。以下、印象に残ったことを中心にスケッチしておこう。

　ホテルの周辺がサファリといった感じの場所に滞在したので、この日の午後、夕方近くから日本隊全員「探検」に出た。ライオンにシマウマ、キリンにバッファロー、そして象、猿や兎、鳥たち、カメレオン、ゆっくりゆったり生きている姿を見る。国立公園内を一巡する感じ、アフリカならではの観光だった。

4月24日

　分科会が多彩に設営され、コーヒーブレイクの合間をぬって「書と折り紙」のコーナーも好評だった。分科会の一つに「大人が子どもたちの絵を眺めるとき何を観るのか」と題してオーストラリアの会員が熱心に説明をしておられた。マックォーリー大学のホワイト女史である。試みに妻が出版した絵手紙の本を差しあげたら大喜び、そこに南アフリカやインドの会員等も加わって、カラフルな社交ができた。同女史を中心に、環境教育に関する展示もなされており、WEFの歴史にも心を寄せておられた。こんな出会いができる喜びこそ国際会議の成果である。

　大会の会場周辺には見るべき所が多かった。短い時間ではあったが、南アフリカの高校教師と散策しながら、漢字のいくつかを解説してあげると大喜び、日本文化に関心を持っておられる様子、会期中、色々手助けして貰った。道をはさんでパレス風のホテルがあった。すばらしい庭園、建物、なかなか入れない所だという。懇親パーティーまでの時間を活用し、奥田・川崎両先生とご一緒に中まで入念に見せて貰う。超豪華な風景。

　夜もふけてきた頃、余興が始まる。南アフリカ支部は若者たちを総動員して踊り唱う伝統文化の披露。アフリカを実感した。日本は音楽、小生のハモニカ伴奏が些か役立ったようだ。「みかんの花咲く丘」「さくら」……最後は英文版の楽譜を配り、皆で「幸わせなら手をたたこう（If You're Happy And You Know It)」を斉唱した。

4月25日

　終日、研修旅行を楽しんだ。7時過ぎホテルを出てサンシティホテルで大型バスに分乗、私はSOWETO旅行を選んだ。高速道路を利用して目的地まで約4時間、車窓から見える風景は新興の意気と共に貧しそうな生活ぶりだが、それにもまして雄大なアフリカの山野は魅力満点、天気が良くて何よりだった。

　最初の訪問校はMUSI高校、生徒たちは明るい表情、コーラスと喫茶で歓迎、ポケットから折り紙の作品をとり出しながら英会話を楽しんだ。次がVISTA大学のSOWETOキャンパス、黒人だけといった雰囲気だ。図書館の中まで見せてもらった。コーラスの水準は高いと思った。有名なマンデラ記念館にも立寄る。

　研修バスの隣席はフロリダの方、若き日、日本にも短期留学？したといわれる。「フロリダがUSAの南なら、鹿児島は日本の南ですね」といった調子で話が進んだ。

4月26日

　岩間先生ご夫妻がWEF創設者・エンソア女史ゆかりの地を訪問のため外出されたので9人で行動。分科会のいくつかを探訪したが、文明の利器を活用してのきちんとした報告も多く、情報化社会が世界を覆っている感じがした。展示物の中から役立ちそうな作品はいくつか拝領、日本から持参したものとギブ＆テイク、折り紙コーナーで声をかけたドイツの会員に"Man lebt nur einmal in der Welt."というゲーテの言葉を書き添えてプレゼントしたら大喜びだった。

　夕方、一旦ホテルに戻り、正装してコンファレンス・ディナーに臨む。豪華な会場でコンサートの雰囲気、その音を止めて、日本代表・岩間教授の報告「南アフリカと新教育Fellowship」は立派！！エンソア女史も天国から感涙の拍手を送っておられたことだろう。

　帰りのバスを待つ間、会場入口のベンチでハモニカを吹く、「埴生の宿」、「野ばら」、「ふるさと」、「この道」、「菩提樹」等々。やはり音楽はいいなあ。

4月27日

　ホテルの精算をすませて会場へ、午前中はまとめ、その合間をぬって本屋に走り、アトラス等を見つけたので求めた。12時過ぎ先発隊として出発、ヨハネスブルグまでバス移動、昼食は車中でとった。ひまわりの花と実が左右の畑で別々にあいさつをしてくれる。

　11名のうち、岩間夫妻・西村・坂東・二見の5名でケープタウンへ、SA2時間10分の飛行、ホテルCommodore4016室に入ったのは23時過ぎと思われる。予定ではこの日プレトリアの日本人学校やJICAの南アフリカ事務所も訪問することになっていたの

に少々残念だった。

4月28日

　遂に憧れの地「喜望峰」に到着、海からと丘からと Cape of Good Hopeに立つ。大西洋と印度洋の重なるところ、雄大な南の海、岬半島全域が国立公園になっていた。

　8時スタート、案内役はEDWARD THRESHERさん、名刺には"Japanese and English"とある。元軍人で現在裁判所に勤務しながらら観光案内をされている。日本滞在は1951〜62年、朝鮮動乱の頃、吉松義彦氏に柔道を教わったという心優しい大男、沖縄の方と結婚、日本・中国・英国と動き、今ケープタウン郊外に新居を建てて16年、御自宅の近くで車を止めてくださった。日章旗が掲げてあった。1931年生まれというから丁度70歳、快適なドライブを仕立ててくださった恩人である。

　美しい海岸を眺めながら南下、ハウトベイー巡の船からアザラシの群棲を眺めた。カモメもたくさんいた。喜望峰到着、まず海岸に立つ。天気も最高、日本人としては何万人目になるのだろうか。They came from around the world. とパンフレットにあった。次に、灯台のあるポイントに移り、上から海を眺めた。途中から登山電車に乗る。岩々の大自然、岩間には何万羽という鳥が巣をつくるという。

　Meller's Pointで海の料理をいただく。椿の花が咲いていた。午後はアフリカペンギンの群棲地を見せてもらった後、植物園に入る。Kirsten-boschと呼ぶ。テーブルマウンテンを背景に、各種の植物がよく配置されていた。サボテン類の中には「象の足」と称するのもあった。木々は亭々と、葉はやわらかに、花は美しい。

　夕食は日本料理店「寿」KOTOBUKIへ、オーナーはS．Kubokawa店長、10年余ケープタウンで頑張っておられる由。客の入りもまずまず。刺身、天ぷら、寿司、みそ汁、フルーツ、茶と久々に日本の味をいただく。清酒も美味しかった。

4月29日

　朝、ゆったりと出国の準備をした。エドワードさんがWEF関係の資料や日本語の文献等を所望されたので若干揃えて謹呈する。古新聞も役立った。10時半頃、ホテルを出て空港へ、車中もエドワードさんの解説が続く。

　ヨハネスブルグ空港ではJALの渋谷恵美子さんが待機しておられた。お土産に大きな松傘を拝領した。最後の紙幣で孫3人に同じ模様のTシャツを買ってみた。17時SAで出発、機内食2回。

4月30日

　12時15分、香港着、関西空港ゆきに分乗される坂東さんと別れて、残り4人はCXに

て成田へ向かう。香港一鹿児島間も飛んでいるのに、今回は実現しなかった。成田着は20時05分、KSA（国際サービス・エージェンシー）の榎本氏が出迎えてくださる。私は羽田近くに一泊し翌朝早く鹿児島に向かうことにした。

2001年5月1日

7時モーニングコール、私の髭づらは一応出来た感じ。皆には、「ライオンに勧められたから」と言ってみよう。鹿児島空港に着陸後、大学へ直行、午後は水田づくりの共同作業（溝さらえ）が待っていた。

（付記）

新学期早々の海外研修旅行に対し快く認可していただいた大学当局にまず、感謝したい。旅のまとめは、帰国後、地元新聞と学園新聞に小さな文を掲載してくださった。6月に入り、私の還暦記念に『エッセー集・華甲一滴』（B6判 162頁）を「みぞべ文化叢書第4巻」として上梓、その中にも一編を入れることができた。

出発前、約1ケ月かけて折り紙をつくる仕事で多くの善意を得た。協力してくださった方の御芳名のみを記させていただく（敬称略）。

町田良夫、西野喜代美、厚地栄利子、森佐和子、俣木三美の各氏および加治木高校の生徒たち、志學館大学二見ゼミの学生、そして家族、等々。

これまでの旅行では和紙人形（ブックマーク）が多かったが、今回は坂東さんに賛同して袋いっぱい折り紙の作品を用意し、国際親善のため小さな努力をしてきた。無事帰国できたことが何よりも嬉しい。

〔出典〕　WEF日本支部編『甦れアフリカの大地』p.p. 42～48
2001年9月21日　鶴丸印刷　発行

ボルネオ島でWEFを考える

まえがき

　ユニマスことMalaysia Sarawak 大学との共催でWEFの第39回大会が開かれるのを機会に、初めてボルネオ島を訪問できた。私がWEF関係で海外研修に参加したのはこれで6回目である。因みに自分史を辿るならば、ボンベイ（1974〜75）／シドニー（1976）／ソウル（1982）／ユトレヒト（1984）／ハートフォード（1992）／サラワク（1996）となる。

　ボンベイの時はインド・タイ・香港、シドニーの時はオーストラリア・ニュージランド、ユトレヒトの時はフランス・オランダ・ベルギー・東西ドイツ・チェコスロバキア、ハートフォードの時はアメリカ合衆国・カナダといった具合に観光ルートも加味しながら訪問国を増やしていった。

　今回は、空港だけではあるがブルネイにも降りることができた。私の専門は日中文化交流史で中国には何度か行ったので、アジア関係では6番目の訪問国となる。

　マレーシアは南シナ海を挟んで東西に分かれ、その周辺にシンガポールやブルネイ、インドネシア・フィリピン・タイ・中国等が国を構えている。文化や教育の世界に国境は無いとはいうものの、海外旅行をする度に、国家の成り立ちや重みを感ぜずにはおられない。この夏は、成田→コタキナパル→サンダカン→ブルネイ→クチン→成田と移動しながら、海外研修の日程をこなした。ボルネオ島といっても北部のみだが、東マレーシアのSabah・Sarawak2州に居を移して、アジアの一角を視察してきたわけだ。今、目を閉じると、十日間の風景が走馬灯のように浮かんでくる。

　私は幼い頃から地図をみるのが大好きだった。少年時代のわが家には「大東亜共栄圏」の地図もあったし、歴史と共に、植民地が解消されていくプロセスを学んできた。今、大学で比較教育概論を教えている手前、世界各地、とりわけアジア諸国への実地踏査には感動が深い。

　マレーシアについては、まだ半分しか見ていないことになるが、今回、図らずもクチンの猫祭りにも参加し貴重な体験をした。現地での説明によれば、サラワク州の人口構成は、原住民・マレー系住民・中国系住民がほぼ3分の1ずつになっている由、そんな中でマレー語・中国語・英語等を用いながら、実質的にはマレーシア文化を形成していくわけであろう。日本や韓国では考えられない特殊事情の存在を意識させられた。もしかすると、マレーシアの住民は、その大半がバイリンガルさらにトリリンガルの世界に生きているのではないだろうか。最近は、経済的理由から、日本語の学習も盛んだという。

　前置きはこれ位にして、以下、私のマレーシア初訪問記を、観光を中心に、少しだけ日記風に綴ってみることにしよう。

○鹿児島から成田までは半日がかり

わが家（霧島市溝辺町）から鹿児島空港までは僅か3キロ、高速バス（11．43～14．50）にて福岡市天神まで辿り着く。姉の見送りを受け、地下鉄で福岡空港へ、搭乗手続きを済ませて出発ロビーに居ると、鹿児島女子大学の卒業生2人と再会、これからアメリカでの語学研修（ホームステイ）に出掛けるところだという。成田まで同行した。午後7時、空港着。無事ホテルに入る。

○ボルネオ島に初着陸（8月1日）

成田出発は日本時間で午前10時半、約5時間半かかって現地時間の午後3時頃には、コナキタパル空港に到着した。両替をし、空港周辺を散策する。海が見え、森が続く。南国の日差しは強いが、木陰は涼しい。花が咲いていた。

国内線に乗り換えて、夜6時40分サンダカン空港に到着、ホテルへ。夕食後ゆっくり休む。体内から溢れてくる生気を感じる。

○オランウータンを見物後、日本人墓地へ（8月2日）

午前8時半ホテルを出発、オランウータンの出るジャングルに案内される。ていていと聳える大木の間をぬって、観光に訪れた世界各地の人たちと一緒に待機していると、午前10時、幾組かのオランウータンが登場、愛嬌を振る舞ってくれた。予想していたよりも小さく、人なつっこい。ジャングルに分け入ると、珍しい植物があった。ヒルが出ると脅かされていたが、大丈夫だった。こんな自然の立派な森がボルネオ全島に広がっているとはいうものの、外国とくに日本向けに大量の木材をどんどん切り出していることに、環境保全と経済との矛盾を感じる。

午後は、日本人墓地を訪ねた。ボルネオ娼婦らの哀しい歴史もあるらしい。「南冥之各精霊」「南十字星礎眠」の文字が目に付く。「無縁法界之霊」も墓石になっている。入り口は立派だが、丘の斜面にバランスを失ない曲がりくねって建っている墓石を見ていると、気の毒な気がしてくる。

ここは、丘全体が墓地になっていて、中華系・イスラム系・キリスト教系それぞれに群立していた。日本人墓地もその一角にあった。総じて・きれいな墓地とはいえない。草深い中、さまざまな形式の墓石が並んでいる。カラフルで肖像を嵌めた墓もあった。太平洋戦争の犠牲者を祭る石碑には「壱九四五年五月廿七日、殉難華僑記念碑」と刻され、大きな花輪が置いてあった。

この日、我々は、ブルネイ経由でサバ州からサラワク州へ移動する。標高四千米を誇るキタバル山を雲の上から眺めることができた。

○バコ国立公園を歩き、猫祭りに参加（8月3日）

　長い一日、しかし、楽しい人間らしい気持ちになれる一日だった。ボルネオ島北西部の海岸に広がるバコ国立公園、面積は約8000エーカーという。ボート2隻で入り口まで、ガイド役は現地に住む日本人、配られたミネラルウォーターを口にしながら、ジャングルをかけぬけた。密林の植生に唯々感心するばかり、たとえば、根が大地にはいつくばっている。手長猿や天狗猿にお目に掛かる。海岸に出た。奇岩あり。海水浴を楽しむ人たちもちらほら。

　夕方、ホテルで一服後、鈴木先生とビーフン料理（Laksaという）を味わう。そして、夜6時過ぎより猫祭りに参加。耳の付いた帽子を付け、髭を描き、行列をしながら、クチンの大通りを練り歩くのである。「プラカードを持って列の先頭に立って欲しい」といわれ、旅の恥に免じて引き受けた。JAPANESE CAT LOVERSの一員になってしまった。躍りの上手な和服姿の二人が熱演。夜を徹してのお祭り風景は、ホテルの10階から眺められた。

○民族村を見て、博物館巡り（8月4日）

　快晴、今日もTシャツで観光。午前中はサワラク文化村へ、首狩りで有名なイヴァン族の伝統建築をたっぷり見学した。50年前の鹿児島もこれに近い風景が見られたなあ、と想い起こす。竹製・木製の生活用品・文房具類をすこし買う。ショウを演ずる人たちの真剣な眼差しに感動し、私も、いつの間にか舞台に登っていた。

　午後は、博物館めぐり。ボルネオの歴史と自然が満堂にあり。最後の猫博物館には、世界中の作品が並べられていた。猫一つで、国際観光都市になっている感じを受ける。夕刻、国際会議場となるリゾートホテルに到着した。

○WEFサラワク大会（8月5〜10日）

　大会初日は、予備会議のごとき雰囲気だった。WEFの創設者エンソア女史を紹介する岩間・山崎両先生の発表をもとに、私たちは21世紀のWEFを考えていた。

　午後・ユニマス訪問・会場から大学まで約40キロの道のりであったが、着いてみると、マレーシアの未来を象徴するような立派な佇まい。入念な説明を受ける。

　因みに私が日本を出るとき検索したインターネット情報では次のように出ていた。

　　University Malaysia Sarawak（UNIMAS）
　　Eatablished in 1992 as reflected from its name, the university is located in Saramahan, Sarawak, It is the firstfull-fledged university to basetup in East Malaysia.

美しいキャンパスに、学生数は約千名。図書館の蔵書数は約5万冊。教育関係の雑誌は、世界各国から集められていた。旅の記念に、拙著（近刊『いのちを輝かす教育』1996　一茎書房）を謹呈してくる。
　翌6日、盛大な開会式。ユニマスで作成された立派なパンフレットを手にした。WEFの新会長・日本の奥田眞丈先生が、英語で就任演説をされ万雷の拍手。アジアからは初めてのことだ。
　よくよく参加者名簿を見ると、173名中、4人に1人が日本人となっている。その中には、日本に来ている留学生やWEF日本支部に未加入の方もおられたが、日本が上げ潮にあることは確かな事実である。嬉しいことである。
　約1週間に亘る大会の模様は、別稿を期待している。

あとがき
　大会中の私は、残念ながら体調を壊し、風邪薬を飲みながらの参加だったが、諸イベントに適宜出席しながら、WEF精神を受け止めようと努力していた。会員と夜を徹して語りあったことも良き思い出である。「アジアの中の日本」を強く意識させられた大会でもあった。環境と教育を繋ぐためには「本来的感性への回帰」が大切であると思った。伸びている若い力を信じて、これからも頑張りたい。

　〔出典〕　　（『賛斗梵への道』5～10th August 1996　世界教育連盟　日本支部）

ユーラシア大陸で学んだ智恵

1

　「自然・人・文化を学ぶ」という副題を添えた「2001年シルクロードの旅（紀行文集）」の中で、8日間寝食を共にした仲間の一人は「ユーラシア大陸の目」を育てられたと述壊している。島国日本に生を享けた私たちにとって、大陸は異国であり、一定の距離を置いてきた。今回の旅によりその尺度に変化が生じたというわけか。

　戦後育ちの世代が物心ついた頃、中華人民共和国は「中共」と略称されベールに包まれた存在であった。それが今や「中国」の名の下に最も身近な外国となりつつある。香港やマカオがヨーロッパの支配から解放され中国に戻ってきた。モンゴルや台湾といった周辺の国々を含めて、中国文化圏は次第に広がっている。

　シルクロードの旅は、これまで描いてきた中国のイメージを修正してくれたという意味で収穫があった。とりわけ、自然観の変革は大きい。私にとっては世界感覚の刷新に終始した体験の旅だった。

　また、先人の「旅日紀」を拾い読みしていくうちに、シルクロード協会十年間の試行や経験がよく蓄積され、このたびのスケジュールにも反映されて万事スムースに展開できたことに対し感謝の気持ちが湧いてきた。「ローマは一日にして成らず」という格言の通りである。

　世界地図をひろげてみると、福岡からウルムチまでの中間点あたりに西安（長安）が位置づいている。日本列島を二倍にした距離である。私はこれまで、ヨーロッパ、北米、南アフリカ等へ飛んだ経験もあるのでウルムチが遠い距離だとは別に感じないけれど、「シルクロード」と総称される一帯の雄大な景観はまさしく「大陸」そのものであり、大地のひろがりであった。三十数年前入手し、今も応接間に置いているわが家の地球儀（山脈や海溝まで刻みこんだもの）を眺めながら、アジアとヨーロッパを結ぶ「ユーラシア大陸」の要の位置にあるシルクロードの過去と未来に思いをはせた。以下は旅日記の断章である。

2

　西安二日目に訪問した陝西歴史博物館で宋時代の展示の一角に「六六約方」なる数表を発見、少年時代から関心を持っていた「魔方陣」の一種なので書き留めてきた。三行なら1から9まで合計数45を3で割って平均が15となる。これまで三行・五行・七行など奇数ケタには原則もあるので解答を出せるが、偶数の六行は出来なかった。中国の数学者はこの難問を已に解いていたのである。1から36を並べてタテ・ヨコ・ナナメの合計数が111となるではないか。「すごいナァー」と頷いてしまった。

　漢字そのものが象形中心で文化性の極めて高い文字である。日本人はそこから仮名

を発明し、国字を加えながら独特の文字文化を形成してきた。中国人による略字化が今後日本にも影響を与えるかもしれない。欧米文化を摂取しながら、古来連綿と継承されてきた中国文明の長所にわれわれ日本人が学ぶことはまだ多い。魔方陣の歴史を調べる仕事はこれからの宿題だ。中国人の誰かが組み立てた数理の世界、「偉い」と思わず襟を正してしまう。

3

　九月六日、雪を冠した天山山脈と赤茶けた大地を見おろしながらウルムチ空港に到着、夜は新疆ウイグル自治区在住の方々と夕食を共にした。隣席はカザフ出身の学生、近い将来、日本の大学院に留学したいらしい。中国の大学ではロシア語を専修したという。英語を飛び越えて日本語を学び始めた。たどたどしい会話が続いたが、拙著『華甲一滴』なるエッセー集を謹呈したところ「すらすら」と言ってもよい程の早さで読み始めた。日中文化交流史に関心を持つことで共通の話題が深まってゆく。顔かたちはわれわれ日本人とそっくり。何千年という時の流れを想像させた。後日談になるが、年始郵便物の中に今春は彼からカザフ族の民芸品「鞭」が贈ってきた。日中友好を通して世界の平和を実現できるよう「頑張りましょう」と鞭打ってくれたのかも知れぬ。

4

　九月七日、紅山公園を皮きりに、新疆師範大学、カレーズ等へ移動する。バスの車体には「旅游汽車公司」の文字が世界地図の上に朱で書かれている。日本は確かにユーラシア大陸の東に位置する小島だ。

5

　九月八日、ウルムチからトルファンへ約二百粁、草木の無い岩だらけの山が延々と続いていた。天山の雪解けによって潤うというオアシス、水だけでなく石油までも埋蔵されている大地、『西遊記』の舞台はこんな世界だったのか。仏洞や故城等に刻まれている芸術美を堪能しながらインドから日本へ約千年の旅をしてきた仏教文化を体感した。

6

　重陽に陽関遺跡を訪問、火車の窓から昇る太陽を眺めた日の午後であった。陽関の一角にオアシスが見える。

7

　九月十日は莫高窟へ入り、午後鳴沙山・月牙泉に遊ぶ。六百余の階段を登ると頂上、足もとが砂に沈む。ハーモニカで「月の砂漠」を奏でてみた。

8

　九月十一日、敦煌から西安に戻る。秦始皇兵馬俑博物館では、発見者楊志発氏からサインをしてもらった。世界遺産でも規模が違う。夕刻、西域の安定を願って命名された「安定門」をくぐった。城壁の上は四頭立ての馬車が走る道である。

9

　夢かなう絲綢の路や秋の空（上田良宏）
　四次元を飛天は翔けり秋桜（小山恵子）
　…仲間たちの詩が続く。
　権藤與志夫団長以下15名、案内役芹野伸子さんの入念な企画と行動力のおかげで楽しい旅が実現した。「シルクの風に舞うラクダ」の旅で得たものは筆舌に尽くせぬといえる。

10

　帰国の日の朝、ニューヨーク（紐育）では同時多発テロ事件が発生する。ユーラシア大陸の一角を震源地とする不祥事だけに心が痛む。アジアとヨーロッパを結びアフリカに繋がる世界、さらにアメリカ大陸や大洋洲、地球市民の活動舞台は広い。日本人として、今なしうること、なさねばならぬことは何かを考察する。ユーラシア大陸で学んだ体感的知恵を生かすために、旅の記憶をたどり、仲間たちの意見に耳を傾けながら、二十一世紀を静かに歩んでみたい。

（九州・シルクロード協会編『会報』Vol.12　2002.11）

世界をつなぐもの

　過ぐる日、「アジア民俗音楽交流会」が鹿児島市民文化ホールで開催された。韓中日3国のハーモニーが会場に感動の渦を巻き起こし、21世紀につながる世界を直に見せてもらった。あいさつに立たれた沈寿官氏は「アジアの連帯」なる表現を用いて、ソウル中央国楽管弦楽団の指揮をとられた朴範薫教授や、二胡の天才奏者・姜建華さん、太鼓集団・蒲生郷太鼓坊主の活躍を讃えながら、心豊かなアジアの限りないエネルギーの源泉がこうした民族音楽の交流の中に存在すると話しておられた。

　かつて、私はボンベイを旅したとき、インドの楽器ビーナの音色やバンブーダンスに魅せられたことがある。民族衣装を纏っての演技は異文化を味わうにふさわしい雰囲気であった。初の海外研修だったので、出発前「アジアへの理解」と題する小論を書き、英会話の練習にも励んで臨んだのだが、実際に身を外国においてみると、言葉以上のものが終始心を動かし、人類は一つなのだと実感した。あれから四半世紀、90年代は今「アジアの時代」とも言われ、新たな国際関係や秩序が模索されている。

　ところで、私たちのふるさと鹿児島は、昔から世界に窓を開いた土地柄である。鑑真やザビエルの上陸地としても有名だが、自らも他国へ人材を送り出してきた。例えば、初代文部大臣としてわが国文教の方針を確立した森有礼は薩摩藩英国留学生の一人である、森の肝煎で伊沢修二の師・音楽家メイソンを米国から招聘し学校教育に洋楽を根付かせた点など注目に値する。その後の日本は、折からの脱亜入欧政策に乗って、西洋文化を基軸とするようになった。

　だが、世界各地の優れた文化を摂取する姿勢だけでは単なる「理解」の域にとどまるであろう。21世紀の国際社会は庶民的「連帯」を求めている。政治や経済も、教育や芸術も、それぞれの民族や国の個性を認め合いながら共存共栄せねばならないからである。

　二胡や太鼓の音色に耳を傾けながら、世界をつなぐものは何だろうと考えた。もっと足下のアジアを理解せねばならないのではないか。私たちが一昔前の学校時代をふりかえってみるとき、そこには外国即西洋という暗幕が張られていたような気がする。ピアノやバイオリンと、琴や三味線とを共存させた音楽の授業などはほとんど見かけなかった。

　いよいよ生涯学習時代、古今東西の良さを認め合い、世界の連帯ができる人材を育てなければ、と思わずにはいられない。

（鹿児島県教育委員会編『月報』平成5年8月号　通巻第434号）

日 中 交 流 余 話

一

　「生涯学習と家庭の教育力」と銘打ったパネルディスカッションで、歌手のアグネス・チャンが次のように言っていた。「教育というのは楽しい遊びだと思っているんです。（中略）息子は自然にそれなりのレベルで中国語、日本語、英語を話せるようになっています。（中略）英語の単語は音楽を交えて教えています。日本語は周りが皆しゃべっていますし、中国語は二人だけの会話のときや子守歌によく使います。子どもの能力というのはすごいと思います。」

　中国語をほとんど話せない筆者が、日中文化交流の歴史研究家だというだけの理由で、中国から正式の招待を受け国際会議に参加し研究発表をしてきた。日本から約10名、これに欧米系の学者を含めて世界各地からの参加者の大半は日本語が話せる人たちであったから初対面ながらすぐに仲間に入れてもらえたが、会議の公用語は中国語だったため、討論の流れには充分ついてゆけなかった。

　考えてみると、招待された外国人学者のほとんどはアグネス女史のような国際人だったわけである。

二

　会議の正式名称は「中国中日関係史研究会第一回国際学術討論会」である。この会は、1984年8月に創立された民間の学術団体で、中日関係史を研究する学者・専門家と有志が中国本土から集まり、お互いの研究成果や経験を交流・討論することによって、水準を高め、その基礎の上に、日中両国人民の信頼を深めつつ「世世代代の友好」を遂行したいという趣旨で成立している。1987年7月現在、中国全土に四つの分会があり、25地区に637人の会員が登録している。たまたま1988年は国際旅游年、中国にとっても、国際学術シンポジウムの開催は時宜を得た慶事として理解され、大会秘書組の運営ぶりには頭の下がる思いであった。

　「北京的十月、秋高気爽、気候宜人……」とあるように、十月二十四日到着後約一週間北京の秋を楽しませてもらった。1959年に建国十周年を記念して建てられた民族飯店が宿である。翌日人民大会堂での厳粛なる開幕式、中国中医研究院に場所を移しての討論会がはじまるわけだが、私にとっては初の訪中だけに、強烈な印象が残っている。

　開幕式（開会式）に先立つ全体合影（記念撮影）には約130人が並んでいた。孫尚清会長の肩書は国務院経済技術社会発展研究中心副総幹事・中日友好二十一世紀委員会中央委員となっている。副会長の一人は旧満州国ゆかりの愛新覚羅・溥傑氏であった。開幕式では湯下博之公使も来賓として祝辞を述べられた。通訳は中国共産党中央委員会書記官、流暢な日本語であった。

三

　討論会は、中国中医研究院に会場を移し、三回に分けて行われた。発表者と論題を列記してみよう。

- 　○　汪向栄「中日関係史的過去和未来」
- 　○　田中正俊「日本資本主義之下軍隊的武器与中日戦争」
- 　○　二見剛史「京師法政学堂時代的松本亀次郎」
- 　○　水野明「日本的『中国論』的検証」
- 　○　D・R・レイノルド「被忘却的『黄金十年』1898—1907」，
- 　○　解学詩「弄清史実、深入探討—関于編纂『日本帝国主義侵華档案資料選編』的一些思考」
- 　○　石井明「『日台和約』的締結過程之分析——関于日方草案的若干問題」
- 　○　J・A・フォーゲル「戦前在中国旅行的日本文学家」
- 　○　B・ブルック「川島芳子的女扮男装」
- 　○　魏栄吉「東亜交通史研究的幾個問題提要」
- 　○　孫偲蘭「中日文化交流中的刺繍芸術」
- 　○　鄭学照「上海在近代中日関係史上的地位」
- 　○　鄭云郷「従延辺朝鮮族自治州的日語使用状況看中日関係的過去和現在」

　日中関係史の哲学・宗教・文化・芸術・文学・政治・軍事等、各方面からのアプローチであることを、これらの表題から理解できる。今後、研究の深化と共に、多角度、多段階、全方位の方向に発展することであろう。その詳細にふれることはできないが、総論というべき汪向栄氏の報告をみると、なぜ日本が弱国から強国に転化したのか、その原因を探る必要がある。その際、日本の教育に注目したい、といった指摘がなされていた。

　筆者は、戦前日本における中国人留学生教育に生涯を捧げた松本亀次郎が、清末の京師法政学堂で日本語教育にかかわった事実に着目し、松本の中国認識が北京時代を通して確立したことを強調した。日本人の多くが欧米の方向を見ているとき、松本は日本文化の基である中国に対し尊敬と信頼を抱き、中国人を大事に思っていたことのエピソードもいくつかあげて「一衣帯水」の日中両国がそうした関係の中で文化交流を続けられることの大切さを説いたつもりである。通訳の徐建新氏には事前に草稿を渡しておいた。松本が北京に滞在したのは80年昔のこと、京師法政学堂（北京大学の一源流）関係の資料は皆無に等しい由、当方としても、論考をまとめながら、日中文化交流の視点をもう少し明確にし論理を再構築した上で今後に期す必要のあることを痛感させられた。

　幸い、発表後、中国人の何人かから松本研究への関心が寄せられ、筆者自身励まされた思いである。

シンポジウム全体の雰囲気をいうなら、近代百年を通して形成された日本人の中国蔑視、経済大国としての優越感を大いに反省してほしいということになろう。『北京週報』四十七号（1988・11・22）に掲載の申健「中日関係史国際シンポジムを取材して」の記事内容もそうした動向を伝えている。

四

国際会議に研修視察はつきものである。主催者側が用意したのは、①天安門城楼参観、②十三陵・長城遊覧の2回で、全中国から参集した会員と行動を共にした。このほか、外国人招待者に対しては会宴の機会もあった。

天安門といえば、最近の流血事件で報道されたが、道路側から眺めた印象とはいささか異なり、登楼してみると、まさに天をつく雄大な景観がひろがり「世界人民大団結万歳」の雰囲気である。十三陵は、明清時代の王侯権力の大きさを直かに見せていた。地下47米に再現された石棺は権力の象徴というべきだろう。

さて、万里の長城遊覧は十月二十七日の午後。八達嶺の東西にひろがる石とれんがの長城に世界各地から集まってきた群に加わった。春秋戦国時代に端を発し、秦の始皇帝が大増築を行ったという大城壁、山海関から嘉峪関に至る約2400粁の長城である。何千年の風雪に耐えてきた旧跡、大変な労力と時間を要したことであろう。同様に、どれ程多くの人がこの地を訪問したであろうか。

五

個人的に出かけた名所旧跡もいくつかある。

北京大学に日本研究中心が設立されているというので、ダグラス・R・レノルズ氏とバーバラ・ブルックス女史と筆者の三人、地下鉄やバス、乗合タクシー等を乗継ぎながら市内見学に出かけたのは二十八日午後。途中頤和園に遊び、北京大学西門に辿りつく。王暁秋・李玉両副教授が待機しておられた。銀杏や紅葉、柳や松、中国様式の建物に彫刻、公園のように美しいキャンパスだった。十年前に建立されたという蔡元培の胸像、スノーの墓などがあり写真におさめる。構内の池は冬になればスケート場に変身するそうだ。

北京大学は「国家教育委員会直属的高等学校之一」で、29学系に分かれ、学生数は約2万人である。本科生9000人、院生（碩士・博士）2800人、留学生500人、その他夜間生等8000人の構成に注目したい。教師数は2880人で、五十五歳以下の教授が総数の63％を占めるという。図書館には時間の都合で入れなかった。日本研究センターはまだ発足したばかりの感じで、今後に期待されるところだといえよう。

王府井（わんふうちん）を歩き、瑠璃廠（るりちゃん）で買物をするのが観光客おきまりのコースだが、自転車洪水を横目に少しだけ散歩してきた。とにかく品物が安い。だが外国人とくに日本人相手に悪徳商法も見られるようだ。貨幣は人民券と兌換券に分かれ、両者の差益をねらっている若者が路地角に立っていた。

故宮博物院〜景山〜北海公園は最終日に独りで歩いた。天安門をくぐりぬけて故宮に至るわけだが、広さ、豪華さに圧倒され「深呼吸」する思いであった。朱色の影、大理石の彫刻、入念な説明板、そして人の群れ。景山から四方を眺むれば、数千年の歴史が偲ばれる。

　北海公園で遊覧船に乗った時、大阪の府会議員、社長さんらの一行と巡りあった。案内役は北京大学留学中の女子学生、王暁秋先生の講義も受けているという。大阪商人と薩摩隼人のすばらしい出合いは、北京最後の夜の宴会に発展した。翌朝北京空港で合流し、大阪空港で別れたが、異国での親切はWEF (the World Education Fellowship) 精神に合致し、旅のよき思い出を残したようである。

六

　世界新教育会議東京大会で運営委員の末席を汚していた頃、筆者は、日中文化交流の研究に着手したこともあって、中国の教育者・研究者と一緒にアジアの将来、地球市民の連帯を語りたいという夢を持ち始めていた。爾来15年余、魯迅や周恩来に日本語を教えた松本亀次郎（1866〜1945）の研究がきっかけとなって、松本の教え子汪向栄・揚正光氏らからの呼びかけがあり、予期せぬ訪中が実現したわけである。

　「世界は一つ、教育は一つ」(One and Only Education for only one World)をめざしつつ、小さな旅の小さな記録にひとまず幕を降ろすとしよう。

　　　　　　　　　　（世界教育日本協会編『教育新世界』第28号　1989・11・10）

【追記】
日中交流史の研究成果を最近纏め、出版しました。拙著『日中の道天命なり
―松本亀次郎研究―』学文社　2016年11月1日発行j（A5判　348頁）

恒久平和へのわが思い　―大連視察にちなんで―

○特攻の基地跡の碑に刻まるる恒久平和の願いくるしゑ

　これは、平田利栄女史が『華』第三十八号に寄せられた「知覧」20首詠の一首である。
　溝辺町（現霧島市）の上床公園にも特攻碑があり、毎春四月には遺族を招いて慰霊祭を行う。私も通知を貰うとやはり出かけてみたくなる。恒久平和への願いを忘れないため、戦後世代にはこんな行為でしか弔意を表現できないのだから、と思ったりする。

○特攻の慰霊の客を迎えむと春塵巻ける空港に立つ
○風よりも軽きいのちか花びらの日に透き舞へば天は果なし
○特攻像の夕かげ胸に倒れ来て兵の記憶のよみがへる丘
○初ざくらうすくれなゐの花びらの散りゆくそらに特攻祀る

　岩元喜吉（右京）著『風やわらかに』〔みぞべ文化叢書　第1巻〕に収録されているこれらの歌で補ってみると、特攻に寄せる敗戦の民として共通の思いがわいてくる。
　しかし、私は、近年になって、これだけでは満足できない何か深い探求心をかき立てられている。それは感傷というよりも、世界の実情を知り、恒久平和とは何かをもっと確かめてみたくなったのである。そんな思いを叶えてくれたのが昨年暮の大連視察であった。
　アカシヤの街大連は、今、旅順口までを含む五百万人の大都会、地図の上では北朝鮮のさらに向うに中華人民の住拠があり、人々が生きている姿をこの目で実際に見てきた。
　百数十年前は横浜や神戸と似て小さな漁港にすぎなかった大連がロシアに続いて日本の植民地となり」五十年前に中国人の手に戻った。一九九九年は大連開港百年目、新中国建国半世紀の節目にあたり、街は活気に溢れていた。私の滞在期間は暮の一週間だったが、重い歴史と二十一世紀のアジアを考える良き機会となり、日中文化交流史をライフワークの一つとする自分にとって感銘深い視察研修であった。
　大連には二つの思いがある。一つは日露戦争に従軍した伯父の話−富国強兵の国策に感動し十八を二十歳と偽って志願した伯父の語り草に出てくる二〇三高地や水師営に立ってみたかったことである。パトカー先導での視察先で耳にした説明によれば、日露戦争ではロシア人五千、日本人一万人が戦死したという。水師営は乃木大将とステッセル将軍が今にも出てきそうな雰囲気であった。

もう一つの思いは甥の出生地という縁しである。今は亡き姉が、大連は加賀町に住み、満鉄勤めの義兄と新婚時代を送った話は聞いていたが、そこがどんな場所だったのか知る由もなかった。旧日本人街で撮した写真を帰国後義兄に見てもらいながら、姉を偲んだ。出産後病を得て昭和二十年一月、鹿児島市のH病院で二十三歳、子育ての喜びを味わうことなく他界した。甥は実家で大事に育てられたわけだが、義兄は戦後一年有余ホームレスの地獄を大連で味わう。その間の苦悩は想像を絶するものがある。

　大連のホテルでハプニングが起こった。ロビーで中老の男性に席を譲ったのがきっかけで会話がはずみ遂には友人二人と夕食に招待されたのである。旧大和ホテルで豪華な中華料理を戴きながら、その老社長は平和の哲学を説かれた。「歴史は事実として忘れることはできないが、日本と中国は同じアジア人として友好を深めなくてはならぬ」という趣旨である。満鉄関係の中等学校で覚えた日本語で昔を思い出すように切々と話されていた。

　大連は光と影「ホームレス当時のことは思い出したくもない」という傘寿の義兄の言葉に涙しつつ、亡き姉の供養となった今回の視察をふり返りながら、私も静かに恒久平和を考え始めている。

（『華』第三十九号　2000・4・20発行）

生涯学習社会における国際教育（その1）

はじめに

　本来、教育や文化は人類社会の質を高めるために機能すべき存在である。ところが最近世界的規模で人間の質そのものを問い直したい現象が続出している。いじめや殺人、テロ事件等々、その原因を問い詰めてゆくと、人間に対する愛や理解を育てていく教育の使命を再検討したいという気持ちにさせられる。そして、近代教育の所産である「学校」についても根本的に考え直すべき時代に差しかかっていることに気付くのである。

　筆者は長年「学校教育」とりわけ高等・中等教育に関わる課題の分析を心がけてきた。日本近代教育史を繙けば、19世紀後半から20世紀にかけて教育の内容方法面を中心に近代化即西洋化の方向で学校教育が営まれていたことに注目させられる。脱亜入欧を是とする姿勢が求められていたといえよう。戦時下の日本至上主義も訂正されて半世紀を経過した。一体、日本人にとって学校はいかなる存在だったのだろうか。生涯学習社会の到来という世界的潮流を受けて、学校教育への風当たりが強くなった。「学び」の内実を検討しながら、学校教育の再生・復興が強く求められている近年の動向を念頭においてみる時、今、私たち日本人に求められているものは何かについて考察していくことは時宜を得た研究課題といえよう。

一　面から球へ

　新世紀の初年（2001年）に、筆者は2回海外視察の機会を持つことができた。南アフリカ（4月21～30日）とシルクロード（9月5～12日）である。中国への旅は北京～天津、大連、香港～マカオに続くもので、今回は福岡～（青島）～西安を経由しウルムチ・トルファン・敦煌をつないでおり、いわゆる「西域」の風土を体感してきた。南アフリカではWEF（世界教育連盟 The World Education Fellowship）主催の国際会議、シルクロードではウルムチで新疆師範大学との交流会があったので二回とも単なる観光とは異なるが、日本や韓国、欧米やオセアニアには無い風景を眼前にして、地球の広さや深さを充分に味わうことができた。そして、最大の収穫は「面から球へ」の原理に気付いたことである。

　四半世紀前、30代の筆者たちが高校時代の同期会を結成した折り、皆に呼びかけたキャッチ・フレーズは「点から線へ、線から面をつないで人生の拠点を創ろう」であった。今回の海外研修で実感したことは、面を乗り越えて「球」なる概念に、教育的、哲学的意味づけをしたかったということになる。

　俗に、多面的、多角的という表現がある。物事を視るときは、複眼的思考力と総合的判断力が大切なのではないだろうかと常々考えている。そうした面を集成したものが球であり、地球こそは正しく多面的世界の集合体といえよう。人類が永年に亘って

築いてきた諸々の文化や歴史には、序列や高低・濃淡を意識してはならぬ相対的価値が宿っている。どんなに小さな集団の中にも、それを組織している個人の絶対的価値が存在している。それぞれの価値を相対的に評価するときに初めて球を形成している無数の面が輝き出すのである。世界は広く、地球は大きな存在であることを実感した今、球の原理を真剣に考察したくなってきた。

二 One and only Education for only one World!!

1921年カレーで発足した国際新教育連盟（The Internatinal New Education Fellowship）が世界教育連盟（The World Education Fellowship）と改称したのは1966年である。この間、日本は、新教育協会（1930～1941）を経て、戦後、国際新教育協会（1955～1967）として再発足し、世界教育日本協会（1967～1990）さらに世界教育連盟日本支部（1990～2003）と改称した。そして、新教育運動の精神を体しながら、国際教育交流の伝統を保持している。（現在名称は世界新教育学会）

筆者は、昭和42年（1967）、世界教育日本協会発足の頃入会し、この四半世紀WEFを舞台にしながら国際交流の感覚を養ってきた。「面から球へ」の発想は、この実践の中で出現したと確信する。以下、WEFでの実践記録を紹介する中で、生涯学習社会における「国際教育」に関する小さな提言をしてみたい。

まずWEF日本支部の歴代会長を列挙するならば、野口援太郎（1930～1941）を初代として、小林澄兄（1955～1967）・小原國芳（1967～1974）・稲富栄次郎（1974～1975）・皇晃之（1967～1989）・岩田朝一（1989～1994）・奥田眞丈（1994～）と継承されている。（現在の会長は新井郁男氏）。筆者は小原会長と父が鹿児島師範での同級生という誼みの故に、WEF活動に参加することになった。入会直後、中森善治事務局長から「世界新教育会議」（WEF東京大会）への協力を要請され、本務多忙の間隙をぬって同会議における運営委員となった。大会テーマを「新時代をひらく教育―教師は何をなしうるか―」とし、昭和48年（1973）8月、日本人263名、外国人134名を東京の帝国ホテルに集めて開催されたわけだが、国際会議初参加の体験は、筆者にとって、その後の人生を大きく方向づけることになった。報告書編集委員としての苦労も大きな収穫である。

東京大会のテーマ、"Education for the New Era, What can Teachers Do"に込められた教師像の構築がわれわれの課題であった。「激動する社会（a Rapidly Changing Society）」で求められる問題は新しい価値観に基づく人間観や教育の真義である。小原会長の言を借りるならば「教育の内容は人間文化のすべてを有たねばなりません。故に教育は絶対に全人教育でなければなりませぬ。従って、理想としての教師は『全人』であらねばなりませんし、文化の全部を具備していてもらいたいものです。」

Education should contain the human culture in its entirety. Therefore education has to be the whole man education. It means that the teacher has to be a whole man himself, with the whole of human culture embodied in him.

　「文化のすべて」を具備することは、個人の次元では容易でない。しかし、小さな集団――筆者の言う「面」の次元では用意されるべき内容である。国際化社会の理想像を追求するとき、全人教育の内実として盛り込まれるべき「文化」に関心を持つことが大事であると自覚したのはこの時であった。

　WEF日本支部の機関誌名は稲富会長の時期に『教育新時代』から『教育新世界』と改称された。中森善治事務局長の下、教育（哲）学者や実践家、国際通の人材が集められ、筆者も足繁く諸会議に出席する機会を得た。稲富会長は『教育新世界』創刊号の中で、大概次のように述べている。――現代は人類が分裂している時代であり、教育もまた混沌とした状態になっている。世界および人類を救う道は教育が一つになることであり、それは世界が一つであるという考えを基礎にして成立しているものである。WEFの活動は『世界は一つ、教育は一つ』(One and only education for only one world) という標語をモットーとして教育を進めたい。

　ギリシャ哲学ではコスモス（cosmos）という言葉の中に宇宙なる最高統一原理を表している。秩序と調和の実現としての宇宙の原理、それに基いて世界の教育を推進する。教育の原点と新教育運動の精神を体しつつ、WEFは有機的な結束が求められていることを教えられた。「世界は一つ、教育は一つ」という信条を確認するための会議が開催された日のことが思い出される。筆者はその頃「教育百年史」編纂事業を終え、日本大学に転出していた。当初は学生部に配属され、マンモス大学運営の中枢機能を学習することができた。高等教育の実践を体感したわけである。学生相談室で全国の資料収集をしながら、大学教育は如何にあるべきかについて真剣に模索していた。その後、郷里鹿児島県の志學館大学文学部人間関係学科で学校臨床学専攻の主任を拝命した筆者にとって、日本大学での「原体験」は学生指導面でも大いに役立っている。教育学と心理学、理論と実践、学校と社会、等々を調和させるための哲学「全人教育」を探求するための場として、WEF活動は筆者の研究生活に深い関わりを持つことになる。インドでの国際会議に参加したのは日本大学在職中の1974〜1975年、筆者にとって初の海外研修であった。

三　地球村・地球家族

　Global Village 地球村なる表現は、国際化社会の進展と共に定着してきた。この世界はどんなに国際化が叫ばれても海外研修を経なければ容易に体得できないような領域である。筆者は山深き谷あいの小村で幼少年期を送ったが、『玉川児童百科大辞典』30巻が勉強室に置かれ、常日頃「世界に羽搏け」と激励してくれた父の影響で、国際社会を意識する人間に育てられていたと思う。しかし、回顧するに、中学・高校までの教育環境は、地域とか郷土とか集落、伝統や秩序を優先する日本的社会そのままで

あった。筆者は、物心ついた頃、家族や故郷に対し不満足な意識を駆り立てられた。「もっと大きな世界がある筈だ」という気持が自然と湧いてきた。ともかく外の世界を見たかった。

　大学に入学し、さらに大学院に進学して、学問の世界を知ることになるが、ややもすれば、大学人は海外からの文化を追い求めがちであり、地域社会に根ざした学問は容易に育てられていないことを逆に知る。筆者の目標は「赤黒き知識人(インテリ)」であった。全人教育論に出てくる「反対の合一」「労作が教育の眼目」といった言葉に共感を覚えていた。父の急死を契機に就職・結婚と進み、気が付いた時は東京に出ていたような気がする。そんな頃、出会った世界がWEFである。研究者としての専門分野は日本教育史という極めて地味な研究領域だが、今にして思えば、日本の教育を世界の中で理解し直したいという衝動にかられていたのかも知れぬ。

　WEFボンベイ大会参加という体験学習の中で得た最大のものが「地球村」である。日本代表は皇晃之団長以下20名、その内訳は男性12、女性8、職場別では大学10、教育現場8、主婦（元教員）2で、地域は北海道・東北から、中国・九州にまたがっており、この他に幼児一名、添乗員一名を加えた総勢22名が羽田・ボンベイ間往復の旅で完全に行を共にした。

　東京大会の余勢を駆って、ボンベイ大会では至るところに文化的、家族的雰囲気づくりの配慮がなされていた。いくつかの例を示すならば、空港到着後の日本人一人ひとりの首に花のレイをかけて歓迎してくれたり、食堂では参加諸国の歌（「さくらさくら」「上を向いて歩こう」等々）を流してくれたり、民族舞踊の披露、学校や家庭への訪問、等々、心にしみる歓迎ぶりで、文化大国インドを印象づける設営が随所に感じられた。

　ボンベイ大会のテーマには「より充実した生活のための教育革新」(Innovation in education for a fuller life) が提示されていた。世界的不況、住宅問題、人口爆発、大気汚染、地球資源の破壊、人種差別等々、今もなお続く人類全体の危機に対し、教育関係者は如何なる役割を果たしたら良いのか。これらの問題を解決するためには、新しい世界の秩序を創出してゆける人間の形成が大切である。

　筆者にとって初訪問のインドは、日本の九倍という広大な国土に約六億の人口を擁する大国であった。しかも、多民族、多宗教、多言語、多階層の国で、アジアで最古の文明を誇る一方では太古さながらの貧しい生活も見られた。識字率25％といわれる半面、自由に英語を話せる人が5％─約三千万人存在するという。紀行文集『地球村ボンベイ』の「編集後記」で筆者は次のように総括させてもらった。

　……「現代と古代が交錯」し、「渾然として大調和」しているインドへの不思議な魅力、……「タジマハル」という世界有数のホテルに泊らせてもらっているにもかかわらず（いな、それ故にこそ）、人類愛、人間理解を第一義とする「教育」の原点をさぐろうとしているわれわれの眼は「インド」の原点にたえず注がれていくのでした。

……到着後しばらくは、インドの現実に対するあまりの驚きから、インドの影の部分が気になって仕方ありませんでした。しかし、フェローシップを核とする交流の中で少しずつ光の部分が見えてきました。私たちがおしゃかさまの国にいたからでしょう。……南北3200キロ、東西2700キロに及ぶという広大な国土をもつインド、人口約六億の五分の四は農村に住んでいるといわれます。したがって、国際都市ボンベイだけでは全インドのほんの一点を垣間見たにすぎないかもしれませんが、その「地球村」に、いま、世界各地から多くの仲間たちが集まってきたのでした。そこには、これから私たちが味わうべき多くの問題が満ち溢れていました。物質的には貧しさの目立ちすぎるインドでしたが、彼らのもつ人生観や文化の優秀性にも多くのひかれるものを覚えた私たちでした。……まさに「百聞は一見にしかず」、私は、このたびのささやかな体験から外国見学の重要性と必要性を説かずにはおられなくなりました。日頃の持論である"One world by international languages"という念願の実効性を、多言語国家インドで直接体当りする経験をとおして確かめることがいくらかできました。そして、WEF誌の随処に溢れている「友情」や「誠実」の大切さを指摘したいのです。それには、まず、自分自身、豊かな心の持主になることが大切だと思いました。弱い者を蹴落して平気でおられるような感覚や神経では真の世界平和の旗手にはなれないと思います。……

「地球村」体験の第一歩と自認するインドで学びとったことは「グローバル」という概念である。ボンベイ大会の状況を今少し再現してみよう。基調講演（リチャードソン氏）の内容を要約すれば、「現在、世界はその距離が縮小しつつあり、われわれは『地球村』の中に生活している。故に、人間の問題を世界という文脈の中で考えない限り適切に理解することができない。『より充実した生活のための教育』という大会テーマは地球という観点からアプローチしなければならない。しかし、世界には封建的面があり、急速な変化は期待できない。」という。この他、会議資料の中から抽出してみると、ルソーの感情教育、ペスタロッチの教育愛、フレーベルの児童神性論、タゴールの「生命」概念等を地球村建設に役立てたいといった主張が注目される。

ボンベイ大会で初めて試みられた企画が「家庭訪問」である。外国からの参加者全員を小グループに分け、インドの上流家庭が招待し、約二時間、食事を共にしながら語り合うのである。筆者は訪問先で「埴生の宿」（Home Sweet Home）を歌う機会を得た。日本語で歌い始めると、欧米の同志たちも各国の言葉で斉唱してくれた。まさに「地球家族」の雰囲気が出来、自分も地球人として生きている実感を味わったものである。

四 「もったいない、ありがたい」

1976年三月、第2回BKKの集いを開催した。Birla Kreeda KendraというWEFボンベイ大会の会場（公会堂）の頭文字を並べて命名した参加者の会である。その一年前

に刊行したのが『地球村ボンベイ』であるが、2回目は「ボンベイからシドニーをつなぐ会」とし、BKK会員のほかに、シドニー大会の参加予定者、小原会長ほかの来賓を加えて30余名が東京市ケ谷の私学会館に集合した。

　WEFシドニー大会には約50名が参加した。筆者は岩田事務局長を補佐して計画推進に努力した。オーストラリアからはケン・ラフマクラフト氏夫妻が何度か来日、東京銀座のホテルで大会に関する具体的情報を得た。1976年夏、カンタスとJALの二班に分けて出発、まず、ニュージーランドへ、ウェリントンとオークランドから別々に入国、ロトルアで両班をドッキングさせるという旅行日程を組む。ニュージーランドの学校見学については筆者が大使館を訪問し交渉したが、「予想以上の成果を挙げることができた」と評価されている。ロトルアで南十字星を眺めながら参加者同志語り合う時間が持てたことの意義は大きい。

　WEFの原点は、教師が互いに悩みを打ち明け励ましあうことにある。日本人同志の間でも自由に伸々とした気持で語り合う機会は少ない。シドニー大会を目前に、オーストラリアの隣国・ニュージーランドに一泊し、南太平洋の風物を視界におさめ、大会に備えたことは、事務局員として参画した筆者にとって感慨深い時間であり、地球家族の雰囲気を醸成する場となった。

　シドニー大会の日程は、①学校見学、②全体会議、③分科会、④国際文化交流の集い、から構成されていた。「地球理解のための教育」という会議の中で、日本代表・片山清一教授の提言がなされ、好評であった。同氏は世界の危機的状況を分析するにあたり、ラッセルの、'New Hopes for a changing World'から「自然と人間」「人間と人間」「人間と自己自身」の戦いをとりあげ、「もったいない、ありがたい」が地球的理解への道であると説明した。WEF日本支部のスローガンである「世界は一つ、教育は一つ」の紹介も加えて、日本発信のキャッチフレーズが国際会議に提案されたのである。感謝、質素倹約、謙虚、尊敬といった徳目をかざして地球村の共存共栄を促すための心構えが示された。国際教育を考察する上で、「もったいない、ありがたい」は永遠の真理だと私は思う。

五　国際理解と平和

　地球村探訪を重ねる中で、印象に残ったWEF大会の一つに第31回ソウル大会がある。1982年の夏、隣の韓国へ初めて足を踏み入れた筆者は、大会テーマ「国際理解と平和のために果たす先進国ならびに発展途上国の教育の役割」というテーマに魅せられた。

　プログラムに印刷された出席者は、343名、その内訳をみると、韓国142を筆頭に日本が75、インド40、アメリカ18、オーストラリア18、イングランド14と続き、27ヶ国—アジアでは、フィジー、ホンコン、インドネシア、ネパール、パキスタン、フィリピン、シンガポール、タイワン、タイ、マレーシア等からも数名ずつ参加してい

る。日本はWEF会員41名の他に比較教育学会関係で広島・九州・筑波等の各大学から見えていたようだ。韓国がWEFに正式な会員国となったのは1975年である。現在と同じく、当時も教科書問題で日韓関係は揺れていたが、国際社会で同席できる喜びは大きかった。

　開会式での祝辞（李奎浩　文教部長官）に注目してみたい。
　……今日私達が住む世界は近隣のようなものであり、地球全体は、異なる国々の人びとを何らかの方法で結びつける単一の生活圏となっております。さらにまた日常生活の中で現われる諸問題は個々の国に限られる狭い性格のものでなく国際的なものであり、単一国民の努力では解決できないほどの複雑さをもっております。このような事実は、各国が問題解決の努力の基礎を相互理解と協力に置くべきであるという明らかな要請をもたらします。しかしながら、現実においては、この要請は事実とはなっておりません。各国の共通の利益に役立つ目標は、それと矛盾する国家的利害を第一に考えることにより否定される場合が数多くあります。……したがって、共通の目標を実現しようとする場合に、相互理解とこの考えに基づく絆を確立することは第一に考えるべきことです。……このことは異なる文化的背景の中で生活する人びとへの正しい愛と尊敬により達成されるでありましょう。とりわけ教育はこの目的を実現する最も確実な手段です。……各国はこの目的実現の責任を分担しなければなりません。平和は人類の生存そのものにとっての基本的条件です。われわれ教育者は平和を実現するために青少年を教育するという大切な仕事をもっております。もしも一つの国が、侵略戦争という過去の愚行を正当化しようとするなら、このことは時代錯誤的行為になるばかりでなく、教育者の良心により決して受け容れられることはありません。教育者は相互理解と協力により平和の灯を高くかかげることを至上の義務のひとつと考えることを銘記しなければなりません。

　教育の役割は「相互理解と平和の実現」という国際社会共通の目的を達成することだと主張されたのである。祝辞の後半で侵略戦争（invasion）を正当化しようとする隣国日本の動きを目的達成への障害になると指摘された点に注目しなければならないわけだが、筆者は「国際理解と平和」というキーワードがWEF精神にマッチすることに何よりも先ず強い感動を覚えた。
　シャー総裁の基調講演は、上記課題の内実を深く掘り下げており、具体性に富む主張であった。ここでは結論部分のみを抽出しておきたい。
　古い古いインドのことわざに「全世界を一つの家族と見なす」（Vasudihiave Kutumbakam）という言葉があるが、今日われわれが直面している教育上の真の課題は、多くの問題がグローバルなものであること、世界は相互依存の要素から成る複合体であること、人類の間には根本的団結が存在すること、理解と調停に基づく問題解

決は各人の利益に役立つこと等を、すべての人々の意見とするよう説得することである。

　国際理解と平和の問題について眺める場合の他の方法は、本質的にはそれらを「人間を正しくする」問題として考えることである。……われわれはすべて手をつないで人間を正しくしようではないか。その挑戦は正にわれわれ自身を正しくすることである。

　WEF第32回大会はオランダのユトレヒトで1984年夏に開催され、筆者も参加した。そこでのテーマは「芸術を必要とするのは誰か（Who needs the art ?）」で、副題に「国際理解と平和のための教育」が加えられていた。ソウル大会での発言が継承されたことになる。芸術を通しての文化交流を意図した国際会議だけに、日本代表団としては、書道・児童画・茶道・折り紙等を用意し、講義や実演、スライド紹介を折り込んだ。

　筆者が感銘したのは、どの国も若い会員を前面に出し、特に女性が堂々と発表していたことである。会議終了後、ベルギー・東西ドイツ・チェコと移動しながら、フレーベルやルター、ゲーテやシラー、コメニウス等、西洋教育史に登場する人々ゆかりの地を訪問したが、平和教育については、ドレスデンの風景から大きな衝撃を受けたように思う。

　地球上各地各層の平和を愛する人々が心を通わせながら、新世紀に向かって前進する姿、芸術を介して新しい交流の輪をひろげようと努力されていた姿を思い起こしながら、帰路を急いだ。

　20世紀をふりかえってみると、近代国家は互いの勢力均衡の上にのみ平和を維持できるとしてきた。そのような考え方を克服し、人類の生活環境を向上させる要素―芸術がその筆頭であろう―を大切にしなければならない。他民族の文化や生活様式の尊重、相互依存関係の認識、恵まれない集団との連帯感の育成、責任感の培養等々、国際理解や人権教育を内実とする「平和」への教育をいかにして推進したら良いか、地球村探訪を重ねる中で私たちは真剣に考えはじめていた。

六　いのちを輝かす教育

　生涯学習社会における「国際教育」の理念を明確にするため、私たちは、地球村探訪の成果を拾いながら考察を進めてきた。WEF国際会議は約二年置きに世界各地で開催され、筆者はオランダの後、アメリカ、マレーシア、南アフリカでの各大会にも参加した。それらの成果を詳述することは他稿に委ね、国際教育についての視点を若干考察しておきたい。

　念のために、上記三大会の概要を記すこととする。

　アメリカ大会は1992年夏にハートフォード大学で開催された。「変動する世界の中

の、また、それに向かっての教育（Education in and for Changing World」をテーマに盛会であった。岩間浩教授（日本支部事務局長）が若き日留学された地域のため、大会前後の見学計画を同氏に立てていただき、大国アメリカさらにカナダを含めて、広く大きく視察研修を行うことができた。ボストンでは昭和女子大学キャンパスをはじめ、ハーバード大学、MIT、ボストン美術館等を見学、ワシントンではアーリントン墓地、さらに進んで南北戦争の古戦場、アーミッシュの集落、ペンシルバニア州立大学、エルマイラ大学、コーニングのガラス博物館、そしてナイヤガラ滝、最後にカナダ西部のバンクーバー島、ビクトリア……と散策した。雄大なアメリカ大陸を移動しながら、新世紀への夢を育てることができた。

次に参加したのはマレーシア大会である。1996年夏、サラワク州都クチンの郊外にあるリゾートホテルを会場に、マレーシア大学サラワク校との共同主催で行われた。大会テーマは「教育と環境―公平かつ持続可能な開発に向けて―（Education and Environment—toward equitable and sustainable development）である。

美しい自然に包まれた会議場で教育と環境の関係を考察したことになる。東南アジアでは初の会議で「ボルネオ島」の自然に対する関心を強く抱いて参加した筆者は、ここで環境教育の研究者や実践家による多彩な発表やその記録から学ぶことが多かった。「地球村シリーズ」の書名は『賛斗梵への道』に落着いたが、「梵」の字に一万余の戦死者を悼む気持を込めている。戦争と平和、自然と生命を考えさせる大会であったと思う。

1994年の東京国際会議で出された論点を踏まえながら、新世紀へ向けてWEFの進むべき方向を模索できた点にも注目したい。

第41回WEF国際会議南アフリカ大会は新世紀初2001年4月に開催され、日本から11名で参加した。アフリカ大陸初訪問の記録は機関誌と紀行文集にまとめられている。大会テーマは「惑星（地球）を結び合わせる教育（Education linking the planet）」となっており、WEF創設者エンソア女史ゆかりの地に新しい生命が甦った感じである。

アフリカ十日間の旅は、前半が会議、後半が観光という組合わせで、サンシティとケープタウンを拠点に垣間みたアフリカ大陸は、「いのちを輝かす教育」を志向してきた筆者にとって、まさに「いのち」のすばらしさを実感させる環境であったといえる。

「いのち」は森羅万象あらゆるものゝ中に宿っている。従来、教育学では「子ども」を主たる研究対象にしてきた観があるが、子どもを中心に人間の「生きる力」を引き出すという使命に留まらず、力そのものを支える背景にあるもの、広くは宇宙や自然、社会や環境全般に注目し、生かされているお互いの「いのち」を感じ合うところから、21世紀の教育問題を考察してゆきたいと考える。地球全体を見ると、今も尚、戦争と平和が交錯している。人類全体にとって幸福な時代は実現できるのであろうか。

むすび

　この四半世紀に、私たちの教育環境は大幅に変わった。一つは、生涯学習社会の到来であり、もう一つは、地球環境に対する危機意識の高まりである。人間本位の教育観を是正して、新しい時代には「命は宝（ぬちどうたから）」の意味をみんなで考えたい。そして「私たちの生き方はこれでよいのか」という根本的な問いかけに答えを用意したいものである。

　そもそも、生涯学習社会とは、生涯にわたって「学び」の喜びや価値を味わえる時間や空間を意味すると思う。幼児期や青年期の教育を等閑視するわけではないが、教育イコール学校という近代の図式は、かなりの修正を求められている。「いつでも、どこでも、だれでも」と表現されている生涯学習の本質をよく理解し、学びや喜びの空間や時間を多角的かつ多面的に設定していくことが大切だということになる。

　生涯学習社会における教育実践は、社会のあらゆる次元で「学び」の価値が認められるような活動でありたい。学びとは高級な「遊び」であるといえよう。年々、国際化が進み、地球市民への自覚が促されてきた。本論考を通して提出された項目「面から球へ」「世界は一つ、教育は一つ」「地球村・地球家族」「もったいない、ありがたい」「国際理解と平和」は、互いに連動しながら「いのちを輝かす」ための教育目標になるキーワードであると筆者は考えている。

　文化は多次元、多面的な存在である。各地各層、また、時代により、地域により、その表現は多彩である。人々は、それぞれに与えられた時空の中で精一杯生きてきたのではないだろうか。地球市民の生き方として不可欠なことは、他文化、異文化への限りない関心と理解である。

　私たちの意識の中には、やゝもすると、先進後進とか、中央と地方、表と裏、中心と周辺といった序列感覚が息づいている。それは、自己中心的な考え方だといえよう。地球市民としての本来的感覚はどのようにして醸成されるのであろうか。点から線、線から面と繋いできた時点で停滞すれば、まさに一面的な観方しかできない。面から球へと進んだとき、つまりあらゆる面を相対的に評価しながら連携をとりあったとき、理想の姿が見えてくるのではないだろうか。多文化共生を重ねながら、地球全体がどの面も輝いてくるような教育環境を創生したいものである。

（志學館大学文学部『研究紀要』　第23巻第2号　2002年1月発行）

【解説】
　（その1）と（その2）には15年という時間が経過している。他の論考を含め、両者の間には重複部分もかなり存在しているが、第Ⅲ部の「まとめ」という役割を意識して原文のまま掲載した。

生涯学習社会における国際教育（その2）

はじめに

　世界の教育環境は、この半世紀、大幅に変化した。特に地球環境に対する危機意識の高まりから、それまでの人間本位・国家中心の教育観を是正し新しい世界を求めている。「私たちの生き方はこのままでよいのか」という根本的・哲学的な問いかけに対し、われわれはどんな答えを用意したらいいのだろう。

　志學館大学文学部『研究紀要』第23巻第2号（2002年1月発行）に、私は、同題で国際教育の在り方についての提言を試みている。その後、時は刻々と推移し10余年を経ようとしている。生涯学習の内容や方法が各方面で検討されつつあるというべきであろうか。

　この辺りで「その1」を再検討しながら、「その2」では新鮮な角度で論考を深めたい。教育学研究は、他の分野に比べて常に理論と実践の調和を求めている。理論形成の前提として体験学習から得たものを重要視するということになろう。

一　「新教育」運動の推移

　2003年7月、世界新教育学会の国内版を志學館大学（コスモスホール）で開催させていただいた。正式名称は「WEF国際教育フォーラム in 鹿児島」である。会議のメインテーマは「21世紀の生涯学習(Lifelong Learning for the 21 Century)＝地域と学校の連携＝」である。[1]「その1」は大会実行委員長としての責任を感じて執筆したものであった。ちなみにWEFとはThe World Education Fellowshipの略称である。全世代の世界的仲間づくりを目指している。

　「その1」の内容構成は次に並べるキャッチフレーズで明確となる。すなわち、

　　① 面から球へ
　　② 世界は一つ、教育は一つ
　　③ 地球村、地球家族
　　④ 「もったいない」「ありがたい」
　　⑤ 国際理解と平和
　　⑥ いのちを輝かす教育

の6柱にそって体験学習を踏まえた理論を組立ててみようと努力したのである。

　東京で汎太平洋新教育会議が開催されたのは1935年、その時のテーマは「日本文化と教育」であった。[2]野口援太郎会長のもとで日本にも新教育協会が創設されたのは1930年、世界の創立総会がフランスのカレーで開かれて十年目にあたるが、初回のテーマは「子どもの創造的自己実現」であったことに比べれば、わが国では国家色をはじめから打ち出していたことになる。

　1939～45年は第二次世界大戦期、日本の「新教育」活動も1941～55年までは停止

状態に入る。日本での再発足に尽力した人は小林澄兄会長だった。1957年、早速東京で教育世界会議が開催される。その時のテーマは「世界社会と若き世代」、戦後復興にふさわしく「世界」が見えてきた。

　1970年代に入ると、毎年のように国際会議が開かれた。開場とメインテーマを並べてみよう。

○一九七〇年　ロンドン（イギリス）
　「教育環境－初等教育へのアプローチ」
　The educational environment Approaches to Primary Education
○一九七一年　ブリュセル（ベルギー）
　「明日の社会のための新教育」
　New Education for Tomorrow's Society
○一九七二年　フォルカーク（スコットランド）
　「人類の未来：生存への計画」
　The Human Prospect - a Programe for Survival
○一九七三年　東京（日本）
　「新時代を開く教育、教師は何をなしうるか」
　Education for the New Era - What can Teachers do?
○一九七四〜五年　ボンベイ（インド）
　「より充実した生活を求めて教育革新」
　Inovation in Education for a fuller Life
○一九七六年　シドニー（オーストラリア）
　「生きている教育・・・・・今・・・・・ここに」
　Living Education ... Here..Now!
○一九七八年　イプシランテ（アメリカ）
　「相互依存の世界に生きる人間形成のための学習」
　Learning to Become a Person in an Interdependent World.

といった具合に、ほゞ毎年開催されている。

　その後、1980年代に入ると、韓国・マレーシア・南アフリカなど欧米以外の国も名乗りをあげ、1994年には日本でも再度開催された。

　以下、内容検討のために、テーマの推移を辿ってみる。(翻訳のみを列記)。

　　△一つの世界における教育（イギリス）
　　△先進国ならびに発展途上国において、国際理解と平和実現のために教育の果たす役割（韓国）
　　△芸術を必要とするものは誰か（オランダ）
　　△教育と人間の価値：特に環境との関連（インド）
　　△思いやりの社会のための教育（オーストラリア）

△学習者が自分で管理する教育（イギリス）
　　　△激動する世界における教育（アメリカ）
　　　△地球家族のための教育（日本）
　　　△教育と環境－公平かつ持続可能な開発に向けて（マレーシア）
　　　△よりよき世界のための教育－ビジョンからアクションへ（オーストラリア）
　　　△惑星・地球をつなぐ教育（南アフリカ）

　テーマ設定は大会ごとに各支部で決めてゆく。国際教育への各国各地域の関心や取組みの内容が示されるわけだ。その推移を10年おき位に通観してみると、相互理解の波が及んでいく様子に感動する。

　WEF活動を支えている学問分野は主として「教育学」だが、例年の積み重ねが新生面を打出している流れを見るようだ。「世界」とか「地球家族」「惑星・地球」が国際教育を考えるための基礎におかれつゝあると実感した。

　大会開催国の中にはまだロシアや中国は入ってこないが、私にとって最初の訪問国であったインドで個人参加のロシア人から英語で声をかけられたり、日本や韓国で留学中の中国人が日本語で語りかけたりすると「世界は一つ」に向けて、教育環境も少しずゝグローバルな方向で整えられていることに気づかせられた。南アフリカ大会の折りに提案してみた「面から球へ」(From the Faces to a Sphere)のキャッチフレーズは、これまでの国際交流で学びとった理論といえそうである。

二　「世界は一つ」が意味するもの

　21世紀に入り、私たち戦中戦後を生きぬいてきた世代に課せられた仕事の中身をじっくり検討したくなった。2016年は南米大陸で初めてのオリンピックが開催され、ブラジルが脚光を浴びていた。テレビ映像が世界を結んでいる。それはスポーツと文化が一体化した姿だった。メダル数を競い合うことよりも世界新記録を喜び合い讃え合う姿には国境を越えた地球市民の成熟さが見える。国土の面積や人口では世界第5位に位置づけられるブラジルの人々が世界各地からの参加者と交流する中で学びとったものは大きいだろう。パラリンピックの様子にも深い感動を覚えた。今後、国家と個人をどのように位置づけてゆくのか。時代の推移を見守りながら2020年の東京オリンピックの情景を予想する努力も地球市民たちに課せられていると思われる。

　そもそも、一人の人間が文化のすべてを具備することはできない。個人の次元では容易でない。しかし、国際化社会の理想像を追求するとき、当面は国家とか地域とか、いわゆる「面」の次元では用意されるべき内容が教育や文化の時空であろうか。

　大正デモクラシーの中から主張された理論の一つが「全人教育」であった。英文で示せばこのようになる。

Education should contain the human culture in its entirety. Therefore education has to be the whole man education. Its means that the teacher has to be a whole man himself, with the whole of human culture embodied in him

　世界新教育学会の小原国芳会長は全人教育の内容を真・善・美・聖・健・富の6価値で具体化とされた。その後、稲富栄次郎会長の発言で、日本のWEFの目標は、

　　　One and only education for only one world.

訳して「世界は一つ、教育は一つ」となっている。1980年のロンドン大会では、Education in One World（一つの世界における教育）をメインテーマとしていたが、稲富提言が出されたのはそれより五年前である。先頃の日本支部理事会でも、このフレーズをもっと大事にしたいナァという話題が出されていた。

　稲富会長は談話の中で「国際研修では異文化への理解をねらって学習に精出さねばならぬ。単なる名所見学の観光では申しわけない。世界共通の課題を共有できる人間にならねば。」と述べておられた。教育哲学の高く深い理想が示され、若い世代を励ます存在だった。

三　地球市民の心構え

　「地球村・地球家族」は「その１」3番目の論点である。ユネスコが決め、世界中の教育界が目標とした国際児童年のスローガン「わが子への愛を世界のどの子にも」は私たちの心に灯を点した感がある。つまり、自国本意ではなく、地球市民として生きてゆける人へと自らを育てるための呼びかけ、1970年代以降の動きとして注目される。日本がWEF活動として「地球村シリーズ」を出版しはじめたのはインド（ボンベイ）大会の時である。『地球村ボンベイ』(1975)、『南十字星の村々』(1977)～『風車のある村々』(1984)、・・・と小さな歴史を刻んでいく。1994年の東京大会では「地球家族のための教育」Education for a World Family を大会テーマに掲げていた。さらに先述の2001年南アフリカ大会では「惑星・地球をつなぐ教育」Education Linking the Planet となって、テーマの背景に環境問題が読みとれる。

　その四半世紀前、インド訪問の折りに私たちが学びとった世界的課題をふりかえってみると、①世界的不況、②住宅問題、③人口爆発、④大気汚染、⑤地球資源の破壊、⑥人種差別等々。インドの総人口は訪問時の6億人から今やその倍、12億人に達したとされるが、私たちが見た40年前の街角にもファミリープランの幟がいくつも立ち並んでいた。多民族、多宗教、多言語、多階層の国、アジアで最古の文明を誇る一方では太古さながらの貧しい生活も見られる。「その１」で記述した解説を改めて分析してみるとき、地球村とか地球家族を云々する前に人口問題や環境破壊現象を世界全体で考えなければならないと切に思うのである。

　インドだけではない。中東、アフリカ、南米の諸国等々、今難民移動で苦労を強いられている世界全体の現状に私たちは大いに関心を持たなくてはならないと考える。人間といえども大自然の一部なのだから。

四　報恩感謝の生活

「もったいない」「ありがたい」という表現を打ち出した人は片山清一先生である。「その１」で已に論述したわけだが、「その２」において論の内実を改めて紹介する。[(4)]

1976年８月29日、WEFオーストラリア大会の全体会議が行われた。テーマは「地球理解のための教育（Education for Global Understanding）」、テレビ局も録画していた。重要な部分を要約すると次のようになる。

まず、人類全体の問題として解決が要請されている危機的状況を分析、日本の立場を戦後の経済発展との関連から説明したあと、地球的理解の必要性とそのための提言がなされた。ユネスコ憲章に「人の心の中に平和のとりでを」と宣言され、世界各国は国際理解の教育をすすめてきている。しかし、その根底にはまだ国家的見地から考えたり批判したりしたものが残されており、また、理解の仕方も知的性格にとどまって感情的情緒的な域まで到達していない。「地球的理解」に立てば、エネルギーの開発が環境の破壊をもたらし、一国の公害が全地球の汚染へとひろがることを認識しえよう。一人の過分な富の所有は地球上のどこかに住む多くの人たちの過度な貧困を招いているのだという理解、人類だけが繁栄すれば万事良しとするのでなく、全自然に対して温かい感情をもって接してゆける態度が望まれる。・・・・

さて、日本人は古くから日常生活の中で「もったいない」「ありがたい」という言葉を使ってきた。われわれは、今後世界の地球人として生きてゆくために、この二つの伝統的日本語を若い人たちも納得できるよう普及してゆきたい。それが地球的理解への道である。

そして最後に日本支部の運動スローガン・One and only education for only one world を紹介、これは前会長・稲富栄次郎博士の遺言でもあることをつけ加えた。

戦後の貧困生活を体験した日本人なら誰でも首肯されるであろう「質素倹約」の生活態度、思うに、今、日本で欠けている教育内容・方針は「報恩感謝」ではないかと思う。筆者は地元住民（霧島市民）として薩摩義士顕彰会に所属し、その会長をお引受けして10年になる。宝暦治水（木曽三川）に励んだ薩摩藩の人たちに対し、岐阜県や周辺の住民たちの子孫が今でも「報恩感謝」の意を表しておられることに対しその誠意に感動して姉妹交流を重ねている。顕彰活動の継承は半世紀以上続き、毎年青少年の相互訪問、五月は鹿児島で、四月と十月は岐阜で報恩の儀式が行われ参加しあう。

こうした姉妹県交流は全国では幾組もなされていることだろう。国際交流も然りである。人間関係の基本は相互敬愛だと思うとき、今日さらに未来へ向け、道義高揚、豊かな心を育てる顕彰事業は村づくり・マチづくりの基本だと思わずにはおられない。

古今東西の歴史を照合しながら、偉大なる仕事を完遂した先人は国際的見地も加味して讃えあう。それは故人についても功績を顕彰する努力、わたしたちはこのことをしっかり肝に銘ずべきであろう。小さくは、家族や集落の先人たちについても同様の

配慮が大切だといえる。

五　国際理解と平和

　地球村探訪を重ねる中で学びとった場面に韓国でのWEF大会がある。出席者数が343名、参加国は27、アジアでは韓国や日本を先頭に、インド、フィジー、ホンコン、インドネシア、ネパール、パキスタン、フィリピン、シンガポール、タイワン、タイ、マレーシア等から数名ずつ参加していた。地域的にはオーストラリアからの18名もアジアの仲間とすべきだろうか。アメリカ18、イギリス14で欧米系の国々は少数派、中国や北朝鮮からの参加者はまだいない。韓国側から見て外国人約二百人のうち日本からの75人は多い。WEF会員41名の残りは比較教育学会関係で広島・九州・筑波等の各大学から見えていたようだ。（筆者はWEFと比較教育学会の両方に属している。）参加者の中には若い留学生たちも見かけた。ちなみに、台湾から来た若者は筆者が東京に居た頃の留学生で、環境教育に関する日本製のビデオの字幕に中国語を入れて筆者にもプレゼントしてくれた。お互いに地球市民としての友好関係にあるようだ。国際教育の現状を示すひとコマといえよう。

　ソウル大会の開会式で文教部長官の李奎浩氏が述べられた祝辞に注目し、「その１」の中にも紹介しておいたが、その中に「地球全体は異なる国々の人びとを何らかの方法で結びつける単一の生活圏となっております。・・・・・諸問題は個々の国に限られる狭い性格のものでなく国際的なものであり・・・・・各国が問題解決の努力の基礎を相互理解と協力に置くべきであるという明らかな要請をもたらします。・・・・・」と真剣に訴えておられた態度に私たちは深い感動を覚えた。一言で纏めるなら、教育の役割は「相互理解と平和の実現」という国際社会共通の目的を達成することだと主張されたのである。

　筆者は先頃「日韓トンネル建設問題」に関心を持ったことがある。アジアハイウェイ構想につながる大型プロジェクトだと理解したが、WEFの「もったいない」精神に照合すれば、経済効果を主張する前に現世代が今なすべきことを優先した方がもっとよいのではないかと判断し活動から離れた。

　WEF会議の合い間をぬって韓国の有識者とも語り合ってきた。「日韓両国で共通の歴史教科書を編纂してみたらどうでしょう」という筆者の提案に対し、「まだ時期尚早でしょう。日本人はまだ過去の侵略戦争を反省していないように感じられますよ・・・・」という回答であった。国家レベルでは加害被害の疑心暗鬼のやりとりだが、庶民レベルで考えてみると、一般の人々にとって「平和」な国際社会の実現こそ最優先の目標である。朝鮮半島の向こうに住む中国人の中にはアジア人同士の相互理解、mutual respectを発言している人たちもおられる。私たちの世代が互いに国際交流を推進する中で平和への道を開拓しなければ一体誰が平和を達成してくれるだろう。地球市民をめざす私たちとして取るべき態度は何であろう。未来に通じる道を開

拓するにあたってみんなで吟味し実践すべき課題をしっかり見据えてゆける判断力、行動力の養成が、今求められているのではないだろうか。

六　いのちを輝かす教育

　太平洋戦争で多くの犠牲者を出し、土地を奪われた県として沖縄がある。志學館大学に勤務する者の義務を果たすべく、学生募集や現地試験実施のため20回以上出張した経験の中で私が学びとったことは「ぬちどぅ宝」つまり生命の尊さであった。毎年6月23日「慰霊の日」になると沖縄のことがいつも思い出される。先輩（元大分大学長の野村新氏）と組んで教育原理の本を出版した折りに、私たちは『いのちを輝かす教育』を本のタイトルに選んだ。教育学研究の使命は平和な世界の基礎となる「しあわせ」─心身共に健康な教育環境をつくる仕事だと教わったし学びとった。そして、「いのち」を大切にすることの意味をみんなで考える社会の存在こそ宝であると自覚したわけである。

　「その1」ではアメリカ、マレーシア、アフリカでの体験をもとに論述したが、わが老齢を考え海外視察を控えがちな時空の中で「地球市民」の自覚に達した自分の過去をふりかえる。海外研修のたびに思い出すのは世界中の人々が動きまわっている現今の世の中に生きて、世界行脚の年月をふりかえる仕事も意義があるということだ。

　『地球市民の旅日記』は世界一周を夢にして生きてきた一庶民が歳相応にどんな思いで「生涯学習」に喜びを見出したかの真剣な記録集である。決して自慢話ではない。いつも宿題・課題をかかえつゝ夢中で走ってきた人生であったが、喜寿といえば私の場合父逝きし歳、父の遺志を受け継ぎながら生きてこれたのは母国が戦争のない時代を先代たちが築いてくれていたからに他ならない。草深い山里に生まれ、母子家庭に育ち、志を立てて上級学校に進み師友に恵まれ子福者でもあった父、子育てのさなかに父祖の地に疎開し、農作業に精いっぱい尽し自給自足の質素な生活に耐えていた母、しかも、昭和前期に二十代の息子や娘を次々に先立たせた苦悩の壮年期でもあった両親。幸い末っ子らと金婚旅行が実現し、夫亡き後は里人たちと喜びあう笑顔の晩年を与えられた。

　論文の中にこうした私的な問題を述べるのはこれ以上許されないが、竹馬の友や集落の先輩後輩たち、さらに広く社会一般のさまざまな人生航路を経てきた人々と語り合う時、類似の現象は随所に存在しているのだと気付いた。恵まれない立場に生きてきた地球市民は数え切れないのだ。国際社会で考えてみると初めての海外研修地に選んだインドではこの半世紀に人口が6億から12億と倍増している事実を隣国人としてどう考えたらいいのか、インドの一般庶民は一体どうしてこれから生きぬいてゆけるだろうかと心が痛む。

七　スクールと地域の連携

　生涯学習社会における国際教育を論ずるにあたり、前編「その1」の視点を基軸と

したわけだが、新しい論題として「地域連携」を研究の対象に加えておく。特に、近代の学び舎である「学校」の位置づけを考えてみたい。

教育学の周辺科学分野として「大学史」がある。筆者は1960年代の後半に広島大学の横尾壮英氏、東京大学の寺崎昌男氏や中山茂氏らに導かれて大学史研究会の設立に協力した。その出発段階で学んだことは、スクールという呼称を大学・高等教育機関で用いることもあるという指摘だった。

学校化社会の進展に伴ない、従来学校教育と対比されていた社会教育の分野が生涯教育から更に生涯学習と呼ばれるようになり、学校概念が再検討を迫られたと言われるが、世代間の教育機会を平等にするためには従来の学校教育と社会教育は一体化ないし再編成されなければならないということになる。つまり、学習者の自由な意志に基づき、学習者個々人に即応した方法で推進する「生涯学習社会」という設定が教育改革の目玉になった。老若男女すべての人たちが文化の創造者として共生する社会、その内実が「生涯学習」だとなれば、「ゆりかごから墓場まで」を対象とする全世代を受入れる学校でなければならないだろう。

学校とせず「スクール」としたのは生涯学習社会における「学び」の場は、さまざまな形態になるからである。地球全体に散在している「地域」―そこに芽生え根付いているスクールが社会全体とどう連携するのか。逆に国際教育の場となるスクールを支えていけるのはどんな地域なのだろう。

現代は「生涯学習」の名のもとに、全世代が楽しく学び合う態度を要求されている。尤も、単に学び合うといっても年齢相応に大人から子どもへの指導助言はなければならない。一方、行政は教育環境の条件整備で力を発揮するのが本務であろうが、近代教育制度の反省に立てば、現場の教師たちが伸々と専門能力を発揮できるように支援すべきだという指摘になる。これは単に教育の世界に限らない。一般行政においても教育行政的スタンスがもっとあって然るべきだと考える。政治や経済は「縁の下の力持ち」に徹してほしいものだ。

本来、人類は農耕社会を経て都市文明を育ててきたのである。混迷せる現代世相を改善するためには、初心忘れることなく、それぞれの原点に帰って活路を見出さねばならぬ。ルネッサンスとは「原点回帰」の謂であると教えられた。(7)

大学制度を回顧すれば、戦後真先に育てられた「教養教育」を吟味し、再度復活したい気がする。(8)復活しないまでも教養なる言葉に込められた先人の知恵を伝承、活用してこそ生涯学習社会を生きる地球市民にふさわしい学問的雰囲気が培われそうだからである。

スクールと地域の連携がうまく作動している実例として地元（鹿児島県霧島市隼人町）の方々と視察研修したのがベルギーのULBことブラッセル自由大学だった。(9)訪問したのは2004年10月17日、旧隼人町とフランスのウイイ村が友好都市関係にあるの

で、その間をとりもった志學館大学の岩橋恵子教授から呼びかけられ、姶良町の泊掬生さん（草文美術館長）や嘉例川駅の活性化に熱心な山木さん、日当山の池田君らとぶどう狩りなどを楽しんだあと、ルーブル美術館も見学（ウイイには小さな学校博物館もつくられていた）この日ULBを視察したのだった。

　見学コースは、まず、本部施設の展示会場で、ルメール女史から入念な説明を拝聴した。通訳はジャン・シオン氏夫人の成子さん（鹿児島県出身）である。この場所は1529年に建てられた修道院、自給自足の生活を営む工夫の中でビール産業を興し、再建資金とする。チーズも作った話など興味をひかれた。ビールは蜂蜜の香りがするすばらしい味という。

　説明は一貫してキリスト教史、西洋文化の講義だった。筆者が志學館大学等でとりあげている内容も出てくる。1984年、オランダからベルギー・東西ドイツ・チェコ等中部ヨーロッパ視察の途次一泊したエルフルトは確かルターの活躍舞台だったことを思い出す。私の研修ノートには5頁にわたるメモが残された。若くて有能な女流研究者のエコミュゼにかける熱意がひしひしと伝わってきた。

　昼食時は近くのレストランで和やかな国際交流。午後は駅舎を活用した施設見学。私たちの視察目的が鹿児島県霧島市にある嘉例川駅や横川駅のこし方ゆく末を考えるためのヒントを得たいことにあったので興味をそそられた。まず駅舎が大学のサテライト施設に転じていることに感動する。環境研究センター長はULBの生物学者、大学では研究コースとして「グリーンクラス」と呼ばれる野外学習を設けているらしい。学生たちはこの駅舎跡に宿泊し研究を重ねているという。現在は生物学が主体だが、時には地理学等の研究者も足を運んで共同研究をするそうだ。統合的な環境研究の企画も近いことだろう。

　旧駅舎に隣接して「農業機械の博物館」があった。倉庫らしき空間に大小さまざまな農業機械・道具が所狭しと並べられていた。開設パネルは写真入り、早速、帰国後、嘉例川駅の「小さな博物館」にも応用したいネという話になった。この建物は参加する子どもたちの宿泊施設として改修するらしい。

　エコミュゼはもともと無収益団体なので、こうした文化事業には国から援助金をもらえことになっている。設立母体のULBも援助金を出す。地元住民を加えた転員の中には、研究者はもとより技術員やアニメーターもおり、普及教育活動を行っている。こうした文化的プロジェクトに「失業者」を雇用し補助金を出しているのも面白いと思った。

　訪問者は年間八千～一万人、入場者の7割は子どもたち、生涯学習セミナーとして観光も兼ねた文化観光ツアー等も企画されている。山間のエコミュゼも次第にオープンマインドな地域に変貌しつゝあることを察知した。

　地域資源を生かして新しいタイプの「スクール」をつくり出してゆくこと、これは地球市民に課せられた大切な事業だと思う。生涯学習社会の内実を整えるために、私

たちも研究視察の成果を紹介しあいながら、新鮮な感覚で新世紀の教育環境を整えなくてはならない。

　繰返すまでもなく、スクールとは全世代を対象とする生涯学習・文化サロンである。大学アカデミーと命名してもいい。これまでの世界では、学ぶことと教えることとは分離しがちであった。しかし、本稿で論じたように、大学と地域の関係は相互連携の学習方式、そこでは、全世代につながるスクールとしての生涯学習の場所が形成されつゝある事実だ。地球市民はこのようなスクールから生まれてくるのかも知れない。生涯学習社会の一面をみせている。世界の最先端を訪問した思いであった。

むすび

　本稿は、生涯学習社会における国際教育の理想を追いつゝ、前編の解説に加筆しながら事例紹介にも努力する内容となった。筆者の小さな実践報告をとり入れた次第である。世代を超え国境を越えて論じあえることを期待していったんこゝで筆を擱く。

〔注〕
(1) WEF国際教育フォーラム in 鹿児島に関する資料としては、2003年7月26日配布の『21世紀の生涯学習』(B5判276頁) および世界新教育学会企画・鹿児島大会実行委員会編集による記録『新教育の波うちよせる鹿児島にて』(A5判156頁) を参照。
(2) 新教育運動の推移については、前掲『21世紀の生涯学習』144～155頁に詳しい。
(3) 拙著『地球市民の旅日記』2016年9月22日、国分進行堂刊　7頁　を参照。
(4) 同書　19～20頁を参照。
(5) 同書　64～66頁を参照。
(6) 同書　64～65頁をより再引。
(7) 『はじめて学ぶ教育の原理』学文社　新版2014年3月、第8章第4節、p.p.159～163を参照。
(8) 拙著「Fair Pledges of a Fruitful Tree!」『青春群像さようなら六本松』2009年248頁を参照。
(9) 前掲『地球市民の旅日記』30～32頁を参照。

〔出典〕（志學館大学人間関係学部『研究紀要』第38巻　2017年1月発行）

第Ⅳ部　母校への感謝

Part IV

Gratitudes to *Alma Mater* :

- The Founder of *Alma Mater*: Let's Shed a New Light on Taniyama
  Shoshichiro-*sensei*   199
- An Overwhelming Presence: Remembrances of Ikeda Tsutomu-*sensei*   201
- Remembrances of Niinou Noriyoshi-*sensei*, President of *Ryumonkai*   203
- Place where Aged *sake* Changes into Excellent *sake* --- *Ryumonkai* and
  The Society of the Classmates   205

母校開学の祖：谷山初七郎先生に光を

文行一致　育英終身　以賛教化　維経維綸
桜岳之側　錦江之浜　後世懐徳　視斯貞珉

　この四言八句は、加治木町須崎霊園に眠る谷山初七郎の「墓銘」の末尾に刻まれている。選者は徳富猪一郎（蘇峯）、書は三上参次、共に学界の重鎮。昭和四年一月三日享年六十六歳で没した谷山初七郎のために東郷平八郎が題字を刻した柱石の、残り三面に漢文でぎっしりの墓銘。後世の弟子たちがタワシであんまり磨くものだから、文字は一部摩滅しているが・・・・・。

　思い起こせば、谷山初七郎の名前を知ったのは昭和四十年代初頭であった。当時、国立教育研究所で『日本近代教育百年史』編纂事業に参画していた私は、大学予備教育部門の研究を引受け、旧制高校の全国調査をすすめていた。その過程で、一高の「名物教授」谷山初七郎と出合ったのである。東京の図書館で『加治木郷土史』を繙いた日の感激は今も忘れられない。

　昭和五十年代中葉、私は帰郷し早二十年の歳月が経った。十年前「加治木中学校（旧制）と谷山初七郎」なる小論をまとめ、鹿児島女子大学の『研究紀要』に収録してもらった。これが御縁で子孫縁者の方々とも知り合えた。そして、彼が予想以上に重要な人物であることに気付き、今も研究意欲をかき立てられている。

　ここで、谷山初七郎の生い立ちに注目してみると、元治元（1864）年十月廿三日、加治木郷反土村諏訪に和田素人（母民子津崎氏）の長男として誕生、明治四年～十二年第七郷校（のちの柁城小学校）に在学、十六歳にして柁城小学校教員補を申付けられている。十七歳、親戚谷山喜助の養子となり、二十一歳（明治十七年）養家の雪子と結婚した。その間、三州義塾に学び、結婚後、東京専門学校（早稲田）法科、さらに、鹿児島師範学校別科に学んでいる。当時の青年は、教壇に立ちながら進学を断続したようであり、谷山の場合も二十歳代に加治木周辺の小学校で訓導や校長を勤めながら各種の教員免許状を取得し、結局は本科正教員の資格を授けられている。さらに三十歳代に入ると、再び上京し、文検に合格、国語漢文科中等教員の資格を得、加治木中学校の教壇に立った。三十五歳、第一高等学校（現在の東京大学）教授兼舎監（学生部長）に就任、大正十三年六十一歳まで青年学徒の教育にあたった。「歌人齋藤茂吉も若き日一高で谷山初七郎から漢文の手ほどきを受けたのではないか、」と川涯利雄氏は指摘しておられる。

　『加治木郷土誌』には「教育家」の欄に唯一人、谷山初七郎をとりあげている。彼の生涯で特筆大書すべきことは旧制加治木中学校とのかかわりであろう。ちなみに、明治二十年代後半の鹿児島県は県立中学校誘致運動の時期にあたるが、川内が名乗りを

あげたことに刺激されて、隅州の雄都加治木も旗揚げをした。その際主役を演じた人物が柁城小学校谷山初七郎校長だったのである。

　谷山は、加治木は勿論のこと、姶良郡教育会、村長会等の協力をとりつけ、分校設置の陳情活動を展開する。加納久宣知事と直接わたりあったのは三十二歳の谷山である。敷地提供・寄付三千円が誘致の条件となったが、加治木を中心とする有志の意気込みは、島津義弘ゆかりの城跡を選定し、日に夜をついでの寄付金募集を成功させた。開校式は明治三十（1897）年四月二十一日、初代校長岩崎行親は札幌農学校の二回生、「少年よ大志を抱け」で有名なクラーク博士の影響を受け、同期の新渡戸稲造、内村鑑三らと生涯親交を持っていた。

　開校前後の谷山初七郎は東京で文検に合格、郷里に錦を飾ったが、程なく一高教授に抜擢されたため、加治木中学校から離れる運命に置かれた。

　創立百周年を迎えた鹿児島県立加治木高等学校、その創設をめぐるドラマの一幕として、教育家谷山初七郎を検証する仕事が必須である。留学生教育を介して国際的活躍もしており、全国的視野に立った教化育英の生涯であった。没後六十余年、そろそろ本格的な谷山初七郎一代記をまとめる時期に今あると自覚している。郷土の先覚者に光をあててゆきたい。

（二見剛史記）

（『華』14号　平成5年10月20日　発行）

〔追記〕
谷山初七郎先生に関する記述は百年誌『龍門』（平成9年11月1日発行）p.p.79～84に収録していただきました。
　　旧制加治木中学校創設の由来
　　　（特論）谷山初七郎と加治木
　　　　　（一）加治木中学校創設のエネルギー
　　　　　（二）生い立ちと修業
　　　　　（三）学校誘致運動の推進
　　　　　（四）一高の名物教授
　　　　　（五）ふるさとへの想い

圧倒的な存在感　---　恩師・池田努先生の思い出

　新制加治木高等学校が始まりまだ10年も経たない時に池田努先生は当時の名校長・久保平一郎先生（のちの鶴丸高校長）の強い要請で宮崎県小林高校より着任されました。江田島の海軍兵学校に在学中、終戦により学校は閉鎖、その後広島高等師範学校に進学された若き俊英でいらしたのです。20代後半ですでに鹿児島県下で実力トップクラスの数学の先生でした。寡黙な先生で必要以上の冗長な言葉は交わされませんでした。その授業の素晴らしさは芸術あるいは神業と言っても過言ではありません。半世紀以上経った今でも語り草になっています。まさしくレジェンドそのものです。板書のうまさをそのまま真似ることのできる卒業生さえいます。立派な授業を支えたのは完璧な予習と教材研究がその裏にあったのは言うまでもないでしょう。潜在能力の高い理系の生徒たちは当然のことながらこの先生の指導のもとめきめきと力をつけていき、高水準の受験専門誌「大学への数学」に難解な創作問題を投稿した者も現れました。数学の苦手な筆者でもこの先生の授業には大いに惹きつけられました。印欧祖語の解明に数学的思考は必須でいま大いに裨益しています。受験の年を迎えると早朝と放課後の勉強会を率先して買って出て下さいました。母校が地方に位置しながら進学実績が突出しているのは偏にすべての先生方の率先垂範の尽力によるところが大なのですが、この先生がその先駆的な範を垂れたことになりましょう。教えることだけが生き甲斐の先生で世俗的な出世（管理職）など毛頭頭に入れる先生ではありませんでした。最終的には県下の先生方の研究・研修の場である県総合教育センター所長、錦江湾高校長などを歴任されました。このような稀有な先生の在職時に生徒になれた私達はほんとに幸運であったと言うしかありません。母校120年の長い歴史の中で燦然と光輝く恩師の一人であることに間違いありません。米寿を迎えられた今も凛とした生活を送っておられ、社会的な活動や教え子達との交流にも積極的に参加しておられます。もちろん他の先生方も教育熱心で甲乙つけ難かったということを感謝と尊敬の念を持って付言しておきます。

　追記：我々高校12期生3組は総勢50名で、既に7名が異界に旅立ちましたが、残っている者達で情報を交換しあい、互いに勇気づけあって今を生きています。四分の三世紀を生き抜いてきていますが、気分は青年そのものです。鹿児島在住の幹事役数名が中心になって池田先生を引っ張り出し、定期的にクラス会を開いて「飲みにケーション」の会を持っています。毎年2回春と秋に「池田杯」ゴルフ大会を催しています。遠く大分、宮崎からも駆けつけて来る級友もいます。米寿を迎えられた先生はいまだに

お若く、凛としたお姿に我々教え子が襟を正す有様です。クラス写真を見ると誰が先生で誰が生徒か疑いたくなる思いです。先生は旧鹿児島二中（現・甲南高校）OBでもいらっしゃるので二甲会とのお付き合い、そして何よりも若き日の「故郷」江田島海軍兵学校との関係で「水交会」の集まりにも積極的に関与され、これも健康寿命の一因ではないでしょうか。

（下笠徳次記）

付記（二見剛史）

　池田努先生に海軍兵学校で同期であった兄（二見忠明・旧制鹿児島一中卒）のことを報告しましたらびっくりされ、ある年、江田島の同窓会が阿蘇山麓で開催された折りに、弟の私を連れていって下さいました。兄は戦後二十歳を待たず病死しましたので、兄の同期生であられた池田先生は兄上のような存在です。同期生を大切にしておられる大先輩の真情に感涙している私でございます。先生の御長寿を心からお祈りしております。

新納教義先生の思い出

別れ路のいつかはありと思いしど　あまりにも早き今日の訪れ

　平成八年四月二十二日、新納教義先生は忽然と天に召された。颯爽とした生前のお姿にふさわしく、先生らしい最期であった。「巨星墜つ」の言葉を実感させる、実に実に勇壮な旅立ちであった。

　新納先生は、鹿児島県文化協会の顧問として、母校加治木高等学校同窓会の長老として、常に私たちの守護神的存在だった。県芸術文化振興会議での名司会ぶりが眼前に髣髴する。1987年、姶良地区文化協会連絡協議会が編集刊行した『姶良の文化』には「ミューズの祭礼に寄せて」と題する提言を頂戴したほか、座談会の司会をお願いしている。

　平成六年六月二十六日、溝辺町文化協会主催の講演会では『地方の豊かさを問い直そう』という話をされた。「十三塚原から眺めた夕焼け空の美しかった記憶は今でも鮮烈に残っています。」「加治木町と溝辺町の境は人が勝手に決めたことであり、お互いの日常生活（ふるさと意識）は広々とひろがっています。」「地方の文化の振興というものは、自分の郷里にどのようないいものがあるのかを見つめることから始まると思うんです。」「本物の地方の文化を『太陽文化』として育てていこうではありませんか。」といった、心に染みる内容であった。因みに、当日は先生自ら運転してこられたが、私は鹿児島空港前の喫茶店でお迎えし、みそめが丘芸術村のアトリエや上床公園の齋藤茂吉歌碑を見ていただいた上で会場へご案内したのだった。

　新納先生の謦咳に接した最後の日は去る四月十三日である。前日、溝辺の持ち山で掘ってきたタケノコをお届けに御自宅へ参上した。いつもは連絡なしに伺うことにしているが、今年はタケノコの他に贈呈したい出版物等もあったので、お電話をして訪問する。午後の新納邸にはサンサンと太陽が注ぎ、ハーブの香りが漂っていた。先生は、広いお庭に三つ椅子を並べ、煙草を燻らせながら待っていてくださった。しばらくして木製のテーブルが持ち込まれ、奥様もご一緒に、茶菓を前にしての楽しい語らいが続いた。

　樹齢四百年（日本で八番目）という家宝クロガネモチを伝わって吹き込む風の音を感じながら、戦後間もない頃の農業体験、子育ての苦心談、留学生のこと、そうした身近な話題から始まって、自然や文化、教育、政治経済、世界についての談義に発展した。初孫誕生の報告も大そう喜んでくださった。

　椋鳩十文学記念館の紀要創刊については、親子二十分間読書運動の経緯を絡ませながら、榎薗髙雄館長（旧制加中卒業）をほめておられた。西田橋問題については、「鹿児島の市会議員は今でも人口増加を期待していますよ。大局的に見ると県都に人が集まり過ぎて自然の摂理を壊したのでしょうね。」といわれた。「県の行政機構改革で芸

術文化振興会議が幕を閉じますね。」と申し上げると、「はい、そうなんですよ。」と語調を強められた。

　持論である「三つの間」（反東京論）について、――これまで再三耳にした私たちだが――、時間・空間・人間を程良く調和させながら二十一世紀を迎えてほしいという祈りが言葉の端々に感じられた。この十数年、人間・新納教義先生から高くて深い人生哲学を学ぶことができ心から感謝している私たちである。

　先生の真骨頂はその崇高なる人格性にあった、と私は思う。傘寿を越えて益々円熟せるお人柄、その太き幹は深き根に支えられ、年ふりて尚、いのちの輝きを失わなかった。

　私の書斎には今「幾山河　こえさりゆかば寂しさの　はてなむ國ぞ　けふも旅ゆく」という若山牧水の歌を刻んだ暖簾をかけている。これは、先生に同行した宮崎旅行の折り求めたものである。先生の「旅路」や如何に、噫、懐かしき新納教義先生！！　合掌。

（二見剛史記）
（『華』24号　平成8年7月22日　発行）

〔追記〕
母校同窓会（龍門会）の歴史については創立百十周年記念誌『加治木』（平成19年11月10日発行）p.p.102～122に拙稿を収録していたゞきました。
同窓生の励ましあい、思いやりが私たちの人間形成に与えた影響は図り知れないものがあります。私たちの同期会についても少し書き足しておきたくなりました。

古酒を美酒に変えるところ−龍門会と同期会

　母校龍門会の池田会長から三三会の歩みを綴るように勧められました。昭和33年加治木高校を卒業した私達同期生は298名（男子154名、女子144名）でしたが、すでに逝去した者、住所未確認者等を一応除いてみると、258名、それに病気その他で卒業年度が遅れた者若干名を含め、現在260余名が同期会のメンバーです。

　会の発起人は故・住吉貢でした。（以下、文中敬称略）彼は、東京龍門会主催のゴルフコンペで先輩達が各同期会を纏めておられる様子に刺激され、「僕達も同期会を作ろうよ」と呼び掛けてきました。私は、当時国立教育研究所で『日本近代教育百年史』（全10巻）の編纂事業に従事していた頃で、繁忙をきわめていたのですが、溝辺中学校以来助け合ってきた間柄、協力せざるを得なくなり「名簿づくり」が始まりました。夕方、職場からの帰り道、積水ハウス池袋住吉所長室によく出かけたものです。

　昭和40年代中葉の日本は経済復興期で、30代の私共は働き盛り、忙しい中にも、わずかの余暇を求め、近い過去を振り返ってみたい年齢に達していたのでしょう。呼び掛けに対して、全国から反応が寄せられました。すでに各地でミニ同期会は始まっていました。点から線へ、約1年がかりで繋ぎ合わせてみますと、いくつかの面が見えてきました。

　昭和47年8月5日、母校同窓会高校部会の二次会での語らいが同期会結成への契機になったようです。同年11月3日、公務で上京中の宮原國憲（柁城小勤務）を囲み情報交換をしました。同月18日、東京新宿の「さつま」で関東地区の会合、5月20日、穂満弘己らの尽力で関西地区の会合（東京から住吉が遠征）と進み、同期会結成への地固めがなされました。6月には大阪の穂満、今村千尋らを東京の有志で囲み、更に、8月14日、春田ヒロ子を池袋に迎えて最終打合せ、設立総会に臨みました。

　名簿作成の過程で判明したことは、同期生どうしで三三九度を挙げたカップルが5組もいる、海外に出ている仲間が何人かいる、といった楽しい情報でした。住吉の許には五百通を超える便りが届きました。忙中閑のボランティアと思って協力してはみたものの、私の公務である原稿執筆作業は極限状態に陥り、上司から苦言を頂くこと数回、約四百枚のノルマを書き上げた日と同期会名簿完成の日はほぼ同時でした。

　『教育百年史』では旧制高校の歴史などを執筆させていただきましたが、一高（現在の東京大学駒場）の名物教授・谷山初七郎が何と母校（旧制加治木中学）創設の立役者であったことを国立国会図書館で発見した時の感激は忘れられません。曽木隆輝初代龍門会会長をはじめ加治木出身の方々に多くの影響を与えたとされる谷山。母校には、日本近代学校文化のエキスが打ち込まれていたのです。

　昭和48年8月19日、加治木町ヱビスヤで開かれた設立総会の参加者は61名、その席で世話役に加来宗暁（高陵寺住職）を選び、春田、原口敬、長福晃一、中須美弥、西端良子といったメンバーも加わった本部役員を中心に、関東・関西にも支部を置い

て、われらの「三三会丸」は岸壁を離れたのでした。設立にあたり動いてくれた同期生は、この外にも沢山おります。

　私達の高校生活3年間は、共学と申しましても男女別組、進学・就職志望者半々の中でクラス編成がなされており、同期の三百名が一緒に語り合える状況ではありませんでした。先生方の意識も「成績」重視で、多人数教育のため、一人ひとりの個性を高める方向は中々打ち出せなかったのではないかと思われます。個人的なことで恐縮ですが、私が生徒会役員になりたいと希望を出したとき、A先生は成績を心配されて「熱中すると浪人するケースが多いから気をつけろ。」と注意されました。ご忠告通り、私は一浪してしまいましたが、ある意味では、生き方のバネになり、何事にも熱中努力することの大切さを体得できたように思います。

　三三会では、5年ごとに総会を開いてきました。その後待ち切れず3年に改めましたが、役員改選を総会で行い、新風を吹き込みながら運営しています。卒業時のクラスごと2名、計12名が役員となります。役員は各クラス全員に目配りしながら縁の下の力を発揮するのです。ここ数年、役員会は殆ど全員出席の下に開かれています。

　私達の誇りは会報『つたかずら』を続刊していることです。設立後20年間は、春田編集長により、夏と冬、年2回、手書きの温かい温もりのある会報が届けられました。会員の近況が手に取るように分かります。一糸乱れず40号まで、これは本当に素晴らしいことなのです。41号からは年1回で、こちらは活字版です。すでに通算670頁を越えています。会報の発行日は現在二月十一日にしています。いつの間にか三三会の記念日になってしまいました。母校には、玄関に大時計、グランドに蒲生大楠の子樹を寄贈させていただきました。

　新世紀元年は、北九州地区在住のメンバーの提案を受け、秋に湯布院で全国大会を企画しました。恩師・塩川満洲夫先生ご寄贈による会旗を持ち寄って再会が賑やかに展開されています。平成12年、『還暦記念誌・つたかずら』も出版しました。

　点から線、線から面、面から球へ、多文化共生の平和な世界を、三三会を通してわが胸に描き、二度と来ぬ人生を肩組み合って前進したいと念願します。同窓会は運命共同体、青春の学び舎を「心の基地」にして、新しい世界に飛び立って行く喜び、最終ラウンドでは、生死を超えて交流できる間柄です。因みに、面の段階では、活動の中心とか序列などを気にしがちですが、球になれば、皆が主役、自由闊達に人生を語り合う仲間づくりに発展できることでしょう。

　母校同窓会の古酒を、同期会の盃に注ぎながら、その美酒に酔ってみたい心境です。これからも同期生一同サンサンと輝きながら仲良く生きてゆけると思っています。

　会報は50号で休刊とし会合も三三五五の状況ですが、吉報・慶事が出てくると集いがすぐ実現します。先日（2017.1.29）は村田誠吾君の叙勲祝で校歌を合唱しました。

☆同窓会報『龍門』31号掲載文に加筆　　（二見剛史記）

あとがき

　虎は大草原を駆け、龍は天空を舞うと言われています。母校・加治木高等学校の同窓会報は『龍門』、若き日、ここで志を立てて飛び立った私たちでした。富士霊園にある恩師の墓碑には「吾道一以貫之」（論語）と刻されていますが、光陰箭の如し、新制加高の第10期生・12期生の私たちも早や喜寿及び古稀の齢に達しました。

　「研究分野を連携した共著をいつか出版したいネ」――― 数年前からそんな会話を続けていた二人、「どうせ纏めるなら先ず母校の後輩たちに読んでもらおうヨ」ということになりました。恩師・池田努先生に二人の意思をお伝えしたところ、「序文を引き受けましょう」というお話に発展しました。本当に有難いことでございます。

　二見は溝辺、下笠は横川の田舎育ち、地勢上は肥薩線文化で友情を温めてきた間柄です。生意気にも「天空を舞う」龍になったつもりで語り、励まし合いながら研究者の道を歩いてきました。専攻分野はそれぞれ教育学と英語学、加高健児の心意気で他流試合を熟しつつ、今、小さな達成感を味わっています。天空を飛び跳ねながら学び、遊び、体得した人生記録・提言集　―――　母校創立120周年記念出版としてここに公刊させて頂きます。

　「私たちは20〜21世紀を懸命に生きてきた」「21〜22世紀を生き抜いてゆく後輩のみなさんにも私たちのささやかな研究内容を伝えたいネ」と語り合ってきました。加高を発着駅とする私たち龍門生は明治・大正期の新幹線と目される肥薩線を往復しながら母校に通い、広い世界を遊んできました。「龍門」の志をここにお伝えします。ぜひ読後感をお寄せください。

　追記：本書出版にあたり母校を二人で表敬訪問、原口和哉校長先生（加高29期生）に趣旨説明を致しましたところ、快諾を承りました。さらにグラヴィア用に貴重な写真を提供して下さいました。その折、母校事務局在職中の県職員、鍋山智美さん（同44期生）には種々ご配慮頂き、感謝しております。また、出版元の国分進行堂（赤塚恒久社長）には母校出身の下村隆平さん（同27期生）が勤務されており、印刷関連の打ち合わせに加わって下さいました。同窓生の存在をこんなに身近に感じたことはありません。献身的なご協力に対し、厚くお礼申し上げます。

　発行日は加高創立120周年の記念日を選びました。そして先ずは平成29年度在校生に「卒業生からのささやかな贈り物」とさせて下さい。

　最後に母校の限りないご発展を祈念し、謝辞とさせて頂きます。

〔共著者：二見剛史（同10期生）、下笠徳次（同12期生）〕

「あとがき」の英文版

They say a tiger runs about grass-lands, and a dragon flies in the sky. The name of the booklet of *Alma Mater* has resulted in "Ryumon no Kokorozashi" (or "The Aspiration of Ryumon"). Both of us took flight with a resolve and ambition here in Kajiki. The characters:「(吾道)一以貫之」(論語) are inscribed in the epitaph of my former teacher's gravestone located in Fuji Cemetery. Time flies like an arrow. We two, the 10th and 12th graduate of the New System Kajiki High School, have now celebrated our 77th and 75th birthday respectively.

Both of us have kept on conversation on 'we'd like to publish a joint work in closer cooperation with different areas of study' since several years ago. We have decided to publish a booklet for the juniors in *Alma Mater* to read first of all. We conveyed these intentions of ours to Ikeda-*sensei*, our former teacher. He readily agreed to our request. We deeply appreciate his ready consent, though we are sure we do not deserve it.

Futami and Shimogasa, both country-bred, in Mizobe and Yokogawa respectively, attended school on the Hisatsu Line. So we have been on good terms with each other through the Hisatsu Line 'culture'. We have until now trodden the road of a researcher encouraging each other, having the audacity to feel like a dragon flying in the sky. Futami's and Shimogasa's areas of study are pedagogy and English philology respectively.

We two have finished up our skill against members of other colleges and universities. We are now in a sense of modest accomplishment.

Thus has come into being a humble booklet as the 120th anniversary publication of the founding of our *Alma Mater* --- this is, so to speak, a life history or suggestions obtained in the process of studying, playing and jumping up and down in the sky.

'We have desperately lived through the 20th and 21st centuries', and 'We'd like to convey the contents of our humble study to our juniors who are to live through the 21st and 22nd centuries': we have thus had a good long talk.

We 'Ryumon' high school students, considering *Alma Mater* as a starting station, have attended school on the Hisatsu Line, regarded it as New Trunk Line in the eras of Meiji and Taisho, and made an extensive tour in the wide world.

We two convey the aspiration of 'Ryumon' to all of you here and now. Please let us authors have your impressions (comments and views) of this humble booklet.

[Postscript:] Closely related to the publication of this booklet, we two authors paid a courtesy call on *Alma Mater*, and explained the purpose for which it is to be published to Mr. Haraguchi Kazuya, Principal of *Alma Mater*, a graduate in 1977, who gave ready consent to our plan. In addition he presented us a valuable gravure picture. On that occasion, Mrs. Nabeyama Tomomi (a graduate in 1992), now in office as a secretariat in *Alma Mater*, took the trouble to make arrangements for the preparation of the publication. We are deeply obliged to her kind considerations. Furthermore, in Kokubu-Shinkodo (the publisher, the President being Mr. Akatsuka Tsunehisa) Mr. Shimomura Ryuhei, again a graduate (in 1975), works in office, participating a preliminary meeting. We realized from the bottom of heart how much we owed to the presence of the alumni. Again we are greatly grateful to him for his disinterested cooperation.

The date of publication is to be April 21st, the 120th anniversary of the founding of the school. Prior to the anniversary date, we distribute this booklet of ours to all the students remaining in school as of 2017 as a gift from the alumni.

Lastly, We sincerely pray for the boundless development of *Alma Mater* as an expression of our gratitude.
(Co-authors: Futami Takeshi (a graduate in 1958) and Shimogasa Tokuji (*ibid.*, in 1960))

龍門の志
2017年4月21日 発行

著　者	二見剛史
	下笠徳次
発行者	赤塚恒久
発行所	国分進行堂

〒899-4332
鹿児島県霧島市国分中央3丁目16-33
電話　0995-45-1015
振替口座　0185-430-当座373
URL　http://www5.synapse.ne.jp/shinkodo/
E-MAIL　shin_s_sb@po2.synapse.ne.jp

印刷・製本　株式会社国分進行堂

定価はカバーに表示しています
乱丁・落丁はお取り替えします
ISBN978-4-9908198-7-3
©Futami Takeshi 2017, Printed in Japan